思维进阶

田树林
刘　强　主编

常态课不能绕过的素养

光明日报出版社

图书在版编目（CIP）数据

思维进阶：常态课不能绕过的素养 ／ 田树林，刘强

主编 . -- 北京：光明日报出版社，2017.12（2021.8 重印）

ISBN 978－7－5194－3796－1

Ⅰ.①思… Ⅱ.①田…②刘… Ⅲ.①思维训练—中

学—教学参考资料 Ⅳ.①G634

中国版本图书馆 CIP 数据核字（2017）第 326931 号

思维进阶：常态课不能绕过的素养

SIWEI JINJIE：CHANGTAIKE BUNENG RAOGUO DE SUYANG

主　　编：田树林　刘　强

责任编辑：曹美娜　朱　然　　　　　　责任校对：赵鸣鸣

封面设计：范晓辉　　　　　　　　　　责任印制：曹　净

出版发行：光明日报出版社

地　　址：北京市西城区永安路 106 号，100050

电　　话：010－63169890（咨询），010－63131930（邮购）

传　　真：010－63131930

网　　址：http：//book. gmw. cn

E－mail：gmcbs@ gmw. cn

法律顾问：北京德恒律师事务所龚柳方律师

印　　刷：三河市华东印刷有限公司

装　　订：三河市华东印刷有限公司

本书如有破损、缺页、装订错误，请与本社联系调换

开　　本：170mm×240mm

字　　数：286 千字　　　　　　　　　印　　张：17

版　　次：2017 年 12 月第 1 版　　　　印　　次：2021 年 8 月第 2 次印刷

书　　号：ISBN 978－7－5194－3796－1

定　　价：59. 00 元

编 委 会

沉阅静读、恒学善思、厚积薄发、专业升华

——母校"2017 年教师读书征文辑"品读心得

李 方

母校北京市第八十中学 60 周年华诞,母校的教师们围绕"为学生思维发展而教"的主题,开展读书活动,并将读书心得与教育教学实践创新有机结合,集体撰写了一部论文集,以"2016 书香校园特辑"的形式为校庆献上了厚礼。转瞬一年过去,就在春光明媚的 4 月 23 日——世界读书日来临之际,学校科研室又将"2017 年寒假教师读书活动"征文评奖的成果(电子版)发送到我的邮箱,让我先睹为快,再度领略了母校良好的书香文化和师生共同阅读的自觉自励,特别是广大教师敬业垂范、将学术阅读与日常的教育教学实践相衔接、将读写结合与科研课题、课改攻坚相融通、学以致用锐意创新的好学风好教风。

通读书稿,我感受到母校倡导专业阅读、支持科研创造、鼓励教师和管理干部专业发展的制度文化与机制保障。每年发布读书活动主题,提供重点阅读书目,配发质量好、品味高、针对性强的专业书籍,结合读书活动聘请专家讲座、组织观摩研讨课、征文评选、集结优秀征文编辑出版。亦教、亦学、亦研、亦改、亦创、亦著——无疑为教师专业成长铺就了绿色通道。

通读本书,我领略到母校开展校园阅读、落实校本研修与强化校本人才建设的精准设计与精心组织。读书活动的主题设计恰切而鲜明,2016 年确定为"为学生思维发展而教",2017 年深化为"思维进阶:

常态课不能绕过的素养"，既贴近北京市第八十中学集团办学的教育教学中心任务，又彰显母校一以贯之的办学传统与核心竞争力，还贴近当前国家教育现代化整体进程中绕不开躲不过的重点难点命题。围绕阅读主题，学校指定了公共必读书三部，提供了专业必读书十三部，学术专著的内容辐射十二个学科加上管理学共计十三个专业领域，为老师们选经典、读精品提供方便。对于征文撰写，也提出了"学术论文、精彩课例、读书感悟"等三类文体及各自不同的写作规范。

　　通读文集，我更学习到母校老师们"要想教好书、先要读好书""读书为教书、教书重育人"的治学执教的精神。全书是从全校全部活动获取的特约征文4篇、一等奖10篇、二等奖20篇、三等奖30篇中择优精选精编而成。每一位作者不仅是完成"读写任务"，更是将与书籍的对话、与专家的互动、与学者的问答，同自己教书育人的日常实践、实践中的自我反思、反思后的自觉改变与自我超越相结合，将学、思、知、行、研、改、创、著融为一体。学术研究论文凸显原创性，优秀课例贯通"教学设计、课堂实践、自我反思"三大环节，读书感悟更是强调"结合实际有感而发"且"具有较强的启发意义"。

　　如果说，"2016书香校园特辑"是"书香80校园、浸润60春秋"母校厚重积淀、永续发展的里程碑；那么，2017年"思维进阶：常态课不能绕过的素养"为主题的读书征文，则是沉阅静读、恒学善思、厚积薄发、专业升华迈出的新步伐，开创的新常态。

前　言

书籍是人类智慧的结晶。读书决定一个人的修养和境界,关系一个民族的素质和力量,影响一个国家的前途和命运。作为人民教师,我们深入读书和反思关乎自身涵养和学校的可持续发展。2017年度,我校老师围绕"思维进阶——常态课不能绕过的素养"展开读书研讨活动,经过读书、分享、撰文、编纂,将其中精华择要汇集于本书。

以"思维"为关键词在中国知网上检索,发现了7111695条记录,内容涵盖各行各业,大致都与教育有关,但是很难找到一个大家都能认可的定义。我们基于中学生教育的独特性和重要性,明确提出"思维"是将实际存在而又混乱的事物梳理清楚的心路历程和基于已知与想象进行创造性探索的过程。若以"思维能力培养"为关键词进行检索,发现436465条记录,内容涵盖大中小学的学科教学和相应管理教育活动;除了各种思维培养技能研讨外,主要定位在批判性思维能力是学生思维发展的核心要素。以"思维进阶"为关键词进行检索,发现89条记录,多为博士硕士论文,说明在这方面的研究还有待深入。

今日中国,上上下下谈论最多的话题莫过于"转变经济结构"。雾霾消散,蓝天再现,河水变清,全要寄望于"转变经济结构"。没有创新型人才,"转变经济结构"就是一句空话,没有"思维进阶",创新人才不过是纸上谈兵。图尔敏在系统地考察了科学和人文领域中的种种实际的论证过程后发现,传统逻辑学研究严重脱离实际生活中的论证实践,需要从书斋走向社会,从数学公式走向生活。

今天教学追求学生思维的深入发展,实际上是学科核心素养教育的需要,教师创造性设计课堂化微课程,引导学生在论证的过程中提升思维能力。在图尔敏的思想发展轨迹中,可以看到他的剑桥老师罗素和维特根斯坦的影响。今天,我们在课堂教学中研究思维进阶,学习图尔敏的实践逻辑,其意义或许不限于教育的发展,而且具有中华传统文化再发现意义。

　　本书是北京市第八十中学第八届读书交流会部分获奖论文或课例。全书三大篇目从不同角度分别阐述了融合在各个学科中的思维进阶,各位老师力图最大限度帮助学生区别事实与判断、逻辑演绎与归纳、反思评价与拓展延伸。可喜的是每位老师都结合自己的实际教学案例渗透批判性思维者所具备的知识、技巧、态度和习性,即让他们能够且善于批判、公正客观批判、基于宽度而又侧重深度的批判和联系实际生活进行思维的进阶训练。

　　在本次成果汇编活动中,北京市教育学院前院长李方教授倾情相助,给出许多指导性建议,在此深表谢忱!

目 录
CONTENTS

01

学术论文篇

"数"统江山，"形"走天下

—— 向量中的最值问题的考查类型与求解策略

向量是近代数学中最基本、最重要的概念之一，它具有丰富的实际背景和广泛的应用功能，是沟通代数、三角、几何等内容的桥梁之一．高中数学课程引入向量，极大地丰富了高中数学的内涵，也拓宽了高中数学解题的思维空间．也是高考试题的重要载体。近年高考向量小题又呈现出综合性强、立意新、难度大、解法多等特点，进而成为较难小题的热点素材，在高三复习中，很有必要对此问题进行深入研究，从而揭示问题本质与解题方法。本文就根据自己的课堂教学实践来阐述一下向量中的最值问题的考查类型与求解策略。

一、整体运算转化法，坐标运算是通法

例题1：正三角形 ABC 的边长为1，点 P 是 AB 边上的动点，点 Q 是 AC 边上的动点，且 $\overrightarrow{AP} = \lambda \overrightarrow{AB}$，$\overrightarrow{AQ} = (1-\lambda)\overrightarrow{AC}$，$\lambda \in \mathbf{R}$，则 $\overrightarrow{BQ} \cdot \overrightarrow{CP}$ 的最大值为_____。

【解析一】如图1

$$\overrightarrow{BQ} \cdot \overrightarrow{CP} = (\overrightarrow{BA} + \overrightarrow{AQ}) \cdot (\overrightarrow{CA} + \overrightarrow{AP}) = [\overrightarrow{BA} + (1-\lambda)\overrightarrow{AC}] \cdot (\overrightarrow{CA} + \lambda \overrightarrow{AB})$$

$$= \overrightarrow{AB} \cdot \overrightarrow{AC} - \lambda \overrightarrow{AB}^2 - (1-\lambda)\overrightarrow{AC}^2 + \lambda(1-\lambda)\overrightarrow{AB} \cdot \overrightarrow{AC} = (\lambda - \lambda^2 + 1) \times \cos 60°$$

$$-\lambda + \lambda - 1 = -\frac{1}{2}\left(\lambda - \frac{1}{2}\right)^2 - \frac{3}{8}, 0 \leq \lambda \leq 1$$

所以当 $\lambda = \frac{1}{2}$ 时，$\overrightarrow{BQ} \cdot \overrightarrow{CP}$ 的最大值为 $-\frac{3}{8}$

【评注】此种解法是函数思想的一种表现，是高中数学解决最值问题的一种通法，同时也是向量数量积的一种整体运算，将所求数量积最值问题转化为已知模和夹角的向量的数量积最值问题。注意培养学生的转化意识，并体会平面向量基本定理在转化法中的应用。

【解析二】如图2

以 AB 为 x 轴,AB 边所在的高为 y 轴,建立平面直角坐标系

由 $AB = 1$ 则 $A(\frac{1}{2},0)B(-\frac{1}{2},0)$ 设 $P(x,0)$ 由 $\overrightarrow{AP} = \lambda \overrightarrow{AB}$

$P(\frac{1}{2} - \lambda,0)$ 设 $Q(m,n)$,由 $\overrightarrow{AQ} = (1-\lambda)\overrightarrow{AC}$,$\lambda \in \mathbf{R}$ 得

$m = \frac{\lambda}{2}$,$n = (1-\lambda)\frac{\sqrt{3}}{2}$,所以 $Q[\frac{\lambda}{2},\frac{(1-\lambda)\sqrt{3}}{2}]$

所以 $\overrightarrow{BQ} = [\frac{1+\lambda}{2},\frac{(1-\lambda)\sqrt{3}}{2}]$,$\overrightarrow{CP} = (\frac{1-2\lambda}{2},-\frac{\sqrt{3}}{2})$

$\overrightarrow{BQ} \cdot \overrightarrow{CP} = \frac{-\lambda^2 + \lambda - 1}{2} = -\frac{1}{2}(\lambda - \frac{1}{2})^2 - \frac{3}{8}$,故 $\lambda = \frac{1}{2}$ 时,$(\overrightarrow{BQ} \cdot \overrightarrow{CP})_{max} = -\frac{3}{8}$

【评注】合理建立直角坐标系,将数量积的最值问题转化为代数的最值问题。在一般形式给出的向量问题中,通过建立平面直角坐标系就可以把一般形式的向量用向量坐标表示出来,实现向量之间运算的完全数量化,就可以用代数方法去解决向量问题,要牢固树立建立坐标系来解决向量问题的意识。

二、坐标运算力无限,几何投影更直观

例题2:如图3 在正方形 $ABCD$ 中,已知 $AB = 2$,M 为 BC 的中点,若 N 为正方形内(含边界)任意一点,则 $\overrightarrow{AM} \cdot \overrightarrow{AN}$ 的最大值是_____。

【解析一】以 A 为原点,建立平面直角坐标系,如图4,则 $M(2,1)$,设 $N(x,y)$

易知 $\begin{cases} 0 \leq x \leq 2 \\ 0 \leq y \leq 2 \end{cases}$,又 $\overrightarrow{AM} \cdot \overrightarrow{AN} = 2x + y$

由线性规划知识可知 $x = y = 2$ 时,$2x + y$ 取到最大值6

所以 $(\overrightarrow{AM} \cdot \overrightarrow{AN})_{max} = 6$

【评注】建立直角坐标系,将数量积的最值问题转化为代数最值问题,向量的坐标运算是几何问题向代数问题转化的一条道路。真可谓:"因为有运算,向量力无限。"要有意突出坐标运算在解决向量问题中的重要性。

【解析二】如图5

因为 $\dfrac{MG}{MC} = \dfrac{BM}{AM}$，即 $\dfrac{MG}{1} = \dfrac{1}{\sqrt{5}}$

所以 $MG = \dfrac{1}{\sqrt{5}}$，故 $AG = \dfrac{6}{\sqrt{5}}$

所以 $(\overrightarrow{AM} \cdot \overrightarrow{AN})_{\max} = |\overrightarrow{AG}| \cdot |\overrightarrow{AM}| = \dfrac{6}{\sqrt{5}} \times \sqrt{5} = 6$

【评注】具有运动变化思想，能从投影、轨迹角度找到问题的几何背景，注意提炼坐标法与几何法具备的情境条件。

三、性质放缩神来笔，运动轨迹思路宽

例题3：(2013年高考湖南)已知 $\overrightarrow{a}$，$\overrightarrow{b}$ 是单位向量，$\overrightarrow{a} \cdot \overrightarrow{b} = 0$. 若向量 $\overrightarrow{c}$ 满足 $|\overrightarrow{c} - \overrightarrow{a} - \overrightarrow{b}| = 1$，求 $|\overrightarrow{c}|$ 的取值范围。

【解析一】由 $|\overrightarrow{a}| = |\overrightarrow{b}| = 1$，$\overrightarrow{a} \cdot \overrightarrow{b} = 0$ 可得

$(\overrightarrow{a} + \overrightarrow{b})^2 = \overrightarrow{a}^2 + \overrightarrow{b}^2 + 2\overrightarrow{a} \cdot \overrightarrow{b} = 2$，所以 $|\overrightarrow{a} + \overrightarrow{b}| = \sqrt{2}$

由 $|\overrightarrow{c} - (\overrightarrow{a} + \overrightarrow{b})| = 1$

得 $\overrightarrow{c}^2 - 2(\overrightarrow{a} + \overrightarrow{b}) \cdot \overrightarrow{c} + (\overrightarrow{a} + \overrightarrow{b})^2 = 1$

即 $\overrightarrow{c}^2 + 1 = 2(\overrightarrow{a} + \overrightarrow{b}) \cdot \overrightarrow{c} \leqslant 2|\overrightarrow{a} + \overrightarrow{b}| \cdot |\overrightarrow{c}| = 2\sqrt{2}|\overrightarrow{c}|$

$\overrightarrow{c}^2 - 2\sqrt{2}|\overrightarrow{c}| + 1 \leqslant 0$

所以 $\sqrt{2} - 1 \leqslant |\overrightarrow{c}| \leqslant \sqrt{2} + 1$

【评注】联想数量积的性质 $|\overrightarrow{a} \cdot \overrightarrow{b}| \leqslant |\overrightarrow{a} \cdot \overrightarrow{b}|$ 求数量积的最值，当使用坐标法产生困惑，我们还可以运用整体运算、整体放缩、数形结合等方式尝试求解。

【解析二】如图6，以 $\overrightarrow{a}$，$\overrightarrow{b}$ 所在直线为 x,y 轴建立直角坐标系

设 $\overrightarrow{a} = (1,0)$，$\overrightarrow{b} = (0,1)$，$\overrightarrow{c} = (x,y)$

由 $|\overrightarrow{c} - (\overrightarrow{a} + \overrightarrow{b})| = 1$ 得

$(x-1)^2 + (y-1)^2 = 1$ 可知圆心 $(1,1)$ 与 $(0,2)$ 之间的距离为 $\sqrt{2}$

所以 $|\overrightarrow{c}| = \sqrt{x^2 + y^2} \in [\sqrt{2} - 1, \sqrt{2} + 1]$

【评注】由向量垂直引导我们建立直角坐标系，进而产生代数方程，由方程再

联想到曲线，从而找到问题的几何背景。这种代数与几何的相互转化，有助于学习者综合能力的提高。目标求 $|\vec{c}|$ 的范围，而 $|\vec{c}| = \sqrt{x^2 + y^2}$，我们可能有怎样的方向？当然可以从三角换元、参数方程、距离、截距等方面进行求解。

四、通法亦有无奈时，几何背景巧突破

例题4：(2016年浙江高考)已知向量 $\vec{a}$，$\vec{b}$，$|\vec{a}| = 1$，$|\vec{b}| = 2$，若对任意单位向量 $\vec{e}$，均有 $|\vec{a} \cdot \vec{e}| + |\vec{b} \cdot \vec{e}| \leq \sqrt{6}$，则 $\vec{a} \cdot \vec{b}$ 的最大值是_____。

【解析】如图7，$|\vec{a} \cdot \vec{e}| + |\vec{b} \cdot \vec{e}| \leq |\vec{a} + \vec{b}|$ 当且仅当 $\vec{e}$ 与 $\vec{a} + \vec{b}$ 共线时取等号依据题意 $|\vec{a} + \vec{b}| \leq \sqrt{6}$，即 $\vec{a}^2 + 2\vec{a} \cdot \vec{b} + \vec{b}^2 \leq 6$

又 $|\vec{a}| = 1$，$\vec{b} = 2$

所以 $1 + 2\vec{a} \cdot \vec{b} + 4 \leq 6$

即 $\vec{a} \cdot \vec{b} \leq \dfrac{1}{2}$，所以 $(\vec{a} \cdot \vec{b})_{max} = \dfrac{1}{2}$

【评注】题目很难进行坐标化，通法产生困惑！从而进一步回归到对几何背景的挖掘与研究上。$|\vec{a} \cdot \vec{e}| + |\vec{b} \cdot \vec{e}|$ 的几何意义是 $\vec{a}$，$\vec{b}$ 在 $\vec{e}$ 上的投影之和是本题的关键。向量是一个有"形"的几何量，因此，在研究与向量有关的问题时，一定要结合图形进行分析、判断和求解，这是研究想问题的重要方法和技巧。

综上，平面向量中的最值问题的处理，既要掌握通法——运用向量的运算来解决问题，又要善于根据题目的不同情境转化为图形中的相应位置关系。深刻感受向量的二重性，根据题目的不同情境，采取不同的方法，几何法与代数法多角度比较分析，才能使学习者真正体会到向量在解决问题中的工具作用，以及它的巨大魅力。

潘荣杰/文

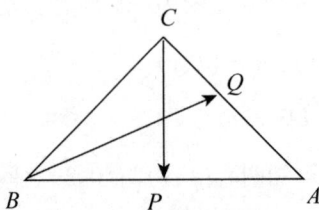

图1

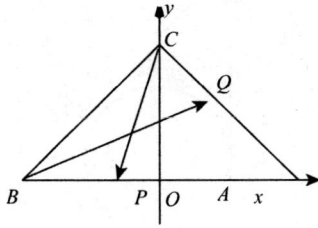

图 2

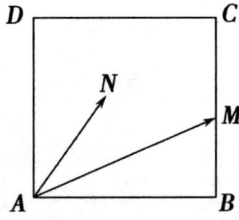

图 3

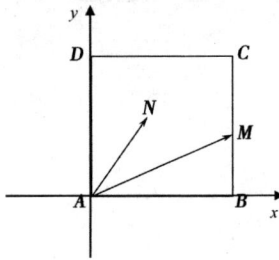

图 4

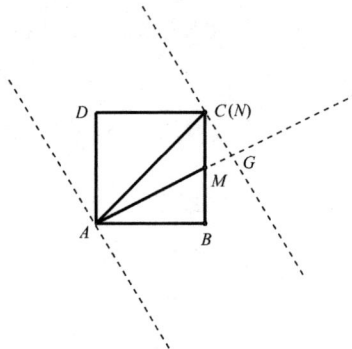

图 5

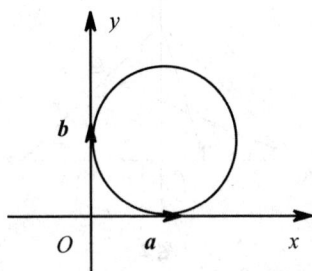

图 6

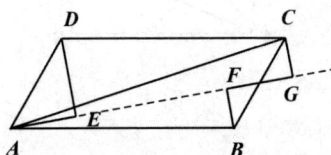

图 7

关于在"推理与证明"一章的教学中
发展审辩式思维能力的尝试

斯蒂芬图尔敏所著《论证的使用》一书系统地论述了以论证为主要内容的审辩式思维,学后对审辩式思维能力有了一定的认识。当下新一轮以核心素养为目标的教育改革中,斯蒂芬图尔敏的论证模式对思维进阶具有指导作用。

具有审辩式思维能力是创新型人才的重要特征,教育最重要的任务之一是发展学习者的审辩式思维能力。今天,伴随网络的发展,获取知识越来越容易。重要的已经不是向学生传授知识,而是发展学生的审辩式思维能力。

审辩式思维是21世纪人才必须具备的能力之一,审辩式思维水平的提高具有两方面的重要意义:一是有利于人的创造性的发挥,二是有利于构建和谐民主的社会。

审辩式思维表现在认知和人格两个方面,其突出的特点表现为:一、合乎逻辑地论证观点;二、凭证据讲话;三、善于提出问题并不懈质疑;四、对自身的反省和与此相关联的对异见的包容;五、对一个命题适用范围有深刻的认识和理解;六、直面选择,果断决策,勇于面对自己选择的后果,敢于承担自己的责任。

今天,学校中广泛流行的是形成于20世纪以前的非审辩式思维方式,把学习认为是老师向学生传授知识和学生学习知识的过程。这种方式,压抑了学生的创造力,妨碍了学生审辩式思维能力的发展。急需改变这种方式,不应再简单地向学生灌输特定的结论,而应呵护学生的好奇心,鼓励学生的质疑精神,激发学生的创造力,重视发展学生的审辩式思维能力,从而使学习成为一个探索未知和发现结论的过程。

在进行数学《选修2-2》(人民教育出版社A版)第二章"推理与证明"的教学过程中,我注意将书里的相关理论运用到教学实践中,注重发展学生的审辩式思维能力,做了一些有益的尝试,收到了很好的效果。

在开始学习本章内容时,我向学生们讲述了数学家欧拉的一个故事:

法国数学家费马观察到:$2^{2^1}+1=5$,$2^{2^2}+1=17$,$2^{2^3}+1=257$,$2^{2^4}+1=65537$ 都是质数,于是他用归纳推理提出猜想:任何形如 $2^{2^n}+1$($n \in N^*$)的数都是质数。猜想对吗?半个世纪之后,勇于质疑且善于计算的欧拉发现:第 5 个费马数 $F_5=2^{2^5}$ $+1=4294967297=641 \times 6700417$ 不是质数,从而推翻了费马的猜想。欧拉凭借审辩式思维能力,解决了著名的问题,为我们树立了好的榜样。我以此事例激励学生们要敢于质疑和善于钻研。在后面的学习过程中,充分调动学生的学习积极性,引导学生深入钻研问题。现举两例与老师们交流分享。

一、探究课本一公式,妙用多法解问题

课本中直接给出了 $1^2+2^2+\cdots+n^2$ 的结果为 $\dfrac{n(n+1)(2n+1)}{6}$,但未给出其推导过程,我引导学生去探究,得到了多种解法:

解法一:(归纳法)

记 $S_n=1^2+2^2+\cdots+n^2$

先计算得:

$S_1=1^2=1$,

$S_2=1^2+2^2=5$,

$S_3=1^2+2^2+3^2=14$,

$S_4=1^2+2^2+3^2+4^2=30$,

然后用归纳推理提出猜想:$S_n=1^2+2^2+\cdots+n^2=\dfrac{n(n+1)(2n+1)}{6}$($n \in N^*$)

再用数学归纳法证明猜想(略)

解法二:(类比法)

类比 $S_n(1)=1+2+\cdots+n=\dfrac{n(n+1)}{2}=\dfrac{1}{2}n^2+\dfrac{1}{2}n$,其为关于 n 的 2 次多项式

猜想:$S_n(2)=1^2+2^2+\cdots+n^2=an^3+bn^2+cn+d$($n \in N^*$)

然后分别地取 $n=1,2,3,4$,列方程组,解方程组得 a,b,c,d 的值.

再用数学归纳法证明猜想(略)

解法三:(待定系数法)

由 $S_n=1^2+2^2+\cdots+n^2$,得 $S_n-S_{n-1}=n^2$.

设 $S_n = an^3 + bn^2 + cn + d$，则

$an^3 + bn^2 + cn + d - [a(n-1)^3 + b(n-1)^2 + c(n-1) + d] = n^2 (n \geq 2)$

$3an^2 + (-3a + 2b)n + (a - b + c) = n^2 (n \geq 2)$

$\begin{cases} 3a = 1 \\ -3a + 2b = 0 \\ a - b + c = 0 \end{cases} \Rightarrow \begin{cases} a = \dfrac{1}{3} \\ b = \dfrac{1}{2} \\ c = \dfrac{1}{6} \end{cases}$ 又由 $S_1 = 1$，得 $a + b + c + d = 1$，代入得 $d = 0$

故 $S_n = \dfrac{1}{3}n^3 + \dfrac{1}{2}n^2 + \dfrac{1}{6}n = \dfrac{n(n+1)(2n+1)}{6}$

再用数学归纳法证明猜想(略)

解法四:(演绎法)

由 $(k+1)^3 = k^3 + 3k^2 + 3k + 1$，得 $(k+1)^3 - k^3 = 3k^2 + 3k + 1$

分别地取 $k = 1, 2, 3, \cdots, n$，得

$2^3 - 1^3 = 3 \times 1^2 + 3 \times 1 + 1$

$3^3 - 2^3 = 3 \times 2^2 + 3 \times 2 + 1$

$4^3 - 3^3 = 3 \times 3^2 + 3 \times 3 + 1$

......

$(n+1)^3 - n^3 = 3n^2 + 3n + 1$

相加可得 $(n+1)^3 - 1^3 = 3S_n(2) + 3S_n(1) + n$，

故 $S_n(2) = \dfrac{n(n+1)(2n+1)}{6}$

正是:面对难题冥思苦想,探究多法追本穷源。

研究到此并不止步,继续探究更一般的问题: $S_n(k) = 1^k + 2^k + \cdots + n^k$。

二、推广课本一问题,一题多变提能力

课本对问题:已知数列 $\{a_n\}$，$a_1 = 1$，$a_{n+1} = \dfrac{a_n}{1 + a_n} (n \epsilon N^*)$ 求 a_n。

先用归纳推理提出猜想,再用数学归纳法证明,给予解决。对此问题很有必要并非常值得继续加以研究。首先考虑再用演绎法解决上面问题。

解：由题设得 $\dfrac{1}{a_{n+1}} = \dfrac{1+a_n}{a_n}$，即 $\dfrac{1}{a_{n+1}} - \dfrac{1}{a_n} = 1$，此表明数列 $\left\{\dfrac{1}{a_n}\right\}$ 是公差为 1 的等差数列，又 $a_1 = 1$，故 $\dfrac{1}{a_n} = \dfrac{1}{a_1} + (n-1) \times 1$，于是 $a_n = \dfrac{1}{n}$

然后研究变式问题：已知数列 $\{a_n\}$，$a_1 = 1$，$a_{n+1} = 2a_n + 1(n \in N^*)$，求 a_n。

首先仿照前例课本的方法，即用归纳推理提出猜想，再用数学归纳法证明，可以解决。除此之外呢？如何引导学生继续探究，使学生思维进阶呢？是我们教师值得深思的问题。如能深入钻研并加以精心设计，定能充分体现本题应有的功能与价值。下面给出本人对此问题的探究结果和设计。

分析：

计算前几项探求通项：$a_1 = 1 = 2^1 - 1$，$a_2 = 3 = 2^2 - 1$，$a_3 = 7 = 2^3 - 1$，$a_4 = 15 = 2^4 - 1$；

归纳规律提出猜想：$a_n = 2^n - 1(n \in N^*)$；

透过现象认识本质：$a_n = 2^n - 1(n \in N^*) \Leftrightarrow \{a_n + 1\}$ 是公比为 2，首项为 1 的等比数列；

寻找突破口获得解法：抓住等比数列 $\{a_n + 1\}$，使本题迎刃而解。

解：$a_{n+1} = 2a_n + 1 \Rightarrow a_{n+1} + 1 = 2a_n + 2 = 2(a_n + 1)$，设 $a_n + 1 = b_n(1)$ 则 $b_{n+1} = 2b_n$

此表明 $\{b_n\}$ 是公比为 2 的等比数列，又由 $b_1 = a_1 + 1 = 1 + 1 = 2$ 得 $b_n = 2 \times 2^{n-1} = 2^n$

代入（1）得 $a_n + 1 = 2^n$，故 $a_n = 2^n - 1(n \in N^*)$

推广：上题的一般问题是：已知 $\{a_n\}$，$a_1 = a$，$a_{n+1} = qa_n + p(n \in N^*)$，求 a_n。

又该如何解决呢？

反思：上题的解题关键是通过做适当变形，获得了等比数列 $\{a_n + 1\}$。

探究：类比上题解法，探寻相应的等比数列，设为 $\{a_n + x\}$，考虑用待定系数法求出 x：

设 $a_{n+1} + x = q(a_n + x)$ 即 $a_{n+1} = qa_n + (q-1)x$，将其与已知 $a_{n+1} = qa_n + p$ 比较后，

应令 $(q-1)x = p \Rightarrow x = \dfrac{p}{q-1}(q \neq 1)$，于是仿上题解法，可得出本题结果；

而当 $q = 1$ 时，$\{a_n\}$ 为等差数列，问题不难解决。

应用:已知数列 $\{a_n\}$, $a_1=2$, $a_{n+1}=(\sqrt{2}-1)(a_n+2)(n\epsilon N^*)$,求 a_n 。

解: $a_{n+1}=(\sqrt{2}-1)(a_n+2)\Rightarrow a_{n+1}=(\sqrt{2}-1)a_n+2(\sqrt{2}-1)$,

设 $a_{n+1}+x=(\sqrt{2}-1)(a_n+x)$ (1)即 $a_{n+1}=(\sqrt{2}-1)a_n+(\sqrt{2}-2)x$,

应令 $(\sqrt{2}-2)x=2(\sqrt{2}-1)\Rightarrow x=-\sqrt{2}$. 代入(1)得 $a_{n+1}-\sqrt{2}=(\sqrt{2}-1)(a_n-\sqrt{2})$

设 $a_n-\sqrt{2}=b_n$ (2)则 $b_{n+1}=(\sqrt{2}-1)b_n$

此表明 $\{b_n\}$ 是公比为 $\sqrt{2}-1$ 的等比数列,又由 $b_1=a_1-\sqrt{2}=2-\sqrt{2}$ 得

$b_n=(2-\sqrt{2})(\sqrt{2}-1)^{n-1}=\sqrt{2}(\sqrt{2}-1)^n$

代入(2)得 $a_n-\sqrt{2}=\sqrt{2}(\sqrt{2}-1)^n$,故 $a_n=\sqrt{2}[(\sqrt{2}-1)^n+1](n\epsilon N^*)$

还能再推广吗? 更一般的问题为:已知 $\{a_n\}$, $a_1=a$, $a_{n+1}=qa_n+f(n)$ $(n\epsilon N^*)$,求 a_n 。

先研究一个具体问题:已知 $\{a_n\}$, $a_1=2$, $a_{n+1}=4a_n-3n+1(n\epsilon N^*)$,求 a_n 。

解:由 $a_{n+1}=4a_n-3n+1$,得 $a_{n+1}-(n+1)=4(a_n-n)$,设 $b_n=a_n-n$,则 $b_{n+1}=4b_n$,

此表明数列 $\{b_n\}$ 是公比为 4 的等比数列. 又由 $b_1=a_1-1=1$,得 $b_n=4^{n-1}$,

于是 $a_n=4^{n-1}+n$

通过对此题的研究过程认识到还能够再推广,方法为:类比把 $a_{n+1}=qa_n+p$ 化为 $a_{n+1}+x=q(a_n+x)$,考虑将 $a_{n+1}=qa_n+f(n)$ 转成 $a_{n+1}+g(n+1)=q[a_n+g(n)]$

应用:设数列 $\{a_n\}$ 的前 n 项的和 $S_n=\dfrac{4}{3}a_n-\dfrac{1}{3}\times 2^{n+1}+\dfrac{2}{3}(n\epsilon N^*)$,求 a_n 。

解法一:由 $S_n=\dfrac{4}{3}a_n-\dfrac{1}{3}\times 2^{n+1}+\dfrac{2}{3}(n\epsilon N^*)$ (1)得 $S_{n-1}=\dfrac{4}{3}a_{n-1}-\dfrac{1}{3}\times 2^n+\dfrac{2}{3}(n\geqslant 2)$ (2)

(1) - (2)得 $a_n=\dfrac{4}{3}(a_n-a_{n-1})-\dfrac{1}{3}\times(2^{n+1}-2^n)$,即 $a_n=4a_{n-1}+2^n(n\geqslant 2)$.

将其转成 $a_n+2^n=4(a_{n-1}+2^{n-1})$,设 $b_n=a_n+2^n$,则 $b_n=4b_{n-1}$,

此表明数列 $\{b_n\}$ 是公比为 4 的等比数列. 又由题设可求出 $a_1=2$,于是 $b_1=a_1+2=4$,

因此 $b_n = 4^n$,故 $a_n = 4^n - 2^n (n \in N^*)$

解法二:同解法一得 $a_n = 4a_{n-1} + 2^n (n \geq 2)$,将其化为 $\dfrac{a_n}{2^n} = 2 \cdot \dfrac{a_{n-1}}{2^{n-1}} + 1$,设 $c_n = \dfrac{a_n}{2^n}$,

则 $c_n = 2c_{n-1} + 1$,可求得 $a_1 = 2$,于是 $c_1 = \dfrac{a_1}{2} = 1$,参见前例得 $c_n = 2^n - 1$,所以 $a_n = 4^n - 2^n (n \in N^*)$

通过对此类问题的研究,可归纳出如下要点:

(1)解题步骤:变形—代换—求新—导旧;

(2)对复杂的递推式,通过"探寻同型式,构造辅助列",化归为简单的递推式。

通过对上述两个问题的探究过程,师生们深切地体会到:在探究问题时,勿浅尝辄止,应深入钻研。使思维不断进阶,促能力逐步提升。

教师在教学中应更新教育观念,重视审辩式思维,培养创新型人才。

石景林/文

合作生成教学课内外的衔接

——以《力,重力》(教学设计)为例

　　合作生成教学是将合作学习与课堂生成有机结合的先进教学模式。合作生成教学的核心理念是围绕具体问题展开合作学习,在合作中诱导和捕捉课堂生成,借助生成资源形成生长的课堂。

　　"多维合作,诱导生成"是合作生成教学的精髓。在合作生成教学中,合作学习只是课堂教学的主要组织形式,采用合作学习的最终目的是诱发课堂生成。具体实施中发现,合作学习有时需要向课前或课后延伸,生成资源的来源也不再仅仅局限于课堂。如何顺利实现合作生成教学课内外的无缝衔接?《力,重力》一节课从教学设计到实施,提供了一个较为成功的案例。

一、教学分析

　　《力,重力》是相互作用一章的起始内容,在人教版教材中为《重力基本相互作用》,教科版教材中分为两节。教学内容难度不大,学生在初中也有过接触,可以通过自主学习完成主要学习任务。根据教学内容特点,可以安排学生分组进行前期学习,课上展示学习效果,同时组织全体同学的课堂学习,收集课前和课堂学习中的生成资源,并进行充分合理的开发。课堂结束时布置课后合作学习任务,并在下节课开始阶段展示汇报,实现课堂与课外合作生成教学的无缝衔接。

　　结合教学内容的特点,从培养物理学科核心素养出发,设计四个层次的课时目标如下。

　　水平1:识记层级

　　1.1　了解力的概念,知道有力必有施力物体和受力物体

　　1.2　熟记力的三要素和力的单位

　　1.3　记住重力概念

1.4　会运用 $G = mg$ 进行简单的运算

水平2:理解层级

2.1　理解力的矢量性

2.2　会画力的图示,明确力的图示与力的示意图的区别

2.3　了解力的不同分类方式,会区分各种常见的力是根据什么命名的

2.4　理解重力的方向"竖直向下"的准确意义

水平3:应用层级

3.1　了解四种基本的相互作用

3.2　能够灵活处理有关力的概念的复杂问题

3.3　用等效思想建立重心概念,会确定实际物体的重心

3.4　会分析同一物体在不同位置的重力变化

水平4:拓展层级

4.1　查找资料了解四种基本相互作用及其统一理论,了解有关研究的最新进展

4.2　结合必修2万有引力部分的内容了解重力与地球引力的关系

二、前期学习的组织

提前一天布置前期学习任务,可以在上节课下课时布置。将全班同学分成六个小组,组内异质、组间同质。学习任务区分,前三个组为《力》,后三个组为《重力》。具体要求为:每个组的成员分工合作首先完成相应任务内容的前期学习,接着进行课堂展示的准备,要求在展示的同时组织全班同学的课堂学习:根据需要确定上台人数和人员,要求上台人员分工明确,保证每位同学各司其职、默契配合,根据需要自行准备 PPT 课件、针对练习题目或其他教学资源。每项课题任务的三个组中,均只有一个组有上台的机会,具体哪两个小组上台将在下节课开始时通过抽签临时确定,展示和组织全班同学学习的时间严格控制在 10 分钟。

第二天正式上课时间为上午最后一节,在早晨收齐各组的电子素材,集中在一个文件夹里,上午课前将各组准备的资料浏览一遍,针对学生资料中共性的问题制作针对性的课件。对课堂内容做出预设。其中《力》部分准备了三个方面的内容:力的概念的深入理解,包括物质性、相互性、矢量性和独立性;力的表示方法,包括力的图示及力的示意图;四种基本相互作用简介,即万有引力作用、电磁相互作用、强相互作用及弱相互作用的简介。《重力》部分也组织了三个方面的内

容:重力大小的理解,包括不同位置重力加速度的区别;关于重力的方向,即"什么是竖直向下"的解读;重心概念,包括建立重心概念的等效代替思想、重心位置与什么因素有关,以及寻找物体重心的常用方法,等等。

课前准备两组号签,每组均包括"1 号""2 号""3 号"三个号签,号码字体足够大,便于当场向全班展示。

三、课堂教学实施评析

上课前组织同组的同学就近就座,全班按前期小组分成六个区域。课堂合作学习分为七个主要环节,课堂活动简介并评析如下。

1. 明确课时任务,评价前期学习

在课堂起始阶段,老师在明确本节课的课时任务后,首先对六个小组的前期学习及其效果总体评价:从本节课开始正式进入第二章《力》的内容的学习。昨天布置六个小组分头行动展开前期学习,从今天早晨了解的情况看,同学们的前期学习非常积极且卓有成效,各小组均取得了丰硕的成果。今天早晨,各小组都把前期学习中整理的资源汇总到老师这里了,我课前认真学习了各组的材料,从内容到形式都非常优秀,相信任何一个小组上台来引领大家的课堂学习,都会取得良好的效果。

简评:目前老师们组织的合作学习活动中,评价是普遍忽视和薄弱的环节。课堂开始时对各小组的前期学习给出激励性评价,激发参与课堂学习活动的动机。

2. 组织第一个课题的抽签,明确各小组及同学的角色分工

今天是展示前期学习成果,组织全体同学课堂学习的时间,鉴于课堂时间所限,两个课题均只能有一组同学上台,其余两组辅助,根据昨天明确的规则,下面进行第一个课题《力》的抽签,请三个小组的代表到前面来。

展示抽签结果,抽到 1 号签的小组上台准备。2、3 号签小组的同学们也别失望,在 1 号签小组同学组织大家学习《力》的知识时,认真做好记录,在 1 号签小组发言结束后,你们组各有两分钟的补充发言,可以对前面小组的展示内容进行补充或纠正,也可以提出质疑,珍惜这两分钟的发言机会展示你们组的风采。负责第二个课题的三个小组同学注意集中精力学习《力》的内容,积极回答问题,及时提出质疑,你们每一次的个人发言都记入小组的整体表现。

简评:现场抽签将悬念留到最后,保证了每个小组在前期学习中认真准备,激

发各小组的参与激情。针对2、3号签小组及第二课题成员做出任务安排，保证后续1号签小组展示和组织学习时全体同学分工明确，各司其职。

3. 组织第一课题的学习展示

1号签小组有三位同学上台组织，一位同学放 PPT，一位同学讲解，一位板书和画图。

老师标记学生学习中涉及的知识点，以及知识点剖析是否准确到位，观察台上台下同学的表现。

该组同学以视频导入力的概念，对力的概念、施力物体和受力物体、力的矢量性、力的图示、力的分类等内容进行了全面的讲解。讲述为主，穿插了一次提问。用时9分钟，同组其他同学没有补充。

简评：学生小组组织合作学习过程中，老师不是无事可做，而是观察课堂进程，关注小组表现和学生的参与情况，收集各种信息，开发课堂生成资源，为课堂后续的组织引导作准备。

4. 组织针对第一课题学习展示的评价，并对知识点做出必要的补充

组织第一课题2号签小组进行2分钟的补充发言，该组织同学相互推诿，犹豫不决，老师再三鼓励，在即将提醒3号签小组发言时，才有一位同学举手发言，指出力的分类有不同的标准，重力、弹力、摩擦力等是按性质区分的，拉力、压力、支持力等是按效果区分的。3号签小组没有补充发言。征求第二课题的三个小组同学，也没有人提出补充或质疑。

老师对1号签小组的讲解做出简单评价：刚才的讲解简洁明了，主次分明。

根据学生的掌握情况，针对力的概念做出补充说明时，对课前预设的内容做出了不同的处理：力的概念的深入理解部分重点强调了矢量性和独立性在后续学习中的体现，对物质性、相互性作简化处理；力的表示方法强调了力的图示的几个关键点，包括标度、箭头、刻度及字母，提问力的示意图与力的图示的区别；四种基本相互作用学生没有涉及，在简介的基础上联系了四种基本相互作用的统一问题，要求学生查找资料，了解物理学界相关领域的研究现状。

简评：第一课题的2、3号签小组准备不足，发言不够主动，老师再三鼓励，只有一名同学发言，在没有其他意见时，老师结合1号签小组组织学习的内容对部分知识进行深化和拓展，随后组织后续的活动。在这一环节并不对学生表现做过多评价，而是在课堂最后做总体评价，以保持课堂活动的连续性。

5. 组织第二个课题的抽签,组织 1 号签小组上台组织学习

组织第二个课题的三个小组代表上台抽签,展示抽签结果,抽到 1 号签的小组上台准备,老师布置其他同学的学习职责。

第二个课题的 1 号签小组也有三位同学上台,播放课件的同学同时负责讲解,一位同学板书,一位同学画图。

展示内容包括重力的概念、重力的产生、方向、大小,地球上不同地点重力加速度的变化,重心及重心位置的决定因素,每一项内容介绍完毕都有一道针对性的练习题,提问并组织解释讨论,最后结合书本介绍了"重力影响我们的生活"。用时 10 分钟,同组其他同学未做补充。

简评:有了第一个课题的活动参照,第二个课题的抽签、展示等环节规则明确,老师只需关注学生表现,收集生成资源,对活动过程不做过多干涉。

6. 组织针对第二课题学习展示的评价,并对知识点做出必要的补充

第二课题 2 号签小组补充发言,指出重力的方向竖直向下,并不一定是指向地心;3 号签小组的代表同学进一步指出重力与地球对物体万有引力的区别,重力因引力而产生,但并不等于引力,重力只是物体所受万有引力的一部分,另一部分保证物体在随地球自转做圆周运动。老师对该同学的表现进行了表扬,并从上述话题出发,指出了超前学习的必要性,提醒同学们课下可以先查找物理课本必修 2 万有引力部分内容,定性了解重力与万有引力的关系,其中道理可能不能完全明白,保留困惑,到正式学习该部分内容时,将会学得更好、印象更深。

根据学生的掌握情况,针对重力内容做出补充说明时,对课前预设的内容也做出了不同的处理:在重力的大小方面,介绍了重力加速度变化的三种情况,包括赤道和两极、不同高度处、不同星球表面;重力的方向方面,对"什么是竖直向下"进行全面解读,不一定垂直于支持面,也不一定指向地心,是垂直于水平面向下,或沿重垂线向下;重心概念方面,提醒建立重心概念的等效代替思想、淡化重心位置的决定因素及寻找物体重心的实验方法,举例介绍运用等效法寻找重心。

简评:第二课题的学生活动更加充分自然,老师在给出肯定评价的同时,从 3 号签小组同学的发言中及时捕捉生成资源,对重力和万有引力的关系做出简要说明,提醒学生查找必修 2 书本进行超前学习。对重力有关内容的补充拓展立足于学生的表现,更有针对性。

7. 组织课堂检测和反馈,对各小组和个人的表现做出综合评价

布置独立完成课堂检测第二层级的五道题目,五分钟时间完成。投影评分标

准,布置相邻的两位同学交换批阅,给出分数,举手统计得分情况,全班40位同学均在60分以上,18位同学80分以上。组织学生讨论出错题目,其中第8题出错最多,师生共同对四个选项进行剖析。

课堂小结对各小组和个人的表现做出综合评价:在前面的课堂学习中,同学们展现出了优秀的个人素质和良好的团队合作精神,两个上台的小组表现尤其出色,其中第一个小组寓教于乐,第二个小组讲练结合,同学们认真参与,积极发言,好几位同学都以个人我出色表现带动了全组,在此不再一一表扬。对抽到2、3号签的四个小组,还有个问题提醒大伙儿思考:一旦在竞争中未能占得先机,如何寻找并抓住机会异军突起? 今天的课上,在1号签小组展示之后的两分钟补充发言,就是你们的机会,如何抓住这个机会? 在1号签小组展示的十分钟里,在前期准备的基础上,快速记录、整理、分析信息等临场处理非常关键。认真思考自己小组和个人的课堂表现和得失,对将来的工作和事业非常有帮助。

简评:根据课堂表现对学生的知识掌握情况做出判断,课堂检测跳过第一层次,直接用第二层次的题目进行,投影评分标准,组织学生互评,及时反馈结果,组织对出错较多的第8题的辨析。从检测结果看,第8题难度较大,应调整到第三层次。课堂最后阶段对各小组及同学的表现做出综合评价,尤其针对2、3号签小组的困惑进行点评,提出在未能占得先机的情况下的应对策略问题供大家思考,使学生对合作的技巧有更深的理解。

四、合作生成教学的延伸

课堂教学结束时布置课后合作学习任务,为下节课的课前展示做准备。布置如下两项课后拓展作业,仍以原小组为单位组织完成。

1. 四种基本相互作用及其统一问题是近一个世纪以来科学家们不懈追求的热点,请上网查找关于上述问题研究的历程和最新进展,下节课前给大家做简要介绍。

2. 查找高中物理必修2中万有引力部分内容,了解重力和万有引力之间的关系,下节课前给大家做定性介绍。

下节课上课前每个课题有两分钟时间给大家做简要介绍,哪两个组有机会上台,根据课前准备材料的内容质量临时确定。

五、总体评价

针对教学内容特点组织合作学习,较好地实现了课内外的衔接,学生前期学习分头进行,引入竞争机制,是取得良好效果的保证。课前分析研究各组前期学习的成果,开发生成资源,制作针对性的课件,在课上根据学生的表现做二次整合,保证老师的补充讲解简洁高效。现场抽签使学习活动留有悬念,增加了活动的趣味性,及时对学生的表现做出激励性评价,使学生的情绪逐渐放开,气氛由拘谨到轻松。合作学习活动自上节课结束时开始,到本节课结束时布置随后的课外合作任务,与下一节课衔接,课前整合课下合作的生成资源,课上随时关注学生表现,对课内外的生成资源进行二次开发,使课堂教学更有针对性,切合学生实际。

姜连国/文

基于核心素养的"探究式教学方法"的探索和实践

一、高中化学核心素养

化学是一门极具挑战性的学科。化学的学科发展生气蓬勃、日新月异,令人目不暇接。而目前的中学化学教学,还存在着不可以知识灌输和习题训练为主的情况,与高中化学核心素养的培养标准相去甚远。学生常常觉得化学好像就是需要死记硬背一大堆化学用语、化学事实、名词定义,或者就是绞尽脑汁地解一大堆毫无现实意义的生编硬造的习题,使得很多优秀的学生在中学的学习中,就失去了对化学的兴趣,不愿再报考和化学相关的专业,许多优秀学生与这样一门如此重要的、如此需要优秀人才的学科失之交臂,这是多么令人痛惜的事情啊!

高中化学课程标准修订组根据"中国学生发展核心素养(征求意见稿)"和高中化学课程特点,提出包含"宏观辨识与微观探析""变化观念与平衡思想""证据推理与模型认识""实验探究与创新意识""科学精神和社会责任"等五个要素的高中化学核心素养(简称"化学核心素养")[1]认真分析化学核心素养五个要素的内涵,可以发现具有如下特点:1. 凸显了化学本质特征。2. 反映了化学基本问题。3. 揭示了化学学科思维。4. 体现了课程育人价值。

二、现代教学的建构观

现代教学设计突出以学生为中心,依据学生的学习规律设计教学活动,从而最大幅度地提高学生学习的效益,促进学生科学素养的全面发展,而现代学习理论认为学习是学习者积极地建构事物意义的过程,而不是被动地接受信息;学习受学习者原有知识结构的影响,学生需要运用原有的知识经验来建构新知识,形成新的知识结构。因而,主动参与、积极探究、合作交流的学习情境有助于增进学生对新知识的理解。

三、科学教育的探究性

中学化学教学是科学教育的重要组成部分。科学教育一个至关重要的任务就是帮助学生发展所需的能力,使他们在寻求对周围世界的理解的同时能像科学家那样去思考和探究。这就需要在我们的科学教育中能全面发展学生的探究能力,包括能抓住问题,能考虑多种解决问题的方法,能收集和评判证据,能运用科学概念检验其正确性。成功的科学教育要使学生既能学到科学知识又能发展科学探究能力,已经成为当今各国科学教育界的共识。

四、我的探索和实践

基于以上的理论和思考,我做了一些探究式教学的探索和实践。

探究式教学一般有四个基本环节:

提出问题 → 收集证据 → 形成解释 → 交流评价

当然在具体的教学活动中,可以根据实际情况就某个或几个环节展开教学,而不必面面俱到,否则就有可能流于形式。

根据不同的教学内容,在教学设计和教学实施中采用了许多具体的不同类型的探究教学模式。按探究教学的行动方式,可分为以"实验探究"为主的、以"讨论探究"为主的和多种探究方式相结合的;按探究教学的任务和问题性质,可分为认识物质的性质及其变化的探究性教学、认识物质结构的探究性教学、认识化学反应规律和原理的探究性教学以及应用化学知识解决实际问题的探究性教学等;按照探究环节的多少,可分为一个完整内容的探究和局部问题的探究;按照探究的自主性和开放程度,可分为自主探究和指导探究。

在探究式教学的实践过程中,我根据教学内容的不同以及教学对象的不同采用了形式多样而不是千篇一律的教学方法,但都是有探究策略为主,同时结合多种教学策略。以下是两篇教学案例:

(一)案例1:

"苯的分子结构"教学案例

[设计构想]

在学习了烷烃、烯烃和炔烃之后,学生对有机物分子结构有了初步了解,并建立了有机物中"结构$\underset{反映}{\overset{决定}{\rightleftharpoons}}$性质"的基本观点和认识。苯在化学性质上兼有饱和烃和不饱和烃的性质,这主要源于它的特殊结构。"苯的分子结构"不仅是中学化学教学中的一个重要内容,而且也是对学生进行思维能力培养的极好素材。结合我校学生求知欲强,成就感强,思维活跃的特点,为了进一步诱发学生探究化学知识的欲望和动机,促进科学思维方法的形成,我采用了"讨论研究型教学"思路进行本节课教学的设计。提高提出问题,让学生分析资料、设计实验、分组讨论、协作学习,以达到对苯的分子结构的正确认识,进一步完善学生对性质结构关系的认识和理解。

[教学程序]

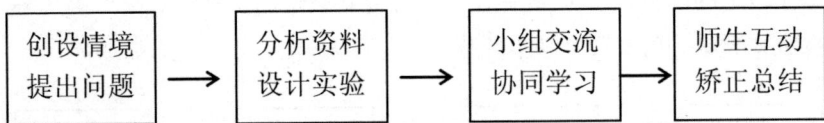

[教学过程]

<字谜引入>有人说我笨,其实我不笨,脱去竹笠换草帽,化工生产逞英豪

[师]:同学们猜对了,是苯。苯是在1825年首次由法拉第从煤焦油中提取的,此后的四十年中,苯的分子结构成许多科学家饶有兴味的研究课题。

<演示实验>用玻璃棒蘸取苯在酒精灯上点燃。

[生]:(观察分析):产生浓厚的黑烟,说明苯的含碳量高

(计算)测得苯中的C、H个数比为1:1 苯蒸气的密度是同温同压下H_2密度的39倍,通过计算得出苯的分子式(C_6H_6)

[生]:写出所有的分子式符合C_6H_6的结构:

A. $CH_3—C≡C—CH_2—C≡CH$

B. $HC≡C—C≡C—CH_2—CH_3$

C. $CH_2=CH—\quad CH=CH—C≡CH$

D. $HC≡C—CH_2—CH_2—C≡CH$

E.

F.

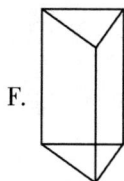

[师]（提供资料）苯的一氯代物没有同分异构体

[生]：（分析）排除掉 A、B、C

[生]：1. 利用提供的药品设计实验，以探究苯的分子结构

2. 实验

3. 汇报实验结果

[师]：（提供资料）

1. 苯的分子结构稳定，不易被破坏

2. 苯可以在一定条件下与 H_2 发生加成反应，但比一般的烯烃和炔烃要困难得多。

[生]：分组讨论并汇报讨论结果：

1. 排除掉 D，因为苯不能使 $KMnO_4(H^+)$ 和溴水褪色

2. 排除掉 F，因为根据饱和烃的结构特点分析，饱和碳原子的稳定键角应为 109.5^0，所以 F 的结构必然很不稳定，不符合资料 1，另 F 的分子无不饱和键，应该不能发生与 H_2 的加成反应。

3. 对 E 的结构表示怀疑，若为 E，为什么不能使 $KMnO_4(H^+)$ 和溴水褪色？

[师]：（评价）非常好，说明同学们已经能够自觉地应用结构和性质的关系进行分析，具有一定的批判思维能力。到现在为止苯的结构在我们头脑里仍旧是个谜团，而 19 世纪中叶的科学家们，由于受到当时观念和认识的局限性的影响，一直在链状结构上打转，就更是迷雾重重了，直到凯库勒提出了 ⬡ 的结构，这个问题才得以解决。其实，虽然当时还无法用实验仪器观测到苯分子的结构，但凯库勒已预见到了苯分子的结构应该是高度对称的，即为正六边形，为了解释这点，以及苯不能使 $KMnO_4(H^+)$ 和溴水褪色的反应事实，凯库勒还提出了"共振论"，即

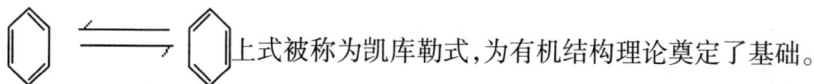

⬡ ⇌ ⬡ 上式被称为凯库勒式，为有机结构理论奠定了基础。

（设疑）那么，我们是否对凯库勒式完全满意呢？

（演示实验）1. 苯与液溴的反应

[生](观察分析)该反应为取代反应

[师]请同学们再次讨论并认识苯的分子结构

[生]讨论得出:苯既有 C—C 的性质,又有 C＝C 的性质,介于 C—C 和 C＝C 之间。

[师]:展示苯分子的比例模型

苯的分子结构特点:

{
六个碳形成平面正六边形
六个碳碳键的键能、键长完全等同
苯中的碳碳键是介于 C—C 和 C＝C 之间的一种特殊的键
}

所以苯的结构式应为

[师]:小结:

1. 凯库乐发现苯分子的凯库勒式,还有一段"梦中游蛇"的故事,与其说是科学家从梦中得到灵感,不如说是科学家的苦思冥想、大胆想象的结果。另外还有一个事实是,凯库乐早年学过建筑,谁又能说建筑学的精美对称结构对他思考苯的分子结构没有启迪呢,就像三位科学家也是受到富勒的建筑结构的启发才发现了 C_{60} 的结构一样,所以,"他山之石,可以攻玉"就是这样一个道理。

2.19 世纪的科学家在近百年的时间里探求苯的分子结构,对他们来说,一直在链状结构上打转转,他们的思维上有一道难于逾越的障碍,而我们不仅可以使结构环起来,而且还可以使它立起来。我们的眼睛是如此的明亮,目光是如此的敏锐,头脑是如此的聪慧,是因为我们站在巨人的肩膀上。

[教学效果]

课堂气氛异常活跃,学生们积极思考、讨论,踊跃发表意见。把课堂还给学生,让学生充分参与,但同时绝不是老师没有作用,而是站在更高的层次给学生以终身受益的思想和方法,这正是教育所真正追求的目标。

(二)案例 2:

化学反应速率

[设计思想]

本节的教学设计的主要思路是:教师设置合理的、能让学生有效参与的问题设置和恰当的引导,让学生通过分组设计实施实验、讨论交流、分析思考等活动自

主获取知识,并在此过程中以期达到如下的教育目的:

一、在本节课以期让学生体验这样两个过程:

1. 获取学科知识过程

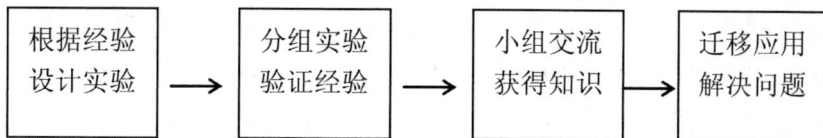

根据经验 设计实验	→	分组实验 验证经验	→	小组交流 获得知识	→	迁移应用 解决问题

2. 化学科学发展过程

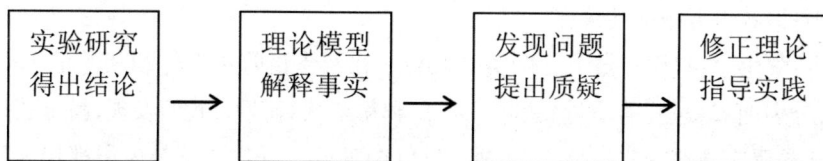

实验研究 得出结论	→	理论模型 解释事实	→	发现问题 提出质疑	→	修正理论 指导实践

二、在本节课以期让学生获得这样一些方法和习惯:

1. 对照实验的方法

2. 控制变量的方法

3. 定量测定时,运用图表、坐标等数学工具分析数据的方法

4. 及时记录实验现象和数据及分析、思考和讨论等活动过程的良好的科学研究的习惯。

三、在本节课以期同学生进行如下的情感、态度和价值观的交流:

1. "内因是决定因素,外因通过内因起作用"的辩证唯物主义思想

2. "尊重科学实验和事实"的实事求是的态度

3. "不唯书,不唯上"的勇于质疑的科学精神

4. 了解科学前沿,增强使命感

[教学过程]

[教师导入](演示)Na 和水及乙醇的反应对比

Na 和水的反应很快,而与乙醇的反应则比较慢。我们以前所了解的化学反应中有的很快,如酸碱中和反应,而有的则很慢,如塑料袋的腐蚀;有的反应我们希望它能快些,如汽车尾气中两种成分的反应 $CO + NO = N_2 + CO_2$,而有的反应我们希望它能慢些,如食物的变质。所以研究如何通过改变条件来控制化学反应速率是非常有意义的。

[引发问题]根据你已有的经验,哪些因素能影响化学反应速率呢?

[学生活动]"设计并实施实验,解决下列问题:化学反应速率与哪些因素有关? 这些因素对化学反应速率会产生怎样的影响?"

试剂:表面积大致相同的铜箔、镁条、锌粒,盐酸(1mol/L),盐酸(3mol/L),块状碳酸钙,碳酸钙粉末,3% H_2O_2 溶液,MnO_2。

仪器:试管,药匙,镊子,胶头滴管,酒精灯,试管夹,量筒。

[小组实验](同时完成活动记录)

生:动手实验(5分钟)

师:请各组汇报活动情况。

生:学生甲:我们组做了三个实验,第一,在两支试管中取体积相等的 1mol/L 盐酸,分别加入一些(等质量)块状 $CaCO_3$ 和粉末状 $CaCO_3$,我们发现、粉末状碳酸钙与盐酸反应剧烈一些。第二,在两支试管中各放入一片质量与体积都相等的锌片,并分别加入 2mL1mol/L 盐酸,给其中一支试管加热,另一支试管不加热。我们发现加热的那支试管反应剧烈。第三,在两支试管分别滴加 1mol/L 盐酸和 3mol/L 盐酸,然后各加入一片大小相同的镁条。我们发现浓度大的盐酸与镁条反应更剧烈。

师:很好,那你们组的结论是什么?

学生甲:我们组讨论后,大家认为,反应物的浓度,反应的温度,反应物的状态(反应物表面积大小)对反应速率有影响。

师:你们组在这么短的时间内就做了三组实验,那你说说,怎样才能够使实验做的快一些。

学生甲:我们都提前预习了学习内容,实验时,我们一个人动手,一个人做助手,一个人记录实验现象。

师:你们做的非常好。学习不仅要提前预习,而且要相互协作,那么你们都做到了,效率很高。

师:请其他组的同学继续汇报。

学生乙:我们组在两支试管中分别取少量的 H_2O_2,其中一直加入少量二氧化锰粉末,观察反应现象,我们发现加二氧化锰的反应剧烈。这说明催化剂能够加快反应速率。

学生丙:我们组在三支试管中取等量的 1mol/LHCl,然后各加入一块铜片、镁片,锌片,我们发现,镁片与盐酸反应剧烈,锌片反应比较缓慢,铜片与盐酸不反应。我们的结果说明,反应物本身的性质能够决定化学反应速率的快慢程度。

学生丁:我们用同浓度的盐酸和醋酸分别与镁反应,我们发现盐酸与镁反应快。说明反应物不同,反应速率不同。

……还有不少学生举手,气氛活跃。

师:大家在自己实验,并听取同学汇报交流的基础上填写表格,归纳影响化学反应速率的因素。

生:填写表格,教师巡回指导[小组实验](同时完成活动记录)

实验内容	实验现象	自变量	因变量	结论

[小组交流]得出:1. 反应物本身的性质是影响化学反应速率的决定性因素。

2. 升高温度可以加快化学反应速率。

3. 增大反应物的浓度可以加快化学反应速率。

4. 增大反应物的接触面积可以加快化学反应速率。

[演示实验]SO_2 与 H_2S 在注射器中混合后加压(本实验在实物投影仪上做)

[学生分析]得出:增大压强可以增大有气体参加的反应物的化学反应速率。

[小组实验]"向三个试管 A、B、C 中各加入 5mL3% H_2O_2 溶液,向试管 B 中加入几滴 $CuCl_2$ 溶液,向试管 C 中加入少量的 MnO_2 粉末,认真观察并记录发生的现象"

试管	现象	结论
A		
B		
C		

得出:加入催化剂可以加快化学反应速率

[设置问题]发烧时,人的食欲就会下降,为何温度升高了,消化系统中的化学反应却减慢了?你能解释这个原因吗?

[交流讨论]发烧时,影响了酶(催化剂)的活性。

[教师介绍材料]"无可比拟的催化剂"

[设置问题]向试管中加入 5mL6% 的双氧水、几滴氯化铜溶液(由教师演示),测定放出的气体体积随时间变化的情况。在直角坐标系中绘制出放出的氧气体积随时间的变化曲线。

通过曲线图分析,你认为6% 的双氧水的分解速率是怎样随时间的变化而变化的? 你能解释出现这种变化的原因吗?

[学生活动]观察记录,作图分析

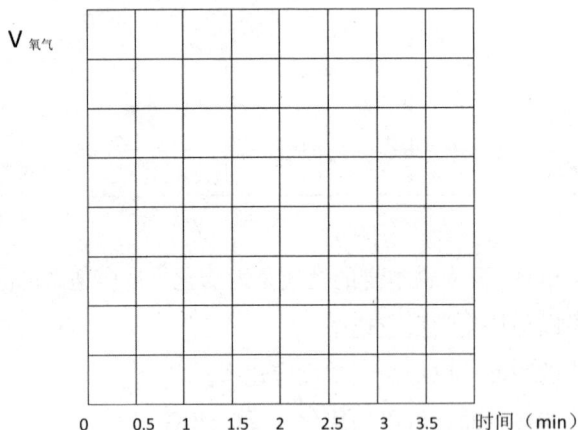

[教师介绍]1."有效碰撞理论"和复杂的生命反应对"有效碰撞理论"提出的挑战和质疑

2."分子信息论"

五、课后作业

书面作业:书后第一、第二题

实验探究:设计并实施实验,探究"增大反应物的质量,会使化学反应速率增大吗?"

发展兴趣:你对"分子智能化"感兴趣吗? 查阅一些资料,做个了解吧!

[教学效果]

课堂的教学效果是比较好的,基本是完成了预期的任务,一连串问题情景的设置和新颖的注射器试验有效地激发了学生的兴趣和求知的欲望;学生在这样一种富有挑战性的课堂活动中广泛参与、思想活跃、思维兴奋。不足的是学生的活动由于时间关系展开得不够充分。

五、效果及展望

探究式教学给学生的学习方式带来了变革,学生的学习也由以往的被动接受变为主动探究的探究性学习,基于核心素养培养和科学探究的活动特点而设计的课堂教学,使我们的化学教学更具有了奇妙性和挑战性、问题性和未知性、发现性和探索性、过程性与开发性、主动性和互动性。

课堂教学改革的探索过程是需要勇气的,但也是有回报的。我在这种充满挑战的教学活动中收获颇多,感悟颇多,进步颇多。我的教育教学能力得到提升,学生的学习兴趣和探究能力得到提高,同时学生的学习成绩也大幅度提高。能够吸引更多的优秀人才将来出事化学领域的工作,能够提高所有的无论将来是否从事化学工作的学生的科学素养,将是我最大的愿望!

梁京梅/文

参考文献:

1. 宋心琦.化学中的机会和挑战

2. 成尚荣.回到教学的基本问题上去[J].课程教材教法,2015(1):21 – 28

3. 中华人民共和国教育部.普通高中化学课程标准(实验)[M].北京:人民教育出版社,2003:1,2

4. 毕华林等.化学教学设计——任务、策略与实践[M].北京:北京师范大学出版社,2013:222

5. 刘知新.化学教学论[M].北京:高等教育出版社,2009(第四版):184 – 187

借学术研究成果 引导学生学会思维

——读《论证的使用》

寒暑假,是难得的集中精力读书的时间,学校教科研的老师也精心为我们推荐很多与工作、生活相关的好书。在刚刚过去的寒假,我细读了《论证的使用》一书,收获丰厚。

教学是教给学生知识还是发展学生思维,这是一个不需要论证的问题。我国教育家叶圣陶早在上世纪40年代就提出:"训练思维应该是学校各科教学的共同任务。"①美国教育家赫钦斯也指出:"教育不能复制学生毕业后所需的经验,它应当使学生致力于培养思维的正确性,作为达到实际的智慧及理智的行为的一种手段。"②教育学者郅庭瑾也强调:"教学的最终目的,是培养能够独立思考的创造者。思维能力的发展是教学命题中应有之义。"③可见,我们的课堂为思维而教之重要。

就生物学科的教学而言,高中生物教育历来都是被人们所重视的一个教育阶段,其上承初中,下启大学,学习内容渗透学科专业化和理论化的基础知识与研究方法,对培养学生思维十分重要。如何充分发挥这一阶段的重要意义呢?

在阅读了英国学者斯蒂芬·图尔敏撰写的《论证的使用》一书后,我有了一些思考。《论证的使用》一书介绍了图尔敏论证模型,该模型认为:论证的基本过程是"数据和支撑共同构成理据,在接受了反驳条件的反驳后,经过限定词使结论成立"。联系高中生物教学,我认为我们的工作应该是图尔敏论证模型的应用。即:

---

① 叶圣陶语文教育论集》(下),教育科学出版社,1980年版,第730页。

② 赫钦斯:《普通教育》,《现代西方资产阶级教育思想流派论著选》,人民教育出版社,1980年版。

③ 郅庭瑾:《发现学习的两种方式》,《上海教育科研》,2001年第2期。

通过给学生提供一系列生物学研究事实,帮助学生构成理据,再通过一系列进一步深入的研究内容的补充,使学生对相关生物学事件进行限定和纠正,直至生物学概念的生成,这个过程不仅培养学生的探究能力、提升其生物学科素养,也培养学生的审辩式思维。那么如何在我们的课堂中落实图尔敏论证模型呢?我认为:可在高中生物教学过程中合理融入学术研究成果,力争使学生运用系统的工具分析与解决生物学科领域稍具抽象性的问题,最终引导学生学会思维。

所谓学术研究成果,是指借助已有的理论、知识、经验对科学问题进行假设、分析、探讨后推出的结论,其结果力求符合事物客观规律,是对未知科学问题的某种程度的揭示。

生物科学史可看作一种学术研究成果,它呈现了人类不断探究,发现并提出问题、想办法解决问题、再提出新问题的实践过程和思想过程,反映了生物学相关知识的产生、形成与发展及演变规律。其既包含了生物学基本知识、原理、规律,又兼容能力提升,是提高学生科学探究能力的极好材料。因此我们在教学中,可根据教学目标及学生情况,选择恰当的科学史素材实施教学,如针对"基因指导蛋白质的合成",融有科学史的教学可以引导学生将烦琐、复杂、抽象的新知识与已学习知识相整合,自主生成遗传信息的转录过程图及概念,在夯实基础知识的同时,培养学生生物学科探究能力,帮助学生形成科学的思维方式。

其次,科技的发展、科研工作者的不断努力促使新的学术研究成果不断诞生。如关于植物激素、动物干细胞、脑科学等的新近研究成果,都深化着人类对包括细胞全能性、动植物稳态调节机制在内的基础生物学的理解、认识。因此,我们在教学过程中除重视教材资源的挖掘外,还应该加强对科学研究进展的关注,捕捉现实社会、生活研究进展的信息,将其及时融入课堂中,并可以以学术研究成果为素材,进行探究类原创试题的编制。这样可以根据学生情况及考察重点进行自主调整,凸显试题的针对性和层次性,利于学生透过现象挖掘背后的生物学本质,在科研成果中深化学习。

再次,很多学生所参与的学术课题研究、科考探究活动也是对未知科学问题的揭示,也属于学术研究成果。这些成果基于学生能力、贴近学生生活,是提升学生分析和解决问题能力的优秀素材,更是引导学生树立正确的人生观、世界观、价值观的法宝。总之"由科学而达至修养",科研的至高境界是育人,教育的至高境界更是育人。

当然,并不是所有课时都要融入学术研究成果,也不是融入的越多教学效果越好，因为生物学科作为一门自然科学基础学科，在培养学生的理性思维、科学探究等方面具有重要且独特的价值。因此，我们可以根据学科特点、教学目标和学生情况进行学术研究成果的合理整合利用，以使教学内容主次分明、突出重点，助力学生头脑中形成系统化、结构化的知识网络。总之，学术研究成果对高中生物教学的反哺要着眼于"学生应具备的适应终身发展和社会发展需要的必备品格和关键能力"的培养，最终引导学生学会思维。

姚亭秀/文

以写作方法为依托，培养学生思维

——"论述类作文修改课"教学反思

一、以图尔敏论证模型为指导，训练学生思维。

现在许多中学生写作文喜欢用繁复的、华丽的、诗意的材料，自以为这是好作文的标准，会为文章增色，其实这是一种不全面的认识。如果文章表意不明、思路混乱，华丽的语言不但无益反而有害：这正表明了写作者思维逻辑混乱、思想匮乏。

学生作文表现出的逻辑混乱的问题，不仅仅是学生造成的，也与我们新中国成立以来的课程设计有关。教育学家张志公曾经撰文："二十年代到四十年代的一些比较重视教学的高中和师范学校，专门开设过逻辑课，大都收到了一定的效果……四十年代以后，一直到新中国成立后，在普通中等学校以及中等师范学校，不再专门开设逻辑课，就连一般的高等学校和高等师范院校也没有普遍地设置逻辑课程。这样使得一般受教育的人，渐渐对于逻辑愈来愈生疏。这是不妥当的。"不妥之处表现为交流方式上更多地诉诸暴力、诉诸情感、缺乏理性等。所以普及逻辑常识，对造就一个民主的、理性的社会至关重要。青少年时期是思维发展的一个重要过渡期，这时期认知能力的提升会引起思维的改善，但个体在这个时期如果没有获得扎实的技能，思维的潜能不大可能得到挖掘并发展成熟。

2016 年中国学生核心素养中明确提出要发展学生的"理性思维""批判质疑"能力等。其中重点发展学生"逻辑思维清晰"和"批判质疑"能力。可见无论从培养人的角度还是建设和谐社会的角度，发展学生的思维能力是一件重要也很迫切的事情。具体到语文学科，在阅读和写作的教学中，在认知和人格两个方面，渗透思维教学应该是这一阶段的重点。然而由于内容和时间的限制，在高中阶段系统地讲逻辑有较大的困难，采用一种比较简便又行之有效的方法成为当务之急。

现在国际上广泛认可的训练思维方法是图尔敏的论证模型。其模型包含数据(data,D)、支撑(backing,B)、理据(warrant,W)、限定词(qualifier,Q)、反驳条件(rebuttal,R)和结论(cliam,C)等六个基本要素。论证的基本过程是:数据和支撑共同构成了理据,在接受了反驳条件的反驳之后,经过限定词,使结论得以成立。这个模式的特点是:首先需要以事实为依据,判决不能是虚假或虚构的事实;其次必须符合形式逻辑,判决不应与形式逻辑相冲突,必须是合理的;再次必须时刻怀疑原有理据,努力克服原有理据造成的偏见和束缚。

此模型对培养学生逻辑思维,多角度思考问题很有帮助,在今后的阅读与写作的教学中,我将持续采用此模型比较系统地训练学生的思维:从论据的使用、类比推理、归纳推理、演绎推理和反驳条件五个方面训练学生的思维。需要强调的是反驳条件的训练将时时渗透在前四项训练的过程中,因为此项训练不仅仅是认知技巧的提升,更是人格培养的重要环节,而人格的培养又是一个漫长的浸润过程。这次论述类作文课的重点是训练学生的类比推理能力和反思能力。之所以把这两点作为此次作文修改课的重点是基于以下学情。

前6个学时进行了陶渊明专题学习,通过大量的阅读,学生对陶渊明有了进一步认识,形成了自己独立的见解。学生写了"我之评价陶渊明"的论文,进行了组内互评,并进一步修改了自己的论文。但论文水平差异比较大,也存在着一些共性的问题如:可信度、认识的广度和深度都有待提高。为了提高论文的可信度,第一节课作文修改课教师已经引导学生在如何合理运用论据方面进行了班级范围的探讨。为了进一步提升学生水平,本节课试图引导学生通过不同观点的比较来拓宽认识的广度,其中重要的一环就是对反面观点的探讨(理解的广度往往通过知识领域之间所做的比较得到显示)。第三节课将探讨如何提高认识的深度。这三节课互为依托,层层递进。

二、通过反驳条件的运用,拓宽文章视野,培养学生反思能力和包容异见的人格。

引导学生在写作文时要考虑反对方的意见:或者接纳反方意见,或者反驳反方观点等。为什么要运用这种方法呢?目的有两个:一是引导学生掌握一种习作方法,提高写作水平。二是培养学生反思能力和包容意见的人格。

学生作文的问题表现为思路狭窄,看问题主观、片面,缺少辩证地分析。改变这一现象的方法之一就是采用图尔敏论证模型中"反驳条件",引导学生在作文中分析、论证反对方的意见。运用这种写作技巧,增加写作视角,拓宽文章视野,能丰富文章内容,提升写作水平。通过多次实验,运用"反驳条件"是提高写作水平行之有效的方法,这种方法符合国际课程高水平写作标准的要求。国际 IB 课程高等级写作水平 4 要求"对反面主张进行探讨",水平 5 有更要的要求"对反面主张进行了广泛地探索,并得出了启示"。此次作文教学用水平 4 和水平 5 的标准训练学生,学生在习作中分析、论证了反方意见,写作水平切实得到了提高。

下文是学生成功采用图尔敏论证模型中"反驳条件"后的习作。

有的人说陶的归隐是要在乱世中保持自我的贞洁,这我并不否定,也并不能说他这样就是错误的,只能说这是不够好的。他是黑暗之中少有的一点光亮,陶做的,仅仅是竭力保持这一点光亮不会熄灭,这是自我实现的一种境界,可以做到这一点已经和不容易了。但我认为在这之上还是有一层境界的,就是用这一点微不足道的光亮去影响整个黑暗,尽管可能无法照亮整个世界,但使周围的空间变得明亮却并不困难。可惜陶还是选择了前者。

可同样是碰到奸佞的小人,也同样是碰到人生中的重大抉择,苏轼的选择和陶的却很不一样。经历了乌台诗案与无数次被贬,苏轼总是能够以乐观的心态来看待社会。拿破仑说过:"人生之光荣,不在永不失败,而在能屡仆屡起。"而苏轼恰恰就是这样有一个人,他虽也几次居于自然,却是因为被贬,可皇帝一下召,他总是能够重新为官,而也不管官职多么卑微,他总是能干出一番成就,譬如修建苏堤。我们可以认为,苏轼便是基本上做到自我实现的第二层境界了。(高二 5 班郑润石)

杜威说:"反对是最好的事体,是进步的表示。愈加反对,思想便更加进步。"一言以蔽之,反对是促人思想进步的。为什么呢? 第一,运用反驳条件规范思维可以让我们获得诚实的知识。诚实的知识就是只认知识、不认利害关系,承认自己的错误,更承认仇敌的正确。这样能开阔视野,获得真实的知识,同时更能发展思维,弄清事物的本质,使思想更趋成熟。第二,运用反驳条件规范思维可以让我们学会反思,促进思想的进步,完善自我人格。因为考虑反对意见,能让我们认识到自己的局限,促进思维全面思考问题,同时在道德上能促进我们养成容纳反对意见的态度和习惯,形成同理心,完善自我人格,促进自己的幸福和社会的平和发展。这就是说方法的变换能引起思想的革新。

以前的作文教学中不强调要考虑反对方意见。不考虑反对意见会养成我见、成见的态度,或者盲从、呆板的习惯,不利于理性思维的发展。所以在作文教学中,一定要学生运用考虑反对意见这种方法,这样不仅能提高写作水平,也能促进反思能力的形成,潜移默化地促进容纳异见的品格的养成。

三、通过比较法的运用,训练学生类比推理能力,培养学生理性思维和创造力。

在作文教学中引导学生使用比较的方法。比较法就是对物与物之间和人与人之间的相似性或相异程度的研究与判断的方法。也可以理解为是根据一定的标准,对两个或两个以上有联系的事物进行考察,寻找其异同,探求普遍规律与特殊规律的方法。在陶渊明与杜甫、苏轼、老舍的比较中,学生们看到了这些著名文人的共同点和不同点,澄清了认识;更主要的是学生在比较过程中,学到了人物分析的方法,探究人物命运与人物成就之间的关系,为今后如何对待人生奠定了一点理性思考的基础。

学生在运用比较法的时候,既学到写作技巧,还分析出事物的本质特征,理清此事物与其他相关事物的关系,找到事物发展的规律,培养了理性思维的态度,纠正了主观臆断做法。可见方法的重要性不仅在得到一个学习技巧,更重要的是培养一种对待事物的理性的态度和精神。

此种方法的运用还能培养学生的创造力,因为远距离联想可以培养创造力。创造性思考是将联想得到的元素重新整合的过程。重新组合的这些元素相互之间联想的距离越远,这个过程中思维的能力或者问题解决的过程就更具有较高的创造力。运用比较法,将表面看来没有联系的事物进行比较,就是把距离较远的事物通过联想重新组合的过程,在这个重组的过程中就能潜移默化地培养学生从表象中抽象出本质的能力,从而培养创造力。

下文就是学生成功运用远距离联想探求事物本质,培养创造力的示例。

坦白地讲,当我拿到这个题目的时候,从未好好想过陶渊明和老舍有什么相同点,甚至是相似的地方——除了生在同一片大陆上,无论是时代、观念、追求还有给人的第一印象都是不同的——然而现在我却不这么认为了。陶渊明、老舍、甚至是屈原、茨威格都有他们相似的地方——悲剧的命运。（高二5班　周尔澄）

如果只学技巧而不懂得背后的意义,结果就很危险。借助杜威评论科技对东西方影响的一段话,可以让我们有所启发。他说:"西洋科学发展以后,在物质方面所受的坏影响较东方为少。因为他们能把物质的变迁与科学态度的变迁同时并进,在思想精神方面可以有此一层保障,所以虽然也受点科学文明的坏处,而能同时受其好处。东方则只要人家的结果,对于科学的态度不稍变更,故不能得她们抵抗坏影响的一层保障,结果非常危险。"如果我们只教技巧,不能让学生明了技巧背后的思维方法的意义,那么学生学到的只是皮毛,而通过比较以澄清思维,获得对事物更深层次的理解的目的就不能达到,其危害就是学生逻辑思维不仅不能得到发展,还学会了做表面文章的坏习惯。

总之,在语文的写作教学中,我们应该以教技巧为依托,搭建起学生与思维之间的桥梁,为学生终身发展奠定基础。

庞秀卿/文

附录:

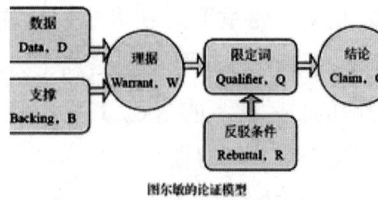

图尔敏的论证模型

图 1　图尔敏论证模型

表格 1

郑心怡　文章			
三者相同点(关键词)	陶渊明	苏轼	老舍
三者不同点(关键词)			

表格 2

林子涵　文章			
三者相同点(关键词)	陶渊明	苏轼	老舍
三者不同点(关键词)			

表格 3

	林子羿　文章	李雨昕　文章
比较的效果		

表格 4

	郑润石　文章	林子涵　文章
论述的不同之处		

表格5　理解的广度

水平 4	水平 5
运用什么方法	

在英语阅读教学中培养学生的思维能力

英语作为重要的信息载体之一，已经成为人类各个领域中使用最广泛的语言。英语课程的学习能给学生带来的不仅是一项语言技能，同时还有对外国文化的了解与借鉴，促进自身价值观、人生观的发展和综合人文素养的提高。近些年来英语学科素养成为被提及最多的概念之一。英语学科核心素养主要包括四个方面："语言能力"，指在社会情境中借助语言来理解和表达意义的能力；"文化意识"，指对中外文化的理解和对优秀文化的认知；"思维品质"，指人的思维特征。反映其在思维的逻辑性、批判性、创造性等方面所表达的水平和特点；而"学习能力"，则指学生主动拓宽个人学习渠道、积极调适学习策略、努力提升学习效率的意识、品质和潜能。其中英语学科对于学生思维品质的培养日益引起英语教育者的关注。

兼具人文性和工具性的英语学科是其他学科不能比拟的。英语四项基本技能听、说、读、写中，阅读技能占有重要的地位。作为输入环节，阅读对学生的英语学习也产生着重要的影响。阅读过程并不是简单的信息传递和读者被动接受信息的过程，而是读者不停对视觉信息进行解码、加工和处理的过程，涉及读者的预测机制、认知能力和语篇分析能力。阅读是一个构建过程，也是一个猜测和推理过程，作者与读者双方参与的言语交际，思想交流的过程，读者通过积极主动的思考与文本互动来获取信息的过程。英语阅读教学的目的是培养积极主动的学习者，培养学生的语言意识和对新语言的敏感性。

英语阅读教学不但承担着语言学习的任务，还担当培养学生思维能力的重任。对于思维能力的培养，我的课堂教学曾走过很长的一段弯路。在过去传统的英语教学中我曾以为思维的培养就是阅读文章获取大意，阅读文章获取细节，最后再以复述的形式进行总结，我相信这也是众多教师曾经的教学轨迹。现在再次回顾过往的课堂教学就不难发现，这不是思维能力的培养，充其量不过是阅读技能的培养,学生在此过程中所获取的不过是表层信息,阅读教学存在诸多问题,对于学生的思维谈不上任何的培养。

首先,语言学习的第一要务是学习语言,而现实课堂教学的误区是众多教师把词汇学习当作是语言学习的唯一要务。当下的英语阅读教学多集中在阅读技能的培训上,常常关注的是阅读技巧,或者是阅读文本里长难句的分析理解。这样的教学,依然把提高考试的得分率放在了唯一的高度。不得不说这样的阅读教学是目光短浅的,于学生的终身发展无益,于社会的进步无益,一个看不到前途,看不到未来的教学原本就是一个大大的失败。

其次,对教材的研读不深入,过多关注语言形式和语言意义,对教材结构、文体、内涵、价值缺乏透彻的理解和分析,教学文本的利用不够充分,语境和语用的意识薄弱。

最后,长期忽略在语言学习中培养和训练学生的思维品质和创新能力,在为学生提供实践、参与、体验和思考的机会中,过于重视语言外在形式,不善于启发,教学预设中缺乏学生生成的空间。课堂中学生有效学习的时间和空间不足,实质性学习发生较少,语言内化程度不够,自主学习能力不强,活动的效率和质量均有待提高。学生表面参与活动多,深层次参与活动少。学生被动参与活动多,主动参与活动少。

教学的应对策略。

第一,巧妙应用课题

很多课堂上,教师通常在导入之后,呈现课题,然后就开始教与学的过程。事实上,很多课题都有它的弦外之音,有值得思考和讨论的空间。如外研版教材九年级上 M1 Wonders of the World Unit 2 The Grand Canyon was not just big. 这个课题能帮助我们获得本文的主要内容是介绍科罗拉多大峡谷,带领学生领略大峡谷的地貌风光。这个课题的另一个特点则是作者的话欲言又止,这就给学生留下了思考的空间,作者想说的后半句是什么。让学生以小组的形式进行讨论,学生有一定的生成空间。通过阅读文本第四段后,学生能够获知作者的后半句是 It was huge. 作为读者的学生,现阶段自然想获知的是大峡谷到底有多大。带着这样的求知欲开始细节阅读,学生就转变成了课堂的主动参与者。

第二,精心设计问题

以问题来贯穿英语阅读课堂是比较常见的课堂教学形式。现实的初中英语课堂的设问多为表层信息的提问,仔细想想就不难发现,学生只需识别问句中的关键词,带着关键词就能在文章中找到答案所在的句子,学生就能正确地回答出问题。学生不需要解读问题,不需要解读句子的信息,这样的提问获取的是表层信息,对学生的思维能力没有任何的训练。教师应该对问题的设置以及提问方式多些思考。可行的方法之一就是替代句子中的关键词。例如,Peter was boon in America. 对于这句话的提问可以是 wheoe was peter born? 这个问题的关键词是 be born,学生回读原文,找到关键句,答案是 He was born in Americo. 但如果把问题设置成,where is peter's bintrplace? 答案出处相同,但是学生多了一层思考理解的过程,思维上得到了一定的锻炼。

外研版教材九年级上 M1 Wonders of the World Unit 2 The Grand Canyon was not just big. 的第四段中对大峡谷的长、宽和深度进行了介绍。原文如下:

I looked down to the Colorado River, a silver stream nearly one mile below me. If you put the two tallest buildings in the world on top of each other at the bottom of the canyon, they still would not reach the top. Then I looked across to the other side of the canyon. It was about fifteen miles away, maybe more. Finally, I looked to my left and to my right, and on both sides the canyon went far away for more than 200 miles. The Grand Canyon was not just big. It was huge!

对于这一段的细节信息可以设计成表格形式:

The Grand Canyon	
How deep	
How wide	
How long	

这个表格有一定的思维力度,学生需要对文段内容进行理解才能完成表格。由于文章中并没有就大峡谷的深度、宽度和长度的直接描述,完成这个表格要求学生理解文本信息。这样的设计多了一个思维理解的过程。

文本中的 mile 和 the two tallest buildings in the world 其实也是值得探讨。mile 英里并不是中国人常用的单位,因此学生无法把英里与实际生活联系在一起。因此可以先引导学生进行单位转换 1 英里约等于 1.6 公里。The tallest building in the world 到底是哪个,它又有多高呢? 学生带着这样的问题通过网络查找信息。这样的过程让学生更多了思维的练习,能培养学生的直觉思维能力。

第三,用心关注语言

作为课堂主导者的教师应该帮助学生形成这样的语言意识,因为这样的意识能帮助学生打开英语学习的大门,帮助学生获得语言学习的能力,为其终身学习奠定基础。

外研版教材九年级上 M1 Wonders of the World Unit 2 The Grand Canyon was not just big. 的第四段中对大峡谷的长、宽和深度进行了介绍。原文如下:

I looked down to the Colorado River, a silver stream nearly one mile below me. If you put the two tallest buildings in the world on top of each other at the bottom of the canyon, they still would not reach the top. Then I looked across to the other side of the canyon. It was about fifteen miles away, maybe more. Finally, I looked to my left and to my right, and on both sides the canyon went far away for more than 200 miles. The Grand Canyon was not just big. It was huge!

还记得根据这段文字设计的表格内容吗?

The Grand Canyon	
How deep	Nearly one mile
How wide	About 15 miles wide
How long	More than 200 miles

这个表格还可以作为学生语言应用的依托,二次使用。根据这个表格学生输出的文本基本都是 The Grand Canyon is nearly one mile deep, about 15miles wide and more than 200 miles long. 这样的输出形式的确完成了科罗拉多大峡谷基本信息的介绍,但是值得注意的是,输出部分的语言形式还是停留在了学生原本的语言基础上。可以设想,在本堂课的初始阶段出示此任务和在阅读之后出示此任务学生在生成上是没有多大区别的。本堂课文本的学习没有留下任何痕迹。对文本进行认真解读就不难发现,文本的语言上很有特色。作者使用 looked down to, looked across to, looked to my left and to my right 以游客的视角,以"look"一词,辅助三个方向的词汇"down, across, to"生动逼真地展现了科罗拉多大峡谷的外貌特征。教师通过这样的讲解,帮助学生更好地感受领会语言的美,再让学生根据表格介绍大峡谷的外貌特征,有利于培养学生的感知能力和记忆储存能力。

第四,有效激活背景

读前教师应激活学生的背景知识,引导学生预测文本的内容。读中教师应引导和鼓励学生有目的的关注，获取和处理信息，培养阅读策略和阅读微技能，完成理解的过程并学习文本中包含的语言知识。读后教师应引导学生深入理解文本，内化所学内容和语言，将学生所读到的和学生已有的以及学生的感受建立联系，并使学生根据所学创造出自己的语言，完成基于课文信息和结合生活实际的输出。

例如，外研版教材九年级上 M2 Public Holidays Unit 2 We have celebrated the festival since the first pioneers arrived in America. 通过对课题的解读，学生得出结论文本围绕的核心话题是 Thanksgiving Day，学生对于此话题有一定的背景知识，在开始文本阅读之前，可以就本话题进行一些讨论。在实际课堂教学中，我让学生预测他们在文本中将会阅读到的内容。学生预测的结果是，文本会介绍感恩节的时间，感恩节的历史和感恩节的庆祝活动等。就这三方面的问题以表格的形式与学生做了互动，根据学生的反馈完成了下面这个表格：

Thanksgiving Day	
Time	On the fourth Thursday in November
History	May Flower, the Atlantic Ocean,
Celebrating activities	A special dinner, turkey

通过这样的互动激活了学生的背景知识，此外也有利于教师掌握学生的已知知识与文本信息之间的信息差（information gap），学生的学习目标也就清晰明确了。在实际授课中，学生对于 May Flower 的了解比文本提供的信息要丰富得多，让学生在课上适时地补充信息，发挥学生的主体地位。学生对于家庭聚会吃火鸡很感兴趣，这一点在文本里是没有介绍的。于是在课上，让学生利用网络查找和与外教进行交流获取信息的方式，满足学生的求知欲。培养学生发现问题、提出问题、分析问题、解决问题的能力。

第五，灵活分组阅读

英语阅读在学生的成长中发挥着重要的作用，这一点毋庸置疑。英语阅读教学则不应该仅仅局限于教材阅读文本的学习，它应该有着更为广阔的范围和更多样的维度。阅读教学应以学生为中心，让学生去主动思考，去设计，去做自己想做的事情。教师把任务交给学生，让学生自己主动地学习，教师只是充当引导者。带学生走进图书馆进行合作式的阅读教学就是很不错的尝试。

（一）兴趣分组

课堂围绕与教材内容相关的核心话题进行,准备有一定选择空间的阅读文本,主题相同,内容多样。在阅读课上让学生根据自己的兴趣爱好自主选择阅读文本,兴趣是学习的先导,是阅读的第一原动力,只有培养了学生阅读的兴趣,学生才会转化为自主寻求的"我要读",学生有了阅读兴趣,自然会努力寻求阅读机会。尊重学生的阅读兴趣,赋予学生自主选择的权利,能更好地激发学生的阅读欲望。

让选择相同阅读文本的学生组成一组,因为对话题有相同的阅读兴趣,组成阅读小组之后便于学生更好地进行小组讨论,小组合作更高效。

（二）任务分组

为了更好地开展阅读,为了让阅读更具思维深度,课上可准备不同的阅读任务单。任务单的设计也突出层次感,其目的是让不同水平层级的学生都能找到适合自己的任务。当学生在课上做一些自己能做,而且能做好的事情时,课堂对他来说就是乐园。课堂不是几个优等生的专属地,课堂应该面向全体学生,让每个学生在自己原有的基础上都有提升,这也是教育结果的公平性。

设计任务单时应该考虑学生的水平差异和对学生思维能力的培养。

任务单一:对故事主角的性格,品质进行分析。

根据文本描述,给故事主角画头像,并用关键词对人物性格进行描述。

任务单二:对故事中的人物进行分析。

根据文本描述,选择你最喜欢的一个角色,并说明原因。

任务单三:对故事中的情节进行分析。

根据文本描述,选择你最喜欢的部分,并说明原因。

任务单四:总结故事脉络。

根据文本叙述,把故事的起始、发展、结尾进行提炼。

任务单五:进行审辩思维能力的培养。

对文本中的人物或情节做相应的修订或是改编。

任务单六:进行创造性思维能力的培养。

根据文本描述,基于读者自己的理解,续写文章。

在图书馆上课与在教室上课显性区别是授课场所的变化,似乎是为了给学生外在的新鲜感。而其内在的一个变革是,教师和学生角色本质的转变。教师成为一个引领者,学生成为自主的阅读者,英语教学的最终目标就是要把学生培养成独立自主的学习者。此类型的阅读课还有一个重要的特征是动态分组。基于文本分组阅读，根据任务单进行二次分组。在进行分组合作时，能看到学生进行交流，交锋和交融的过程。学生的思维能力和表达能力都得到了一定的锻炼。这种教学方式一直和思维紧密地联系在一起，是人性化的教学。尊重学生的发展，把学生当成一个鲜活生命来培养，顾及他们对思维的需要。

　　阅读教学的意义不仅在于能够帮助学生拓展知识面，提高他们的英语语言能力和文化素养，更重要的是阅读能够促进学生思维和品格的健康、全面的发展，对学生一生的成长产生深远的意义。

江波／文

教学三重境界之第三境界——传递真善美

　　王国维说:"古今之成大事业、大学问者,必经过三种之境界:'昨夜西风凋碧树,独上高楼,望尽天涯路。'此第一境也。'衣带渐宽终不悔,为伊消得人憔悴。'此第二境也。'众里寻他千百度,蓦然回首,那人却在,灯火阑珊处。'此第三境也。"王国维概括的是治学的三重境界,而我觉得,用此来形容教学的三重境界也很恰当。十年的教师生涯,不敢说长,但是十年一路走来,却也有不少的感悟与思索。

　　第一境界:"昨夜西风凋碧树,独上高楼,望尽天涯路。"原出自北宋词人晏殊的词《蝶恋花》。此境是"登高远望,绝处求生"之境。西风吹树,风紧木落,一片凄凉。人独上高楼,有一种苦苦寻觅,痴痴求索的孤独和无奈。前路茫茫,天外有天,永无止境,不知道从何处起步,同时又隐隐透着一股殷殷的期盼,希望找到出路。我觉得这句词代表了我刚刚走向教师岗位几年的心境。不管是教学还是教育,除了知识上有一些积累之外,没有任何经验,内心是带着惶恐与不安走向讲台的。备课时心里考虑的是我这节课知识上有无疏漏? 我这节课教学设计符合学情吗? 学生能接受多少呢? 学生会喜欢吗? 参加教研时,面对诸多的优秀教师,很羡慕他们的从容与风采,内心又滋生出几分焦虑,觉得有诸多的不足,但却无从下手,这也想提高,那也想提高,拿起这个,放下那个,是一种忙乱与失措,伴随着挫败和无力感。

　　第二境界:"衣带渐宽终不悔,为伊消得人憔悴。"原出自北宋词人柳永的词《凤栖梧》。此境是"苦苦追寻,竭尽全力"之境。一但选定了路,就应该不避艰难地走下去。为了心中的追求,甘愿忍受孤寂,即使体弱神伤,也决无悔意。在最初的忙乱与无措之后,逐渐适应了教学和教育岗位,感觉自己找到了目标与方向,在工作中也收获了成就感,这种成就感主要来自学生的认可。虽然知道自己还有不足,但心已经安定下来,不再彷徨,更多的是踏踏实实地努力与尝试。在这几年中,学生的认可中有绝大部分来自他们成绩的反馈,他们觉得自己这一学科在升学考试中没有拖后腿,甚至在他们通向向往的学校的道路上,帮了他们一把。我心中有满足,甚至在学生的感谢声中颇有些自得,觉得自己的价值正在实现。因此在教学中多了些理直气壮,认为只要是对学生"好"的,就应该推行,哪怕他们现在不理解,不喜欢,没关系,终有一天,他们会懂我的一片苦心。因此,在教育上,我也秉持这一理念,多了些"强硬"和"专制",少了些包容与宽和。这种理解也不是完全没有价值,有些学生就是因为自律能力差,当你加强"约束"时,他们的成绩确实会有进步,他们考上好一些的学校,也会感谢老师的"帮助"。有一段时间,在这种理念下,我非常执着,虽然很辛苦,但觉得有收获。但是,在这个过程中,我也逐渐产生了迷惘和困惑,学生往往不是因为"喜欢"而学,我和他们其实都很"功利",这个过程,彼此都不是很快乐。还有,考试是有很大的不确定因素的,往往有时候,学生很努力,成绩却不一定那么理想,这时,我就会产生自我质疑和愧疚的情绪,我对自己先前的理念产生了质疑:这样带着、陪着、逼着学生学,好吗? 我的课程还有其他价值吗? 特别是在新课程理念下,在我面对这样的学生,家庭条件不错,有着独木桥之外的其他出路时,这样的教学还有多大的意义? 可能我很贪心,有人会说,你的知识达到渊博的程度了吗? 你的教学设计没有瑕疵了吗? 你的教学完美地完成了吗? 没有,你想这些有什么用? 哪有那么多"有意义"的事情。但是,我觉得,如果对学生没有意义,我的存在就没有价值,就失去了我想成为教师的初心,不管我的能力达不达到,我要思考,要寻找。

第三境界:"众里寻他千百度,蓦然回首,那人却在灯火阑珊处。"原出自南宋词人辛弃疾(1140—1207)的词《青玉案》。此境是"豁然开朗,一片光明"之境。王国维以这句词比喻为了经过长期钻研,正在难以解脱之际,突然找到了答案时的心情。

在上学期的教研中,我听了一位老师的课,她教的是艺术类的学生。课题是《19世纪以来的世界艺术漫谈——以美术为例》,她没有单纯地讲美术作品,而是透过作品,展现了画家的人生和精神世界。她在开篇,提出了人生的三层境界:物质生活(衣食)精神生活(学术艺术)和灵魂生活(宗教)。这节课给我很深的感动和震撼,优秀的课,设计得很好的课,听过很多,但是有灵魂的课,见识过的不多。伴随着世界名画,伴随着音乐,伴随着讲述,听课者仿佛走入画家的灵魂深处,去感受真、善、美。这些画家,很多是在活着的时候生活窘迫、颠沛流离,没有被时代认可,但是,真、善、美迟早会被人们发现,被人们认可,并且跨越时空,成为永久存在的精神丰碑。这样的课,学生们肯定受益良多,超越了知识与实用,会保留在心灵深处,总有一天,会爆发出力量和光彩!

开学初的同课异构,我听的是语文课,课后有专家点评,连中国老师讲了一段话,不能完全复述,大概意思是这样的:"在校园里,应该让学生充分感受到理想主义,这样,他们走出校园后,才会体会这个世界的不完美、不合理,才会想让这个世界变得更好,否则,就会同流合污,就会进入一个大染缸,失去自我。"这给了我一种鼓舞。长期以来,我迷惑,教师在课堂上讲的,与生活中事实截然相反,怎么让学生信服,讲这些有什么用? 连老师给了我一种答案,一种象牙塔内的精神世界存在的理由! 连老师还说了一段话,他说令他怀念的课是教师从心海之中捞出来的课,是经过颠簸碰撞的课,这和我听过的彭老师的课不谋而合,是有灵魂、有生命的课。

假期读书,我浏览了《美的邂逅》和《课堂是一种态度》这两本书,我读到了这样的文字:"教育的终极关怀——人的文化的生成。""教育应有些诗情画意。教育改革,应从诗化开始。""教育应该是自然生长。"教育应该"静美"。

我还看到一篇微信文章,文章中说:"教育,不仅仅是对知识的学习,更重要的是对生命的尊重。""教育是人的灵魂的教育,而非单纯的理智知识和认识的堆积。"一位日本教育家说过这样一句话,我们要培养学生"面对一丛野菊花而怦然心动的情怀"。

所有这些触动,让我从迷惑中走出,我觉得找到了答案:我的教学和教育应该跳出现实功利之外,超越各种教学模式,或者说百川汇海,最终就是传递"真、善、美",带着学生去体会"真、善、美",回到生命教育本身,也许我们的讲述与这个物欲横流的现实世界格格不入,也许我们让学生欣赏的内容是"无用"的,也许我们推崇的人物曾是各个时代人们眼中的"疯子"与"傻子",也许我们会被冠名为"理想主义者"……但是,我们应该相信真善美的力量,这才是生命存在的价值。我们不对人性做过高的估计,过高的期望我们的学生都能成为时代的先锋者、开拓者,但希望他们拥有这样的胸襟和情怀:不人云亦云,不同流合污地去讽刺和嘲笑那些坚守者。更高的期待,就是他们可以去认可和保护这些真善美! 这样,有些曾经的"集体迷失"才不会重演。

我现在的话,就是一种理想主义的话语。因为,我有这样美好愿望的同时,也了解自己的能力和阅历,也许,我积几年的洪荒之力才能上出类似的一节课,甚至达不到这样的高度,但是,我不再彷徨,我不再急躁,我也想让我自己"自然生长",

经过时间的积淀与阅历的积累,我希望能成为那样的老师!"你若盛开,蝴蝶自来"。我也想让我的学生"自然生长",我们努力引领,但是不一定替他们做决定,让他们走上我们认为"好"的路,有了发现真善美的眼睛,有了一种生命的情怀,即便走弯路,也终究会走向光明。我的女儿今年四岁,在看完一部动画电影后,她和我重复这样一句台词:迎着光,黑暗永远在身后!

张燕/文

02

课例研究篇

用"思维进阶"搭建高效历史课堂

——以高三历史研究课《全球视野中的中外关系》为例

一、简介

这节课是北京师范大学与朝阳区合作项目"促进学生学科能力发展的课堂教学改进"及"教师学科能力导向的学业成就评价能力发展研究"在 2016 年年度的实验项目之一,这一实验项目的主题是"关注学生能力发展",而这其实也是中学历史教学的核心问题。

这个实验项目按惯例是选定实验学校后,再安排不同年级的两位老师以同课异构的形式进行。因为高一课程进度有刚性要求,所以课题由组内闫老师在必修一教材中选定,最终确定的课题是《新中国外交》一课。在高三历史复习课中,新中国外交是一个重要的专题。但随着备课的深入,我逐渐推翻了自己一开始的设计框架。因为随着更多的阅读与思考,我越来越强烈地感受到,如果仅仅从现代外交中去加以复习,对于高三学生来说,是有欠缺的。因为无论是从对中国外交史的整体认识还是应对现在的高考试题,仅仅着眼于某一个时段的外交史都是不够的。

最终我为自己设定了一个极为宏大的主题——《全球视野中的中外关系》,并使用思维进阶的设计引导学生梳理完整的中外关系史。但直到听完试讲,大家对于这节课最终能不能较好地完成心里也没有底。这个题目其实在几年前的一轮高三复习课上就有所尝试,但那一次的尝试留有缺憾。主要的问题在于,教材中与外交史有关的相关知识特别零散,完全不成体系。而且在课堂实践中,没有补充太多的新材料,最后基本上变成了学生对简单问题的机械回应。确定想法之后,我心中其实是有着强烈的弥补当年这一遗憾的冲动的,关于中国外交的复习如果不能探索出一种行之有效的方法,在之后的高三复习中依然会是一块绊脚石。

二、设计意图

(一)考试要求

在考试说明中明确提到"外交"的条目,只有一处:即 P252,"现代中国"部分的第一个大问题"1. 现代中国的政治与外交",下的"(6)新中国的外交",具体包括:①新中国成立初期的外交活动;②和平共处五项原则;③中国恢复在联合国的合法席位;④中美、中日关系正常化;⑤改革开放后的重要外交活动。其他的相关内容则基本上都是隐性知识。

(二)教学目标

通过本节课的复习,使学生了解我国历代与各国各地区的交往情况;分析我国古代、近代和现代不同时期对外关系的特点及成因;从对外交往的影响中,认识对外开放的重要性,树立开放意识。

(三)学情分析

高三文科班的学生,高一、高二学习新课时是专题史,现已完成了高三一轮通史复习,既具备一定的知识基础,又对专题式教学有一定的熟悉度。所以,我可以大胆地为这一节课设计一个专题式的知识结构,内容贯穿古今中外,除了将三本必修教材中的与外交史有关的内容加以强调外,还扩展到教材的相关知识,甚至将一些教材之外的重要历史知识也纳入其中。

三、总体结构

这里面有两个关键问题需要解决,第一是如何将零散的知识加以整合,并通过适当增补,以形成一个可以在课堂进行讲授的知识体系。第二是如何通过课堂教学完成对学生历史学科能力的培养,切实提升学生包括应试能力在内的综合能力。

经过缜密的思考,最终在课堂呈现的总体知识结构如下(图 1 ~ 图 2):

全球视野中的中外关系

全球视野中的中外关系

一、古代中国的外交
二、近代的中国外交(晚清时期)
三、近代的中国外交(民国时期)
四、新中国的外交

详目如下(图3~图6)：

一、古代中国的外交
(一)传统文化下的外交传统▫
(二)丝绸之路上的交往▫
(三)新航路开辟和西学东渐▫
(四)明清时期的海禁与闭关▫
(五)清初的中俄关系▫

二、近代的中国外交
　　(晚清时期)
(一)英国改变广州体系的企图▫
(二)鸦片战争后晚清外交的近代化▫
(三)国际法的引进▫
(四)阿思本舰队和蒲安臣使团▫

三、近代的中国外交
（民国时期）

（一）北洋政府挟洋自重的屈辱外交▫

（二）第一次对列强说"不"▫

（三）国民政府的改订新约运动 ▫

（四）反法西斯战争中国际地位的提高▫

四、新中国的外交

（一）建国初独立自主的和平外交方针▫

（二）20世纪50年代中期的外交成就▫

（三）20世纪70年代的外交成就▫

（四）新时期的外交▫

全球视野中的中外关系

一、古代中国的外交

（一）传统文化下的外交传统

（二）丝绸之路上的交往

（三）新航路开辟和西学东渐

（四）明清时期的海禁与闭关

（五）清初的中俄关系

二、近代的中国外交（晚清时期）

（一）英国改变广州体系的企图

（二）鸦片战争后晚清外交的近代化

（三）国际法的引进

（四）阿思本舰队和蒲安臣使团

三、近代的中国外交（民国时期）

（一）北洋政府挟洋自重的屈辱外交

（二）第一次对列强说"不"

（三）国民政府的改订新约运动

（四）反法西斯战争中国际地位的提高

四、新中国的外交

（一）建国初独立自主的和平外交方针

（二）20 世纪 50 年代中期的外交成就

（三）20 世纪 70 年代的外交成就

（四）新时期的外交

课后，朝外的一位老师评价道：李老师所授《全球视野中的中外关系》一课，有很高的站位和相当完整的知识构架（板书设计简直就是一部著作目录），突出全球史观，提纲挈领地对相关知识进行整合，与其说是整合三本必修、两本选修中的历史知识点，不如说是通过补充史实、精读材料的方式加深学生对考点的认识，深刻地挖掘了历史事物的内在联系……

确定了这节课完整的知识要点之后，如何能够在课堂实操中实现学生思维的进阶发展，体现出思维发展的层次性和深刻性，就成为一个需要重点解决的问题。

四、典型教学片段

（一）关于历史概念

中学历史教学中的一个重难点在于，有许多历史概念，同学们并不能准确理解，这会直接导致在学习过程中不能吃透教材，不能准确地理解其真实含义。而高考试卷中又经常会出现围绕历史概念的试题，如鸦片战争前夕，清政府实行"闭关锁国"政策的含义是严格限制对外交往。在这节课中，相关重要历史概念我都专门设计一张 PPT 的页面，并进行必要的讲解。以期同学们在课堂上能够对历史概念准确理解、完整把握。如本课中对"外交""天下观""服事制""夷夏之辨""贡赐贸易"等历史专用名词的解释。（图 7 ~ 图 10）

(二)关于高考题的使用

作为一节高三复习课,肯定少不了经典高考试题的分析与练习。一般的做法是把相关题目课前以学案或学习资料的形式印发给学生,让学生预习;或者在复习完一段历史知识之后,在课堂上当作检验课堂效果的工具。这样的做法或囿于时间,或者呈现方式,其实都未能将经典试题的效用最大化。

这次备课,我受到朝阳区教研员曹卫东老师的启发,印发给学生的经典试题,都是只有材料而没有问题的。这样学生在课前可以更好地阅读并深入挖掘文章的内涵与主旨，自主地提出问题。在课堂使用试题的时候，也是最后才告诉学生材料的出处。特别是高考命题人高屋建瓴的总题冠里指明的核心理念，更是最后才呈现给学生，如关于各古文明中心在历史上对世界的认识所共有的一个阶段，即以自我为中心。出题人的"区域的世界·联系的世界·多样的世界"的设计和梁启超先生所指出的"中国的中国·东亚的中国·世界的中国"这一分析有异曲同工之妙。我让学生最后能够推导出这二者之间的关系，并准确地判断当时中国历史所处的阶段。（图11～图12）

由于把高考题的材料，为我所用，巧妙融入，实现了题目和知识的无缝连接，没有打断讲授整体知识的节奏，使课堂更浑然一体。本课中高考题共出现了5次，基本都是按照这种模式运用的。

一位人大附中朝阳学校的老师在课后这样评价道：

1. 教学目标明确，思路线索清晰，把教材中中国古代史、近代史零散的知识点提炼整合，从宏观上给学生构建框架结构。这在高三的复习中必不可少。

2. 注重学生时空观念的培养和历史概念的讲解。

3. 运用大量文字、地图材料，引导学生解读。虽然补充了部分新知识，但因为材料运用适当，在发展脉络中呈现得适度恰当，学生对在大时代背景下学到的新知识的理解、对此时期外交特点的认识应该都不存在问题。

4. 把历史学科能力培养和高三应试教学的训练结合,运用北京高考中的典型试题进行高考主观题训练。

(三)关于课堂的总结升华

课堂内容庞杂,需要最后引导学生完成对这一课的归纳总结,最后师生共同推导出的发展阶段为:古代→晚清;晚清→民国;民国→新中国。(图13)纵观中国外交史,从古代天朝上国唯我独尊的宗藩朝贡体系,到晚清遭遇屈辱的条约体系后被迫向近代化转型,民国政府则完成了从挟洋自重出卖国家主权的屈辱外交到捍卫争取国家权益的突破与转折,到新中国成立后,最终实现了独立自主的和平外交。

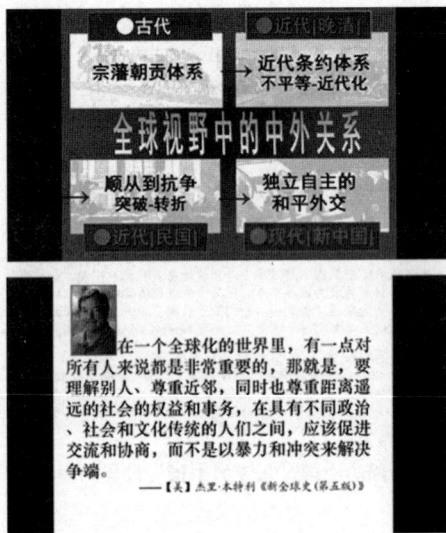

在本课的结语中(图14),我引用了美国学者杰里·本特利在《新全球史(第五版)》的论述:在一个全球化的世界里,有一点对所有人来说都是非常重要的,那就是,要理解别人、尊重近邻,同时也尊重距离遥远的社会的权益和事务,在具有不同政治、社会和文化传统的人们之间,应该促进交流和协商,而不是以暴力和冲突来解决争端。

并在中国古代传统文化中汲取智慧来加以说明,就是己所不欲,勿施于人,己所甚欲,亦勿施于人。

五、评价反馈

综合各位老师意见,本课主要的成功如下:

1. 宏观立意,视野开阔,整合教材,阶段明确,逻辑清晰

从古今中外关系的宏观视角梳理重要史实,在跳出教材拓宽视野同时还建构了知识体系教学体系完整,教学设计视角新颖,教学内容清晰。教学容量大,视野开阔,纵横捭阖,从宏观上构建知识框架,阶段性非常明显。逻辑清晰,层次分明。古今贯通,知识框架特别清晰。从宏观角度把我自古至今中国外交的特点,发展脉络清晰,阶段特征概括明确,有利于学生建立外交史的知识框架,加深对外交发展阶段性的理解。摆脱了复习课就是习题课的模式,让人耳目一新。

这节课的拓展,信息量很大,站位比较高,有相当完整的知识构架(板书设计简直就是一部著作目录),突出全球史观,提纲挈领地相关知识进行整合,与其说是整合三本必修、两本选修中的历史知识点,不如说是通过补充史实、精读材料的方式加深学生对考点的认识,深刻地挖掘了历史事物的内在联系,把学生"听过"的历史概念变成"理解"的历史概念,并能够运用自己的理解解决新的问题。从高三角度去如何引领学生去复习中国的外交,老师带领学生跳出了新中国外交的限制,给学生一个完整的外交体系,特别是站在全球视野下,给人一种比较新颖的视角。教学目标明确,思路线索清晰,把教材中中国古代史、近代史零散的知识点提炼整合,从宏观上给学生构建框架结构。这在高三的复习中必不可少。同时也帮助学生梳理了我们在必修一和必修二、必修三涉及的一些知识,曾经都是站在政治(二十一条、巴黎和会、)和经济角度(丝绸之路)、文化角度(利玛窦)去看待这些知识点,原来这些知识点还可以从外交角度去理解,拓宽了学生的思维。

视野宏观立体,带领学生串联相关基础知识,同时提升学生相关历史学科的能力(信息提取、阐释;史论结合),深化了对重点问题的认识。在挖掘历史内在联系方面,围绕怛罗斯战役、造纸术西传、文艺复兴、《环行》之间联系进行的讲解也是非常精彩,逻辑清晰、史实明确,通过创设新的情境加深了学生对造纸术、文艺复兴等重点知识的理解,真正做到从全球化视野看中外关系。

2. 知识拓展,精选材料,信息丰富,概念解读,能力培养

作为一节高三复习课,李老师对于概念和材料的把握特别精准。课前准备充分,材料丰富;运用的史实具有典型性,能充分说明各阶段的特点;拓展延伸多,对

古代外交和近代外交进行了适当的拓展。最人的亮点就是丰富的图片和材料,体现出李老师深厚的史学功底。而且李老师不是简单地出示材料,而是带着学生对材料进行分析,深度处理,帮助学生掌握历史材料的分析方法。许多材料体现了学术动态,例如其中的一幅漫画材料,生动地反映出礼仪之争。又例如李老师还推荐学生自主阅读《丝绸之路———一部全新的世界史》。

　　注重学生时空观念的培养和历史概念的讲解。老师首先从概念的解读入手,让高三学生对外交这一概念有了清晰的认识,为后面知识的梳理打好坚实的基础。微观着手选择材料和典型的重要的材料特别好,比如古代外交中的丝绸之路,体现了和平与战争并存。明清海禁、西学东渐传统的"天下观"发生转变。直到1840年鸦片战争后发生根本性变化,如总理衙门的设立到外务部。而且李老师补充了国际法的概念,将国际法与近代民族国家的形成做了引入。如"朝贡体系"这一概念,每位老师都会在高三复习课上提到,但很难如李老师这般,从源起、发展、特点、评价各方面帮助学生理解,并能够通过提问标志其崩溃的历史事件,对学生理解程度进行反馈,挖掘古代中国与近代中国的联系,从教学的知识目标上看,这也许并不是一个重点,但是从提升学生能力的教学目标上看,确是非常有效地提升了学生信息提取、知识迁移、史论结合等能力。

　　3. 高考真题的巧妙应用,深化对重点问题的认识

　　本课博古通今,既着眼于全球视野下的中国外交,又不忘落脚于高考题,非常符合高三年级学生的认知水平和实际需求。经典高考例题渗透。讲练结合,复习以致用,提高学生解题能力。通过典型高考题培养学生解题能力,提高学生归纳和阐释的能力。

　　李老师在讲授每一阶段的中国外交还佐以相关高考题,使学生对这一知识点有更直观的体会与理解。通过精彩的讲授将高考的要求用高考题对接知识及能力的落实。在讲解过程中,针对不同时期的外交,恰到好处地把高考题融入其中,不仅学习了知识,更通过题目增进了对知识的理解。在这点上设计得很巧妙。有利于培养学生学科核心素养和高考应试能力,增强课课堂厚度。在45分钟内完成了一节起点高、容量大,落地实,提素养的好课。

　　在复习相关史实的基础上,突出能力培养。选用经典高考试题进行能力训练,深化了对重点问题的认识。紧密联系高考,在梳理每阶段中国外交时恰当地融入历年北京高考原题,在树立知识的同时培养学生分析问题、解决问题的能力。

本课作为一节高三复习复习课,渗透了高考立意,并且李老师有意识地带领学生进行了高考试题训练和强化了材料解读的方法。李老师在讲述古代中国外交这一内容时,对中国传统文化做了深度的分析。并且,李老师还带领学生分析了 2009 年、2014 年和 2015 年的北京高考题,在其中多次提醒学生要注意分层和找出中心词等。李老师将学术新观点,如清末外交中中英双方对话的"语境",引入中学历史课堂教学中,也符合高考的新趋势。

4. 教师功底扎实,自然流畅,临场智慧

李老师史学功底深厚,教学基本功扎实,教态自然,语言清晰。拓展延伸多,对古代外交和近代外交进行了适当的拓展。引入国际法和相关人物事件,视角独到。具有学术味道。功底扎实,特别有学者风范;语言简练、思维清晰、娓娓道来;深厚的史学功底和学科素养,整体感觉是像大学讲师。李老师整体把握古今外交的规律和特点,点线面到体,给我很清晰的条理和脉络之感,而且有宏观的视野和不同的角度,有大家风范。教师对于各个阶段对外关系衔接推进顺畅熟练,老师的历史功底深厚及讲述能力很强。

李老师的课令人耳目一新,目前的教育体制及高考机制下,我们需要教书匠型的教师,也需要像李老师这样知识渊博、底蕴雄厚的讲师型教师,让学生真滴去领受大千世界的风采,历史的浩瀚与丰富。多样性对事业发展是至关重要的。李老师最让我佩服的是他渊博的历史知识和深厚的历史功底。具有学术味道的专题课,教态自然,语言清晰。李老师的课有学者风范,侃侃而谈,学识渊博,对课堂教学进行了延展和拓宽。信手拈来,娓娓道来,给我的感觉是十分自然和流畅。充分展示了李老师深厚的史学功底,高超的控制课堂的能力,不愠不火,侃侃道来,颇有学者风范。李老师大有学者风范,充满教学激情和魅力,讲述清晰有条理,高效实用,让我恍惚间颇有聆听"百家讲坛"的感觉。虽然课堂教学以讲述为主,但仍能感受到师生配合默契,互动高效和谐。因为教学内容广博的特点,整个教学过程以教师的叙述为主,但教师对知识深入浅出的输出方式,以及教师富含学养的气质和机智幽默语言表达,课堂中学生的学习气氛亦是轻松愉悦。

面对多媒体多次发生故障的突发情况机智地化解问题。将小小的故障与实际教学相结合,体现了十分自然的教态,这一点非常值得我学习。两位老师机智风趣的语言缓解了紧张的研究课气氛,体现了两位老师丰富的教学经验和教学智慧。不仅没有受其影响,甚至都用风趣幽默的语言把故障本身也变成了教学情境的一部分,其对课堂把控的能力可见一斑。

5. 符合学情,体现了实验项目的主旨"对学生能力的培养"

李老师立足高三,在学生已有知识的基础上进行古今的联系和综合,视野开阔,逻辑性强,课堂以教师讲述为主,生动活泼,学生活动虽然不多,但是课堂的内容本身极其具有激发学生的思维活动的效用。把对历史知识的要求上升到了对学科素养的要求。将调动学生思维的训练过程落到了本质,而不拘泥于外在的表现形式。

作为北师大实验项目2016—2017(主题:关注学生能力发展)的展示课,主题鲜明:关注学生能力发展。作为一节高三复习课,面对八十中优秀的学生,大时间跨度、多层面宽视角的教学设计,开拓了学生的思路。符合八十中高三学生的知识基础和认知水平,学习能力、思维视野等方面都有一定的优势和实力。

八十中的学生对于中国外交的基础知识有了一定把握,李老师没有把原来的零散知识简单重复罗列,而是引导学生从宏观上整体把握古今中国的外交,按阶段放在在整体框架下梳理古今中国外交的脉络并分析每个阶段的特征。从教师设计的问题及学生的回答来看,虽然是三言两语,依然能看出公开课之外日常教学中教师对学生历史解释及历史表达能力的一贯培养。整个课堂有专题讲座的特点,重讲线索,有适时考点点拨和能力训练。也许对于普通校的学生不适合,但这种宽广的历史视阈培养非常适合重点中学尤其是高三文科班的学生。

两位老师都在课上对学生的时空观念和史料实证及历史理解等核心素养进行了很好的培养。

虽然由于时间所限,学生没有起立发言,但在座位上的回应明显感受到了师生之间思维的交流与碰撞,精准幽默的语言使高难度的知识瞬间变得清晰和容易理解。高考的能力训练与历史知识发展的脉络相结合,使学生从认知到认识,保证了历史课的原汁原味。课上未及详解的知识相信这样高层次的同学们是会在课后去自主研究拓展的。李老师站在全球视角梳理了自古至今的中外关系,具有大视野,从宏观角度把控细碎的历史知识点,辅以课外资料进行不同讲解,使同学们了解了许多课外知识,听得津津有味,提高了学习兴趣,激发学生课下探究的欲望。如果学生整堂课都能跟着李老师的节奏,会非常过瘾,当然精神上也会非常累,而有心的孩子,在课下按照老师的提示进行补充学习,进展必会更大。

开阔了学生的视野,讲了些课外的有趣的人物或事件,增加了学生的兴趣。例如:赫符斯号事件、凯斯卡特使团、阿思本舰队、蒲安臣使团、国际法的引进等等。最后的全部内容的总结,堪称点睛之笔,非常到位。帮助学生们学会总结归纳应用，也开拓了学生思考问题的思路广度。体现了北师大实验项目的主旨"对学生能力的培养"。

李英杰/文

世界舞台上的中国智慧

——"新中国外交"教学设计与实施

内容分析与立意

"新中国外交"这一内容是岳麓版必修Ⅰ专题七第27课,这一单元的主题是"复杂多样的当代世界"。本单元的内容立意在于第二次世界大战后,国际格局呈现出两极对峙向多极化方向发展的趋势。苏联解体后,多极化趋势加强,和平与发展成为时代潮流。在这一过程中,中华人民共和国坚持独立自主的和平外交方针,外交政策逐渐走向成熟,在国际舞台上发挥了越来越重要的作用,有力地维护了世界和平和中国国家主权。从理论与现实意义来分析,本课基本的教材立意就是能够从当代世界不同角度认识历史发展中全局与局部的关系,辩证地认识历史与现实、中国与世界的内在联系,通过这样的认识过程来提升学生的历史思维能力和阐释能力。课程标准中对本课的要求是:(1)了解新中国建立初期的重大外交活动,理解和平共处五项原则在处理国际关系方面的意义。(2)简述中国恢复在联合国合法席位的基本史实,概括我国在外交方面所取得的重大成就。(3)了解中美关系正常化和中日建交的主要史实,探讨其对国际关系产生的重要影响。(4)以改革开放以来我国在联合国和地区性国际组织中的重要外交活动为例,认识我国为现代化建设争取良好的国际环境、维护世界和平和促进共同发展所做出的努力。在对课标深入理解的基础上,结合高一学生的基本学情,我将本课的教学目标细化为以下几个方面:首先是分阶段梳理新中国外交的方针、政策和主要外交活动以形成清晰的知识脉络;然后通过解读外交文件、历史图片、大事年表等历史材料获取有效信息,学会分析、概括、阐释历史问题的方法,深入理解外交政策的制定与各国的国家利益、历史文化、思想观念、社会制度密切相关,并且受当时的国际形势影响。在与世界各国交往中,中国国家智慧得到充分体现,实现教学立意。最后通过思维拓展,将历史与现实结合,让学生能够从国家交往的历史中汲取智慧,能够为今天中国的国际交流与合作提出自己的理解和认识以及建设性的意见和建议,真正做到学以致用。通过对学情的分析,我了解到学生在初中阶段的历史学习中已经对本课的基本史实有所了解,但对不同时期外交政策的内涵及政策转变认识不清。因此,我将本课的重点和难点确立为外交政策制定的背景、内涵和转变的原因及探讨其对国际关系产生的重要影响上,并试图以突破性的问题激发学生的思考和讨论,以突破重点、难点。

一节历史课不仅需要对知识清晰准确的落实,学习方法的引导和渗透,而且还是让人回味的。这种回味就是这节课要有境界,要站得高看得远。这就需要教师在授课之前明确这节课的主旨和目标,或者说就是教学立意。因此我为本课设计的主题就是"世界舞台上的中国智慧"。为此将教学内容整合成:行(脉)、智、知。主题明确了本课的中心与线索,内容整合凸显主旨立意,凸显能力目标。

教学过程的设计与实施

【学前认知】教师在预习阶段布置了两项任务:

1. 学生阅读教材,在教师指导下,创造性地制作本课的思维导图。

2. 在完成建构本课知识框架基础上,回答教师提出的学前认知问题。问题如下:

(1)你能用自己的话解释什么是外交吗?

(2)新中国外交人物、外交活动你都能列出哪些?

(3)通过网络和书籍了解一些中国古代国与国交往的名言并记录下来。

(4)以你的学习和生活的经验,你觉得哪些因素会影响外交政策的制定?

(5)你觉得我国外交的重点国家应该是哪些? 为什么?

(6)你对于我国外交历史有哪些认识?

【设计意图】"学前认知"这一教学环节的设置是基于本课的能力立意"如何关注学生的能力培养"。学生能力的培养首先是基于学生已有的认知水平和能力基础,之后再在理论支撑与实践活动中探索对其培养的方式、方法和步骤。不了解学生的已有认知状态空谈能力培养,就是空中楼阁。"学生作为学习的主体,不是被动的信息吸收者,而是信息意义的主动建构者,在以往的学习中,他们已有了一些学习的经验,在教学中要把他们已有的知识经验作为新知识的生长点。"基于对认知学习理论和建构主义学习理论的理解和所教学生的学情的分析,教师在预习阶段布置了这两项任务。

设计思维导图成为学生的学前认知、自我构建的学习方式，在构建过程中既体现了学生的理解内化的过程，也呈现了理解内化的结果。同时也能看出学生在纷杂的历史事件中逐渐剥离出对时代的认识，对概念的理解，这就是从具体到抽象的过程。学生设计的思维导图形式各异，对其创新思维和创新意识都有很好的锻炼。

在完成建构本课知识框架基础上，回答教师提出的学前认知问题。这些问题进一步将学生已有认知及能力外显，成为新知识的生长点。教师要对学前认知所反映出的学生对历史发展的过程的理解、看法以及看法的由来进行分析，以此作为教学设计的基础。同时在学前认知中，教师还会发现由于学习背景的不同，学生呈现出对历史问题理解的差异，而这种差异也成为后续教学设计中的合作学习的重要学习资源——"不同的声音"。综上，教师不再简单的是知识的传授者，而是在学生原有认知的基础上，引导他们丰富、调整和扩展对历史的理解和认识，提升他们在历史学习中的阅读、思维和解决问题的能力。有了学前认知的基础，本课的教学立意和能力立意也变得可理解和可检测了。

【新课导入】教师以"2016年9月在杭州举办G20峰会"的时事新闻导入。

【设计意图】凸显外交的时代性，从今天的中国外交活动回顾新中国外交历程。

【讲授新课】首先学生要在学案中明确学习的重点问题：

1. 了解新中国外交发展的阶段、主要方针政策及展开的外交活动。

2. 学会分析不同时期外交政策制定和外交活动展开的影响因素。

3. 感受新中国外交中的"中国智慧"。

4. 能够概括新中国外交特点。

5. 正确认识新中国外交历史。

【设计意图】学生准确把握整课重点，明确学习目标。

一、新中国外交历程（行）

教师点评学生设计的思维导图。

【设计意图】由于学生已经在课前完成"新中国外交历程"思维导图，因此这部分内容是教师通过对学生思维导图的点评来深化梳理新中国外交历程（包括阶段划分、主要特征及主要外交活动等），并对"学前认知"问题中关于"外交"进行概念厘清,所谓外交就是国家为维护其自身利益,以和平手段对外行使主权,推行其对外政策所进行的国际间交往活动。主要有国家元首、外交代表等进行访问、谈判、交涉、缔结条约、颁发外交文件、参加国际会议和活动等。(概念来自《辞海》中的词条)这一过程为深入学习奠定基础。

教师呈现简要知识结构

一、新中国成立初期外交政策的制定和外交格局的形成

二、70 年代打开外交新局面

三、新时期的外交

二、世界舞台上的中国智慧(智)

【设计意图】在对全课知识有了整体了解的基础上,接下来通过史料研读、合作学习、观点辨析等方式对重点问题进行深入的分析解读,以发展学生历史学科能力,提升学生的历史认识水平。

(一)新中国成立初期外交政策的制定和外交格局的形成

【设问】新中国外交是在怎样的国际国内背景下展开的呢?

(阅读学案材料一)中华人民共和国成立后,全世界都在注视着新中国,猜测它能否站住脚,会不会坚持不住而失败。这种想法,不是一点理由也没有的。一个独立、统一、人民当家做主的民主共和国虽然已经建立,但是它面对的考验依然十分严峻,三个突出问题摆在面前:第一,国民党政府在大陆仍有白崇禧、胡宗南等集团的150 万军队,主要集中在华南和西南地区,各地还有200 万武装土匪。第二,在战争已经结束的地区,人民政府面对着国民党政府留下的财政经济总崩溃、物价上涨完全失控、投机活动异常猖獗、城市中大批失业现象,人们正注视着新中国有没有能力扭转这种仿佛已经积重难返的局面。第三,新中国国际环境也很复杂。(美苏两极对峙格局逐渐形成)美国政府当时对新中国抱着敌视态度,实行禁运和封锁。苏联对中共并不完全放心,担心它成为第二个"铁托"(注:铁托在第二次世界大战中反抗德国法西斯侵略、赢得国家独立。1953—1963 年任南斯拉夫联邦人民共和国联邦执行委员会主席。推行"不结盟运动",反对苏联的干涉。)周边的民族独立国家对新中国缺乏了解,还存在不少疑虑。

——金冲及《二十世纪中国史纲》

【设问】任何历史现象的发展都离不开相应的历史背景,这个背景不仅包含了我们自身发展的政治经济背景还包括国际背景。新中国的成立改变了"二战"后

国际力量的对比,新中国外交是在"二战"后的国际环境下展开的,不仅是世界各国在考虑如何面对这个新生的政权,中国也在考虑以什么形象来立足于这个世界,依据材料指出新中国成立时的国际国内背景对外交方针的制定产生怎样的影响。

出示材料,进一步追问:新中国的外交方针是什么?

周恩来在外交部成立大会上自豪地宣告:

"中国一百年来的历史是一部屈辱的外交史。我们不学他们。我们不要被动,怯懦,……,要有独立的精神,要争取主动,没有畏惧,要有信心。"

【设计意图】通过分析相关史料和设问,以问题引领学生提取和解读历史有效信息,并在此基础上形成历史认识。意在帮助学生学会在具体的时空框架下,看待新中国成立初期的国际国内环境和主要任务,提升学生的历史理解能力。

【探究学习】1. 独立自主和"一边倒"的关系是什么? 一边倒的政策下还能保持独立自主吗?

(阅读学案材料二)我们提出的外交政策的一面倒,愈早表现于行动则对我愈有利(毛主席说,这样是主动的倒,免得将来被动的倒)。

——邓小平

外交工作有两方面:一面是联合,一面是斗争。……外交是代表国家的工作,我们大家要在具体工作中,加强团结,才能把外交工作搞好。

我们同兄弟之邦并不是没有差别。换言之,对兄弟国家战略上是要联合,也要注意联合中的某些技术问题,不能没有批评。对帝国主义国家战略上是反对的,但战术上有时在个别问题上是可以联合的。我们应当认识清楚,否则就会敌我不分。我们同兄弟国家都要走社会主义的道路,但国与国之间在政治上不能没有差别,在民族、宗教、语言、风俗习惯上是有所不同的。这个联合工作是不容易的,做得不好,就会引起误会。

——周恩来在外交部成立大会上的讲话(1949.11)

【设计意图】通过对"一边倒"的策略的分析,培养学生辩证的、联系的看问题。使学生认识到"一边倒"策略是出于意识形态、社会制度和国家利益考虑,美国的敌视和苏联的不放心,必须鲜明的表态,才不至于由独立变孤立。所以新中国外交是想兼顾独立自主和一边倒政策。1950年2月《中苏友好同盟互助条约》签订使新中国得到了国际援助,而且学生还从中体会中国政府兼顾一边倒和独立自主,在理论原则上和实际操作层面的取舍,能够透过现象看本质。

【设问】新中国成立第一年,中国与十七国建交,这包含了社会主义国家、周边国家、和中北欧国家。这样的外交举动对中国意味着什么?

【设计意图】意在分析得出新中国力图通过多向外交打开外交局面的努力所取得的成果。与社会主义国家建交进一步融入社会主义阵营。与周边国家建交有利于建立和平的周边环境。与欧洲国家建交意味着打破意识形态对立,寻求更广阔的发展空间。

【探究学习】2. 关于和平共处五项原则的内涵与应用。

【设问】和平共处五项原则于1953年年底由周恩来总理在接见印度代表团时,就中印双方边界领土问题谈判中第一次提出,是在建立各国间正常关系及进行交流合作时应遵循的基本原则,得到中国、印度和缅甸政府共同倡导。其原则的内涵应如何理解呢?

【设计意图】对于学生学习中容易忽视的问题,追本溯源,由表及里,去挖掘历史信息内部的关系和本质。引导学生辨析、梳理历史信息,提升历史认识的能力。五项原则中互相尊重主权和领土完整是国与国相处的核心与基础;互不侵犯、互不干涉内政则是国与国相处不能触碰的底线;平等互利、和平共处则是国际交往的目标和理想。学生在分析中体会这五项原则是中国奉行独立自主和平外交政策的基础和完整体现,是新中国外交政策成熟的标志。它被世界上绝大多数国家接受,成为规范国际关系的重要准则。这就是国际舞台上的中国智慧,进而提升民族自豪感和文化自信。

展示学前认知问题学生搜集的有关中国古代国与国交往的名言,学生齐诵。

亲仁善邻,国之宝也。

合则强,孤则弱。

志合者,不以山海为远。

万物并育而不相害,道并行而不相悖。

国虽大,好战必亡;天下虽平,忘战必危。

一花独放不是春,百花齐放春满园。

己所不欲,勿施于人。

【设计意图】教师引导学生体会和平共处五项原则所蕴含的中国传统文化中的人与人、国与国交往的智慧结晶。中国文化的底蕴对今天国际交往的影响。

【设问】面对亚非会议上的"不同声音",中国代表团提出的"求同存异"的方针中,"求同"是指什么?"存异"是指什么?

(阅读学案材料三)周恩来在万隆会议上的补充发言稿(节选)

主席、各位代表:

中国代表团是来求团结而不是来吵架的。我们共产党人从不讳言我们相信共产主义和认为社会主义制度是好的。但是,在这个会议上用不着来宣传个人的思想意识和各国的政治制度,虽然这种不同在我们中间显然是存在的。

中国代表团是来求同而不是来立异的。在我们中间有无求同的基础呢?有的。那就是亚非绝大多数国家和人民自近代以来都曾经受过、并且现在仍在受着殖民主义所造成的灾难和痛苦。这是我们大家都承认的。从解除殖民主义痛苦和灾难中找共同基础,我们就很容易互相了解和尊重、互相同情和支持,而不是互相疑虑和恐惧、互相排斥和对立。

中国人民选择和拥护自己的政府,中国有宗教信仰自由,中国决无颠覆邻邦政府的意图。

十六万万的亚非人民期待着我们的会议成功。全世界愿意和平的国家和人民期待着我们的会议能为扩大和平区域和建立集体和平有所贡献。让我们亚非国家团结起来,为亚非会议的成功努力吧!

【设计意图】通过相关外交史料的解读和设问,以问题引领学生解读和提取历史有效信息,意在帮助学生学会在具体的时空框架下,看待"求同存异",提升学生的历史理解能力,并在此基础上形成历史认识。

补充材料进行总结:

和平共处五项原则是中国外交的"定海神针"。不管国际风云变幻万千,国际力量格局组合多变,中国外交总是以之"不变"来应对外部环境之"多变"。靠这根神针,我们成功地处理了和社会主义国家、民族独立国家、西方发达国家等方方面面的关系。

——赵建文《论和平共处五项原则》

二、70 年代打开外交新局面

【探究学习】3. 20 世纪 60 年代世界形势的变化对中国外交形势产生了哪些影响?

(阅读学案材料四)20 世纪 60 年代,世界战略格局重大变化一览表(摘编自《国家智慧——新中国外交风云档案》)

1	1960 年非洲 17 国家独立,成为非洲独立年,整个六十年代又有 17 个国家独立,英法在非洲的殖民统治基本终结。新独立国家纷纷加入联合国,到 70 年代初,亚非拉新兴的民族国家已占联合国的 2/3。
2	60、70 年代苏联军事力量、综合国力迅速增长,在美苏争霸中处于攻势。
3	1961—1973 年长期的越南战争导致 5.6 万余人丧生,30 多万人受伤,耗资 4000 多亿美元。西欧和日本的崛起,也让美国的霸权地位日趋衰落。
4	1964 年我国第一颗原子弹爆炸成功。1970 年中国东方红一号卫星发射成功。
5	1968 年,苏联武装入侵捷克斯洛伐克。
6	60 年代后期,苏联以重兵集结中苏和中蒙边境,多次进行武装挑衅,对中国构成严重威胁。 1969 年 3 月,苏联军队入侵乌苏里江主河道中国一侧的珍宝岛,中苏军队发生激烈交火,珍宝岛之战将已经恶化的中苏关系降到了冰点,中苏边境地区剑拔弩张,大规模军事冲突有一触即发之势。
7	1969 年尼克松再一次公开表态中说:十年后,到中国在核武器方面取得了重大进展的时候,我们就没有选择的余地了。我们必须与他们有比今天更多的联系。如果没有(中国)这个拥有七亿多人民的国家出力量,要建立稳定和持久的国际秩序是不可设想的。
8	1969 年陈毅、叶剑英、徐向前、聂荣臻向中央提出《对目前形势的看法》"万一苏修对我发动大规模战争,我们是否从战略上打美国牌,当年魏蜀吴三国鼎立,诸葛亮的战略方针是东联孙吴,北拒曹魏"。

【设计意图】全景式的向学生展现 60 年代的国际局势,学生小组内部在逐条分析讨论的基础上,提取有效信息,找出相关历史信息对 70 年代中国外交新局面形成的原因进行分析概括。小组探究能够使学生集思广益,取长补短,在学生与学生对话、学生与文本的对话中,激活思想,形成认识。在思辨的过程中学生的历史学习能力得到有效提高。

(阅读学案材料五)

1969 年尼克松就职后,3 月美国国务院宣布放松去中国旅行的大部分官方限制和贸易限制。

1969 年 10 月 25 日巴基斯坦总统叶海亚·汗访美。尼克松要求他作为对华关系的中介。第二天,罗马尼亚总统齐奥塞斯库访美,尼克松也要求把他的想法传达给北京。尼克松在宴会祝酒时第一次称呼共产党中国为中华人民共和国。

1969年12月9日周恩来通过叶海亚总统传话,欢迎尼克松的代表到北京讨论台湾问题。12月18日毛泽东会见美国记者埃德加·斯诺,"尼克松当作旅行者来谈也行,当作总统来谈也行,都行。"

【设计意图】60年代的国际局势为外交新局面的打开提供了可能性,但是真正建立起联系还需中美双方寻找接洽的时机。通过历史阅读让学生理解外交活动的表现方式并不都是直接的,历史的发展也是如此。双方的接触试探最终促成了一段以小球推动大球的乒乓外交。伴随着民间交往,官方的接触也在秘密进行——1971年基辛格访华。

(阅读学案材料六)基辛格访华期间表示:(1)承认台湾属于中国。(2)美国不再与中国为敌,不再孤立中国,在联合国内将支持恢复中国的席位,但不支持驱逐蒋介石集团的代表。(3)美国准备在印度支那战争结束后一个规定的短时期内撤走其驻台美军的三分之二。至于美蒋《共同防御条约》,美国认为历史可以解决这个问题。

【设计意图】通过阅读外交文件,启迪学生智慧,在学生逐条阅读的过程中审视、思考、辨析文句中的含义,有利于学生理解基辛格这样一个"表示"耐人寻味,充满了外交辞令和不确定性,但是为中美关系的改善迈出了重要一步。

(阅读学案材料七)1972年中美上海《联合公报》(节选)

中美两国的社会制度和对外政策有着本质的区别。但是,双方同意,各国不论社会制度如何,都应根据尊重各国主权和领土完整、不侵犯别国、不干涉别国内政、平等互利、和平共处的原则来处理国与国之间的关系。国际争端应在此基础上予以解决,而不诉诸武力和武力威胁。美国和中华人民共和国准备在他们的相互关系中实行这些原则。

中国方面重申自己的立场:台湾问题是阻碍中美两国关系正常化的关键问题;中华人民共和国政府是中国的唯一合法政府;台湾是中国的一个省,早已归还祖国;解放台湾是中国内政,别国无权干涉;全部美国武装力量和军事设施必须从台湾撤走。中国政府坚决反对任何旨在制造"一中一台""一个中国、两个政府""两个中国""台湾独立"和鼓吹"台湾地位未定"的活动。

美国方面声明:美国认识到,在台湾海峡两边的所有中国人都认为只有一个中国,台湾是中国的一部分。美国政府对这一立场不提出异议。它重申它对由中国人自己和平解决台湾问题的关心。考虑到这一前景,它确认从台湾撤出全部美国武装力量和军事设施的最终目标。在此期间,它将随着这个地区紧张局势的缓和逐步减少它在台湾的武装力量和军事设施。

(阅读学案材料八)田中角荣赠送毛主席的国礼为日本画家东山魁夷的风景画作《春晓》,其意义是:中日之间明媚的春天即将开始。毛泽东回赠给田中一套《楚辞》。在宴会上,田中角荣在致答词时说道:"遗憾的是过去几十年间,日中关系经历了不幸的过程。其间,我国给中国国民添了很大的麻烦,我对此再次表示深切反省之意。"后来在两国政府首脑的会谈中,周总理严肃地指出:日本军国主义发动的侵略战争给中国人民带来了沉重的灾难,日本人民也深受其害;您只说"添麻烦"就了事了? 用"添麻烦"一词作为对过去的道歉,中国人民是不能接受的。田中连忙解释,从日文角度讲,"添麻烦"确有谢罪之意。经过双方最后的几次会谈和磋商,最后在联合声明中是这样表述的:"日本方面痛感日本国过去由于战争给中国人民造成的重大损害的责任,表示深刻的反省。"

——摘编自《国家智慧——新中国外交风云档案》

【探究学习】4. 结合学案材料七、八,谈谈你对中美、中日关系正常化的看法。

【设计意图】引导学生阅读材料,辩证地看问题,从中既看到了中美、中日关系发展的前景,也能感觉到外交发展不会是一帆风顺的。引导学生在材料中理解中国智慧,树立世界不能没有中国,中国智慧会帮助我们屹立于世界舞台的自信心和国家责任感。

【探究学习】5. 以你的学习经验,你觉得哪些因素会影响外交政策的制定? 哪个因素是最主要的?

【设计意图】引导学生从所学中梳理、归纳,并形成认识:国情、政治、经济、军事、科技、国际形势等都会影响外交政策的制定,其中最主要的肯定是国家利益。

三、新时期的外交

【设计意图】学生设计的思维导图对新时期外交进行了整理归类,大致分成外交策略和外交活动,但内容多不容易记忆,教师加以指导。整理如下:

涉及领域	举例说明
积极开展与周边国家的睦邻友好关系	中国-东盟自由贸易区建立 上海合作组织
积极参加地区性国际组织的外交活动	中国加入亚太经合组织 中国加入世界贸易组织
改善和发展同世界大国的关系	与俄、美、日等国建立不同类型的伙伴关系
积极支持和参加联合国依据联合国宪章精神开展的各项活动	联合国维和行动

补充资料:新时期外交的重要基础——1985 年百万大裁军,再次重申了独立自主和平外交方针。

十一届三中全会以后,随着国家工作重点的转移和改革开放的展开,中国政府逐步调整了对外方针和政策,改变了主要针对苏联霸权主义的战略;逐步放弃了以往关于大规模世界战争不可避免的观点,对国际形势做出了新的重大判断,中国政府以实际行动推动了整个世界的和平进程。

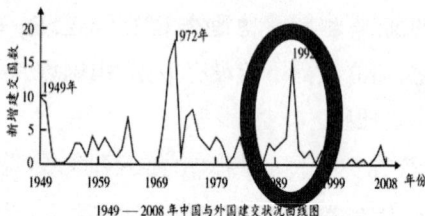

1949—2008 年中国与外国建交状况曲线图

【探究学习】6. 新中国成立 60 多年来的外交特点有哪些?

【设计意图】通过整节课的学习,使学生梳理整个新中国外交历程,通过外交活动的现象看到外交的本质,培养学生归纳概括的能力,得出中国始终坚持独立自主的和平外交;特别加强同第三世界和周边国家友好关系;同时基于自己的认识,在教师指导点拨下,认识到新中国外交经历了由重意识形态的革命型外交向重国家利益的国家型外交的转变的特点,起到了总结全课的作用。

【课后拓展】如何认识新中国外交历程?

时下中国,外交变革问题的一个流行的观点是,中国外交已经渡过以在世界民族之林中求生存为目标的第一个 30 年和以开放合作融入世界为目标的第二个30 年,正在步入作为一个强国在世界上发挥关键作用的第三个 30 年,外交战略、手段以及机制体制必须更好地适应新的国力条件和时代要求。

【设计意图】在课后,通过观点评述来对所学内容进行反思,体现了对学生历史思维和学科素养的培养并不是一节课两节课能够实现的,需要循序渐进,由浅入深地进行,课堂教学与课后思考,最终形成学生的历史思维能力和历史认识,这就落实了对学生的核心素养的培养目标。

课后反思与总结

本次研究课的研究主题是关注学生的能力培养。正是在新课程改革转变教学和学习方式,注重探究学习、自主学习、合作学习,更加注重学生的全面发展要求下进行的主题探究。本次研究课就想在高中历史教学过程中,通过翻转课堂的方式激发学生的学习兴趣,创造良好的学习氛围,培养学生自主学习的习惯和历史学习的方法,提高学科能力,并引导学生关注现实,了解家国与世界,最终积极探索以学生为主体的课堂的构建。

通过备课过程中一遍一遍历练捶打,逐步摸索、逐步成型,最后展示了这样一节研究课。课后反观,在以下方面进行了有效的探索。

一、思维导图成为学生自我构建的学习方式

学习历史是一个从感知历史到不断积累历史经验,进而不断加深对历史和现实的理解过程;同时也是主动参与、学会学习的过程。本课通过学生设计的思维导图贯穿全课,不仅成为学生的学前认知、自我构建的学习方式,也成为学生在课堂上新知识新认识生长载体,学生自己完成的思维导图通过课堂的学习不断补充完善,最终形成了历史知识、理解与认识的结合。这种学习的体验将对学生未来的终生学习都还会产生积极的影响,学会学习、学会思考就是一种学习能力。

二、史料教学,提升学生的历史阅读、思维和解决问题的能力

史料教学在历史课堂上是一种常见的教学方式。本节课选取多种形式的史料来展开教学,外交文件、历史照片、图片、示意图等等,丰富的材料形成了丰富的信息,而对信息的处理过程,也就是解读的过程,就是对学生的历史学习能力培养。面对一则材料恰当、准确回答问题,这是一种能力;面对多角度的材料,学生选择、体验、分析、概括,这也是一种能力;材料呈现不同观点的"不同的声音",这则是对学生审辨式思维能力的锻炼和培养。历史课堂上的史料教学就要培养学生掌握历史学习的基本方法,努力做到论从史出、史论结合。养成学生独立思考

的学习习惯,对所学内容能进行较为全面的比较、概括和阐释的能力。

三、注重探究学习,培养学生从不同的角度发现问题,积极探索解决问题的方法

本课一共设计了六个探究问题和一个课后拓展问题,能力要求由浅入深,问题汇总如下:

1. 独立自主和"一边倒"的关系是什么?"一边倒"的政策下还能保持独立自主吗?

2. 关于和平共处五项原则的内涵与应用。

3. 20 世纪 60 年代世界形势的变化对中国外交形势产生了哪些影响?

4. 结合学案材料七、八,谈谈你对中美、中日关系正常化的看法。

5. 以你的学习经验,你觉得哪些因素会影响外交政策的制定?哪个因素是最主要的?

6. 新中国成立 60 多年来的外交特点有哪些?

课后拓展:如何认识新中国外交历程?

通过合作探究,不仅使学生主动参与、乐于探究,不要死记模式化的结论,要能够灵活运用历史知识和史料,深刻认识历史现象和历史本质,克服思维定式,举一反三,真正做到论从史出,寓论于史,史论结合。在看似已经是结论的问题中进行追问,对于学生的学生审辨性、创造性思维能力的培养将会起到重要作用。而且学生在小组或团队的交流与合作中看到了其他同学的理解和认识,相应地也会激发和活化自己的思维状态,形成师生对话、生生促进,人与文本对话的活化的课堂,让思维在合作探究中活跃起来是合作探究方式的主要目的。

四、注重概念解析,抓住历史学习的钥匙

本课内容涉及众多历史概念,而且外交的历史离学生的生活认知体验较远,在教学中如何能够由表及里、深入浅出、从具体到抽象,都离不开对概念的解析。比如一边倒、独立自主和平外交、和平共处五项原则、求同存异等等,把学生众多的感性、形象的认识进行归纳,整理形成概念的认识,有利于学生的抽象思维的发展和思维结构的完整。比如对和平共处五项原则的概念解析中,教师就结合了对其内涵的逻辑关系的分析,与历史上国与国交往的思想的联系、在整个外交历程中所处地位的认识等教学环节来帮助学生理解、认识这一历史概念和概念与概念之间的联系,并由此形成的规律性认识,这就成为了有思维品质的学习。

总之,本节课进行了多种教学方法的尝试,追求一个教育教学原则就是关注

能力培养,让学习真正发生。课后我深深体会到:构建有境界的的历史课堂以及有品质的历史学习,需要教师主动地寻求自身的专业化发展,教师专业化发展的程度和质量决定了学生有品质的学习开展的程度与质量。有品质的历史课堂是由教师的教学品质和学生的学习品质共同构成的。教师的教学品质是一种润物无声的垂范,是创境、影响、倾听、激励、规范、宽容、留白……学生的学习品质是一种潜移默化的成长,是读书、思考、表达、体验、对比、发展、完善……

构建有学习品质的历史课堂,这是一个长期探索与实践的过程,是需要教师和学生的共同努力。

闫竞/文

参考书目:

1. 【美】亨利·基辛格著,顾淑馨、林添贵译,《大外交》海南出版社 1998 版。

2. 丁明主编,罗燕明副主编,《国家智慧——新中国外交风云档案》,当代中国出版社 2012 版。

3. 【英】东尼·博赞 巴利·博赞著,卜煜婷译,化学工业出版社 2016 版。

4. 柯清超著,《超越与变革:翻转课堂与项目学习》,高等教育出版社 2016 版。

5. 何成刚著,《史料教学的理论与实践》,北京师范大学出版集团 2015 版。

6. 金冲及著,《二十世纪中国史纲》,社会科学文献出版社 2014 版。

7. 赵建文著,《论和平共处五项原则》,中国社会科学出版社。

从学生兴趣出发，上"有滋味"的历史课

——朝阳区公开课《丝绸之路的开通》课例

一、选课背景

2016年秋季，北京版初中历史教材正式投入使用，新版教材中的《丝绸之路的开通》是七年级上册第三单元中较为重要的一课，其内容编写虽已十分丰富，但可挖掘和探索的空间依旧很大。研究本课的价值不仅在于了解汉代历史，更在于着眼未来，特别是对当下国家"一带一路"的发展战略具有重要的借鉴意义。

二、设计意图

1. 学情分析：

本节课的授课对象是初一年级新生，他们较为感性，偏向形象思维，历史分析能力及学习方法尚未形成，历史基础知识薄弱且不成体系；但求知欲强，在教学中应以激发学生学习兴趣为手段，培养其历史学习的方法及基本技能。

2. 教学内容分析：

（1）教材分析

"丝绸之路"是《历史课程标准（2011年版）》要求学生学习的秦汉史部分的第四个学习要点。沟通欧亚陆路交通的"丝绸之路"，是在张骞出使西域后发展起来的，因此这部分内容首先要涉及张骞出使西域的背景、经过及影响。在此基础上，使学生了解"丝绸之路"在东西方经济、文化交流中的作用。此外，还要使学生知道张骞出使西域以后，西汉王朝在西域设置"西域都护"，对西域地区进行有效管辖，说明今天新疆及巴尔喀什湖以东、以南的广大地区在汉代就成为我国疆域的重要组成部分。

（2）教学重点、难点

重点：张骞通西域；丝绸之路的开通和东西方经济文化交流。

难点：了解并正确认识丝绸之路的文化内涵及其在东西方文明交融中的作用。

3. 如何备课：

"丝绸之路"是被历史同行们"上烂"的一节课，如何将本课上出新意，并能顺理成章地突破本课的重、难点，这些问题困扰了我足足两个月，直到教研员郭老师听过我的试讲并给出修改意见后才找到了答案。有关"丝绸之路"的材料不少，但多已被同行采用，想在短时间内发现新材料并应用于教学的可能性不大。在郭老师的启发和指导下，我决定以激发学生学习历史的兴趣为出发点，利用其熟知的瓜果蔬菜及喜闻乐见的连环画为素材，突破本课的重点和难点。最后通过阅读和分析史料及图片，使学生能够更直观地感受、认知和理解历史问题，并从中获取有价值的历史信息。

三、教学实况（片段）

片段一：

导入新课：

来源：作者上课照片

师：（拿着丝绸包裹）在上新课之前，我想请同学们猜一猜我这包裹里装着什么？同学们可以摸一摸包裹里面的东西是什么？（走下讲台）

生：争先恐后地从包裹里摸出了葡萄干、石榴、黄瓜、胡萝卜和核桃等物。

师：同学们，这些东西你们都吃过和见过吗？

生:吃过! 见过!(异口同声)

师:但是它们的原产地并不在中原,它们是通过什么运送到中原的呢?

生:丝绸之路!

师:那丝绸之路和老师手中的这块丝绸又有什么关系呢? 带着这些问题我们一起来学习第14课——《丝绸之路的开通》

【设计意图:贴近学生生活,以他们生活中常见的瓜果蔬菜为导入新课的素材,让学生自己摸索出包裹里的"神秘作物"既能激发其学习兴趣,又能较快地拉近与学生(对外经贸大学附属中学)的距离,还能通过包裹的材质——丝绸,引出丝绸之路的课题,可谓一举多得。】

片段二:

一、张骞出使西域

活动一:

师:张骞作为使者共出使西域两次,第一次是在公元前138年,第二次是在公元前119年,请同学们阅读教材71~72页的相关内容,辨别一下这五幅图片分别描绘的是张骞第几次出使西域的情景?

图1　　　　　图2　　　　　图3

图4　　　　　图5

来自:网络

师:有排好顺序的同学可以说一说,排序正确的同学可以得到一包葡萄干哦!

生1:排的顺序是图1、4、2、3、5。

师:有不同意见吗?

生2:顺序是1、2、3、4、5。

师:不对,还有别的排法吗?

生3:应该是2、5、4、3、1。

师:还是不对,再想想。

生4:是不是2、3、1、4、5?

师:还有不同的排法吗?

生5:1、2、3、4、5?

师:啊? 这不是等于没有排吗?

生6:2、3、4、1、5?

师:我们看看到底谁能得到这袋葡萄干哈!

生7:2、3、5、1、4?

师:还是不对。

生8:2、4、1、3、5?

师:对啦! 奖励一袋葡萄干! 说说你的理由吧? 看来你对张骞两次出使西域的过程十分熟悉。

师:(展示五幅图片正确排序)

图2   图4   图1

图3   图5

来自:网络

生8:图2说的是张骞接受汉武帝的招贤令。

师:图4呢?

生8:看不太清楚。

师:图中长着大耳朵吃草的是什么?

生8:是羊。哦,张骞在放羊。

师:张骞为什么要放养呢? 他出使西域的目的是放羊吗?

生8:不是,应该是张骞被匈奴捉走了做了奴隶去放羊。

师:好的,那图1讲的是什么情节?

生8:嗯——?

师:我们看到张骞和一个匈奴女子在一起,还准备接过孩子抱一抱。

生8:好像是在匈奴结婚了? 还生了孩子?

师:是的,张骞被俘后在匈奴娶妻生子了。

生:(脱口而出)图3说的是张骞带领手下逃回汉朝!

师:嗯,很好! 刚才你说的这四张图都是张骞第一次出使西域的内容,那么最后一张图是张骞第几次出使西域?

生:只能是第二次。

师:你的理由是什么?

生:因为他穿的服装是汉服,而且带了很多人和礼物,还有就是前面几张漫画都是第一次出使西域的,那最后一张肯定是第二次出使西域的了。您说过这几张漫画反映的是张骞两次出使西域的连环画嘛!

师:你真机智!(笑声)

【设计意图:激发学生自主学习的兴趣,使学生对所学知识形成深刻印象。在学生掌握一定基础知识的前提下,提供新材料,让学生通过思考,还原历史情境,依托史实搭建合理的历史情节,引导学生自主思考并解决问题。从中培养学生阅读及分析材料的能力,观察及合理想象的能力,以及逻辑思维能力。】

四、教学结果及反思

教学片段一和片段二最终都实现了本课的教学目标,但前者顺利而后者曲折。

片段一的设计很精妙。面对初次见面的对外经贸大学附中的学生,为了能尽快地拉近与他们的距离,我以他们生活中常吃常见的瓜果蔬菜为导入新课的素材,让学生自己摸索出包裹里的"神秘作物"既能激发其学习兴趣,又能较快地拉近距离,还能通过丝绸包裹引出丝绸之路的课题,可谓一举多得。在实施过程中,轻松而愉快地实现了导入新课的目的。正如教研员最后评价的那样:"这是一节有滋有味的,瓜果飘香的历史课。多年后,学生回忆这节课的时候,还能回味起葡萄干的香甜!"

　　片段二讲解内容为张骞两次出使西域的时间和过程,以往同行们的做法多是采取讲述法解决这部分问题。而我的设计是采用将连环画排序的方式讲述这部分内容,既激发了学生自主学习的兴趣,又能加深学生对这部分内容的印象。设计这个片段颇费了一番功夫。为了能找到反映张骞出使西域的图片,我在各大网站搜索很久,也没有找到观赏性和叙事性兼具的组图。最后想到连环画,但图片内嵌在网页无法下载,只能一帧帧地截屏,再一张张地截图,最后从所有加工好的图片中选取适用于本课的几张。

　　原本以为这种设计会非常适合初中历史课堂教学,但实际效果却不尽如人意。从教学实况中不难看出,学生们虽然发言踊跃,但直到第8个人才把连环画的顺序排列正确。在此过程中,讲台上的我始终捏着一把汗,真怕没有人能够排列正确,最后由我自问自答。这部分教学过程不顺畅的原因是什么呢?通过反思可以归纳为以下几点:首先,我所选用的图片为黑白连环画,画面线条复杂,不易辨认。其次,我以为学生们对张骞两次出使西域的史事十分清楚,其实不然。再次,受所选连环画篇幅的限制,没有找到更多的张骞第二次出使西域的图片,两次出使西域图片的数量严重失衡。以上这三点都是学生不能迅速而准确做出判断的原因,是本人在教学设计过程中考虑不周所致,在以后的教学中应该引以为戒。

　　当然,这节课也有其成功之处——在课堂上,历史不再是刻板的、枯燥的、冰冷的,它是鲜活的、灵动的、有温度的。尘封千年的历史居然是可以触摸的,是可以品尝的,既引人入胜,又回味无穷……对于初一的孩子,首先应该让他们爱上历史,因为学生只有对历史心怀热爱,才能够更好地理解历史,钻研历史,才能够更好地从历史中汲取智慧,鉴往知来。

王建为/文

大观园内外

——高中名著阅读课堂教学实例

名著阅读进入高考考查范围,名著阅读教学成为高中语文教学必须要探索的课题。如何在坚持传统文选式教材教学的同时,又创新性地开展经典名著的整本书阅读教学,这对每位语文教师来说,都是需要激发教学智慧去尝试解决的重要问题。传统的任务没有减少,新的内容又增加进来,课时有限,师生精力有限,相当一部分学生对经典有隔膜感阅读兴趣不高……这些现实情况都为名著阅读教学增加了难度,也迫使教师在有限的条件下,准确把握学情,精心设计课堂,力求课堂教学精准、高效、深刻,达到提升学生思维品质和阅读能力的目的。名著阅读教学(整本书阅读教学)是中学语文教学中一项重要的系统性工程,关涉到语文教学改革理念与实施的各个层面,需要大量深入地理论研究和实践探索。本文是我在指导高二年级学生阅读《红楼梦》过程中的一节课堂教学案例,尝试为名著阅读的教学实践提供一点自己的思考。

教学目标:

1. 在学生已了解全书情节并对人物、主旨有一定程度的把握之后,对学生的整部书阅读进行梳理和总结。以大观园内外世界的比照为切入点,使学生对《红楼梦》的情感主旨有更深入的认识。

2. 体会《红楼梦》的悲剧美学,提升思维品质和鉴赏品位。

教学重点:

以对大观园内外世界的思考为切入点,通过逐步深入的思考过程,力图把握《红楼梦》的主旨,提升学生思维品质。

教学过程

导入:

《红楼梦》是一部自问世之初就广受欢迎的经典著作。在清代就有"开谈不说

《红楼梦》，读尽诗书也枉然"的说法，足见人们对它的喜爱。同学们也已经读了一学期的《红楼梦》，对其中的情节和人物有了一定的了解。但因为这部书内涵的丰富、博大，我们对它似乎总还有难以整体把握的感觉。今天这节课，我们就尝试以《红楼梦》中一个非常独特的存在——大观园——作为视角，对同学们的阅读体会进行梳理，以期获得对这部书更深入的认识。

之所以选"大观园"作为我们分析的角度，是受到同学们作业的启发。

我们来看两位同学的论述：

"大观园是春天的世界，是美的世界，处处是青春洋溢的少女。它是温暖的、清净的，区别于园外的严酷与污浊。但这个理想世界慢慢被现实打压摧残，最后对大观园的彻查，就是对这个有情世界的毁灭。"（李美儒）

"于浊世之外，千红争春，万艳如画，不似那尘世俗套，竟清如涓流——此大观园也。奈何红销香断，曲终人散，终是化作香丘。践踏的痴情之春，毁灭的清净之美，全都归于大观园之中。这个奇迹般的女儿之国，有着真情、真美、真乐的令人向往之处。"（肖宇捷）

这两位同学都在作业中提到了大观园世界，的确，大观园为元春省亲所建，作者对园内世界的设计赋予了独特的内涵和情感。下面我们先来对比一下大观园园内园外的世界各是什么样子的。

一、大观园内外的世界分别住着哪些人？这两个世界各有什么主要的特点？

大观园内住着所有未出阁的小姐，包括贾家的和亲戚家的（薛林史邢），还有青春守寡的李纨，再加上一个男孩子贾宝玉。以及伺候他们的丫鬟、婆子，居住在大观园，是青春女儿国。

这个世界留给读者印象最鲜明的画面场景是：黛玉葬花、宝钗扑蝶、湘云眠芍、探春结社、惜春作画、怡红夜宴、妙玉奉茶、晴雯撕扇……

大观园外住着贾母和贾家的男人（贾赦、贾政、贾珍、贾琏、贾蓉等）、他们的配偶、下人等，是成人世界。

这个世界让我们印象深刻的场景和事件可能是贾赦贾珍贾琏薛蟠们的骄奢淫逸，贾政和"沾光""善骗人"清客相公们的酸腐无聊……

我们对这两个截然不同的世界从整体上加以概括：

大观园内：理想（"乌托邦"）、诗意、美好

大观园外：现实、庸俗、污秽

显然，大观园确实带有鲜明的象征意义，那是作者真情理想的寄托。有学者

认为大观园就是太虚幻境。宝玉对这个理想世界的态度是"心满意足，再无别项可生贪求之心"，他愿意沉浸在这个"花柳繁华地，温柔富贵乡"中，与清净女儿长相厮守直至生命结束，对他来说，这就是生命的最高价值。

二、除了常住者，还有哪些人曾经在大观园内居住过一段时间，或因为各种原因短暂地在大观园停留过，曾留下一些故事？

后来又入住大观园的：（第四十九回《琉璃世界白雪红梅　脂粉香娃割腥啖膻》）薛宝琴、邢岫烟、李纹、李绮四位姑娘，她们被形容为"一把子四根水葱"。

还有谁？

香菱

作者安排香菱入园的目的是什么？

——表现出作者对这个可爱又可怜至极的女孩儿的抚慰与奖励，是作者的慈心，亦是表明香菱虽被拐卖，委身呆霸王薛蟠为侍妾，地位低下，但她本身内外俱美，是极优秀的女子，她本该就是大观园之人。

平儿

——平儿进入园子往往是为了替凤姐传话或办事，很快地进出大观园，顶多只能稍作停留。但有一回的回目专门提到了平儿，是平儿在园中的一回故事。第四十四回《变生不测凤姐泼醋　喜出望外平儿理妆》。平儿受了莫大的委屈，被王熙凤迁怒扇了巴掌，哭泣的平儿被拉入怡红院休息，宝玉亲自侍奉平儿洗脸梳妆。

"喜出望外"的是谁？是平儿吗？因为有机会在怡红院梳妆？不是，是宝玉。书中写道："宝玉因自来从未在平儿前尽过心，且平儿又是个极聪明极清俊的上等女孩儿，比不得那起俗蠢拙物——深为恨怨。今日是金钏儿的生日，故一日不乐。不想落后闹出这件事来，竟得在平儿前稍尽片心，亦今生意中不想之乐也。因歪在床上，心内怡然自得。忽又思及贾琏惟知以淫乐悦己，并不知作养脂粉。又思平儿并无父母、兄弟、姊妹，独自一人，供应贾琏大妇二人。贾琏之俗，凤姐之威，他竟能周全妥帖，今儿还遭荼毒，想来此人薄命，比黛玉尤甚，便又伤感起来，不觉洒然泪下。"

平儿的现实身份虽不能住进大观园，但她是"极聪明极清俊的上等女孩儿"，也是完全够资格的。所以，作者安排这一回，也是为了让这个整日周旋于"贾琏之俗，凤姐之威"细想起来比黛玉还有命薄的出色女孩儿一点安慰。

其他还有尤二姐、偕鸾佩凤等也短暂地出入过大观园。

可见，以香菱、平儿为代表，作者赋予大观园的另一层寓意，是对现实处境悲惨的美好女子以温暖的抚慰,也代表了作者对她们的同情、关爱、赞美。

此外,还有刘姥姥。

刘姥姥有大缘法。贾家兴衰的见证者,巧姐的拯救者。与贾家本是攀亲,后为"正脉"。(第六回《贾宝玉初试云雨情 刘姥姥一进荣国府》脂批:"略有些瓜葛,是数十回后之正脉也。真千里伏线")

三、得到这些结论之后,我们再来回顾一下两位同学的论述。请同学们再认真思考,你完全同意他们的观点吗? 这两段表述里有没有问题? 大观园内的世界除了美好的、诗情画意的内容之外,还有别的部分吗?

如果同学们仔细阅读就会发现,大观园虽然是寄托作者理想的一个带有"世外桃源"性质的理想国、乌托邦,但又不仅仅如此。作者用现实主义的笔墨告诉我们,大观园内的世界是无法和园外的世界截然分割的。这个清净女儿世界里,依然有纷争,有各种各样的问题:

有因为利益而产生的争斗和冲突:学戏的女孩子和婆子们之间的争斗、藕官烧纸被发现婆子要去高发、芳官洗头问题和她的干娘闹,月钱被干娘们拿走,却不善待她们。大观园实行"承包制"之后,一根草一朵花也不能随便采,莺儿与春燕和春燕的娘的冲突(第五十九回 柳叶渚边嗔莺咤燕 绛芸轩里召将飞符)。第六十回《茉莉芬替去蔷薇硝 玫瑰露引来茯苓霜》、第六十一回《投鼠忌器宝玉瞒脏 判冤决狱平儿行权》这里已经有私相授受,小偷小摸发生,已经是祸患的开端了。

有偷情:第七十一回《嫌隙人有心生嫌隙 鸳鸯女无意遇鸳鸯》第七十二回《王熙凤恃强羞说病 来旺妇倚势霸成亲》有鸳鸯撞见司棋和潘又安偷情,"且说鸳鸯出了角门,脸上犹红,心内突突的,真是意外之事。因想这件事非常,若说出来,奸盗相连,关系人命,还保不住带累了旁人。"这是对大观园最要命的冲击,直接引出抄检大观园。

学者夏志清将此情节比作蛇潜入了伊甸园,亚当夏娃由天堂坠落人间,"这意味着一个骇人听闻的暗示,即魔鬼撒旦已进入乐园",这是"小说悲剧的转折点:从这时开始,贾府日益为不幸的事件所烦扰,再也不能维持虚假的喜庆和欢乐了"。

到第七十三回《痴丫头误拾绣春囊 懦小姐不问累金凤》我们看到已经有严重的赌博、盗窃事件在大观园里发生。宝玉夜读书时发现有人夜晚翻墙。"贾母道:'我必料到有此事。如今各处上夜的人都不小心,还是小事,只怕她们就是贼也未可知。'当下邢夫人并尤氏等都过来请安,凤姐及李纨姊妹等陪侍,听贾母如此说,都默无所答,独探春出位笑道:'近因凤姐姐身子不好,几日园内的人比先放肆了许多。先前不过是大家透着一时半刻，或夜里坐更时，三四个人聚在一处，或掷骰（音：投）或斗牌，小小的顽意，不过为熬困。近来渐次放诞，竟开了赌局，甚至有头家局主，或三十吊、五十吊、三百吊的大输赢。半月前竟有争斗相打的事。'贾母听了，忙说：'你既知道，为何不早回我们来？'探春道：'我因想着太太的事多，且连日不自在，所以没回。只告诉了告诉了和管事的人们，戒饬过几次，近日好些。'贾母忙道：'你姑娘家，如何知道这里头的利害。你自为耍钱常事，不过怕起争端。殊不知夜间既要耍钱，就保不住不吃酒；既吃酒，就免不得门户任意开锁。或买东西，寻张觅李，其中夜静人稀，趋便藏贼引奸引盗，何等事做不出来。况且园内的姊妹们起居所伴者皆系丫头、媳妇们，贤愚混杂，贼盗事小，再有别事，倘略沾带些，关系不小。这事岂可轻恕。'……林之孝家的等见贾母动怒，谁敢徇私，忙至园内传齐人，一一盘查。虽不免大家赖一回，终不免水落石出。查得大头家三人，小头家八人，聚赌者通共二十多人，都带来见贾母，跪在院内磕响头求饶。……"

迎春的奶妈因为赌博输了钱，偷了她的累丝金凤首饰去卖。

所以，归总看来，大观园内不仅有诗情画意，还有纷争、赌博、偷盗、偷情这些丑陋和阴暗的部分。

理想世界不是纯然清净的，它难以摆脱现实世界的束缚和影响，因为这个理想世界本就建筑在贾府的物质基础之上。

四、大观园是如何被毁灭的？（毁灭指大观园物是人非，清净美好的女儿们风流云散。）

1. 直接事件：抄检大观园

后果：晴雯被撵出，病死。司棋私情暴露被撵，触壁自尽。

四儿、入画被撵，学戏的女孩子悉数打发掉，芳官、藕官、蕊官出家。

宝钗避嫌，主动搬出大观园。

2. 必然命运：出嫁

迎春嫁给"中山狼"孙绍祖，"金闺花柳质，一载赴黄粱"，被虐待致死。

探春远嫁"清明涕送江边望，千里东风一梦遥"，如断线风筝，一去不回。

湘云"厮配得才貌仙郎"，可惜"终究是云散高唐，水涸湘江"青春守寡。

邢岫烟、薛宝琴的都各有婚约。

3. 其他情况：死亡或出家：

黛玉、惜春

总之，我们看到，宝玉所守护的，钟爱的，认为是他的终极归宿的大观园就这样被摧毁了。

五、请同学们思考，大观园的毁灭寄托了作者怎样的情感和主旨？

1. 抄检大观园，非常明确地指涉整个贾家将被抄没。大观园被抄，是"自杀自灭"。

抄检大观园时，当主要的挑唆者王善保家的还嬉皮笑脸地对探春作势搜身时，这位外号"玫瑰花"的三姑娘狠狠地打了她一掌，沉痛地说："'你们今日早起不曾议论甄家，自己家里好好的抄家，果然今日真抄了。咱们也渐渐的来了。可知这样大族人家，若从外头杀来，一时是杀不死的，这是古人曾说的'百足之虫死而不僵'，必须先从家里自杀自灭起来，才能一败涂地！'说着，不觉流下泪来。"探春这段话非常精辟说明了贾家败亡的一个重要原因：内部的斗争、混乱、无谓的内耗。

绣春囊事件只是抄检的一个导火索，一个理由，这个行为产生的本源是贾家上层管理者之间钩心斗角、争权夺利的矛盾。这就让我们清晰地看到，大观园这个理想世界也不可避免地被园外污浊世界渗透，虽然这些污秽在大观园内尚不是主流，但最终它将被园外的现实世界所吞没、损毁。

2. 大观园内女儿们的出嫁，是青春散场的悲剧，是无法避免地由青春王国走入成人世界，"时间一到，就要被赶出乐园"，是时间层面的悲剧。如果不以死亡这种极端的方式来终结，那就必然要由园内走向园外，由清净纯真的女儿世界，走入由男性为主导的充满各种龌龊的现实环境中。大观园内的世界终将结束。

3. 情感态度：

作者对这个理想世界的毁灭怀有最深挚的痛苦。

大观园中青春女儿的优美诗意、真情纯情是作者生命中最可珍视的宝贵记忆，所以他"怀金悼玉"，用一生去嗟悼。同时，他要"使闺阁昭传"，因为"闺阁中本自历历有人，万不可因我之不肖，自护己短，一并使其泯灭"。

4. 大观园外的世界，也就是贾珍贾赦贾琏们的世界，也毁灭了，而且也是必然的。

如果说大观园的衰败令我们和作者一样为"美"的毁灭感到无限痛楚与惋惜的话，那么园外世界的覆灭则让我们为"丑"的完结拍手称快又感慨反思。

大观园外的世界几乎完全是乌烟瘴气，污秽不堪。贾家的被抄家诚然有政治斗争的因素，但其自身的腐朽堕落以致授人以柄，也是毋庸置疑的。

"箕裘颓堕皆从敬，家事消亡首罪宁"，"漫言不肖皆荣出，造衅开端实在宁"

这些句子都显示出作者明确的情感态度指向：对家族内部的混乱、堕落予以严厉的遣责、批判！

5. 那么，作者对自己的态度呢？

无论对衰败的家族还是女儿的流散，作者都是无力挽救，无计可施，无法改变的。他说自己"风尘碌碌，一事无成""一技无成，半生潦倒"，这是作者对自身的反思，是"无材可去补苍天"的痛苦，既不能济世又不能救人，作者的情感是"愧则有余，悔又无益之大无可如何"，愧悔、无奈！

6. 总结：

悲悼、遣责、愧悔，是《红楼梦》情感主旨的主要构成部分。此外还有对世事兴衰无常的感悟，因而引发的带有宗教意涵的"色空观"等，这节课我们不再详述。

六、谁堪"补天"？

如果说作者，或者是书中的主角宝玉无材补天，那贾家究竟有没有可堪重任，能力挽狂澜之的人呢？这个"诗礼簪缨之族"，还有没有延续下去的希望？

首先我们来看贾家男性中可有这样的人选。显然是没有。

第二回《贾夫人仙逝扬州城 冷子兴演说荣国府》中冷子兴所言："谁知这样钟鸣鼎食之家，翰墨诗书之族，如今的儿孙，竟一代不如一代了！"讲到死去的贾珠，脂批写道："略可望者即死，叹叹！"第五回游太虚幻境，警幻仙姑遇宁荣二公，宁荣二公说："故遗之子孙虽多，竟无一个可以继业者。其中惟嫡孙宝玉一人，禀性乖张，生情怪谲，虽聪明灵慧，略可望成。"脂批道："这是作者真正一把眼泪。"

男性无望，只有寄希望于女性。贾家的整体氛围是"主仆上下，安富尊荣者尽多，运筹谋画者无一"，在这其中，有谁曾为家族的长远命运做过认真的思考和谋划？

最明确的答案是秦可卿。秦可卿死前托梦于王熙凤，提醒她居安思危，"趁今日富贵，将祖茔附近多置田庄、房舍、地亩，以备祭祀供给之费皆出自此处，将家塾亦设于此……便是有了罪，凡物可入官，这祭祀产业连官也不入的。便败落下来，子孙回家读书务农，也有个退步，祭祀又可永继。若自今以为荣华不绝，不思后日，终非长策……此时若不早为后虑，临期只恐后悔无疑了。"冯谖尚为孟尝君营狡兔之三窟，使孟尝君可高枕而卧，贾家却只得秦可卿有这样的智慧和眼光，可惜凤姐还没有施行。

女性中有治家之才的当然还有王熙凤，她有才也有权力，也尽心竭力，但她的问题是自身人性的缺陷。她贪婪而短视，迷失在权力与金钱中，做了许多狠毒的事,不但没有解决根本问题,还未后面埋下了祸患。

还有一位女性可能是更理想的人选,那就是探春。

作者赋予探春夺目的光辉,称赞她"才自精明志自高",她也曾在大观园中"兴利除宿弊",作者给予她"敏"的一字定评。可惜,碍于女儿身份,她只能在园中活动,无法掌管园外真正的现实世界,所以也不可能让贾家有本质性的变化。且她终将出嫁离家,无法挽家族之颓势。即便如此,脂批也对探春深加赞美:"倘此人在,纵使日后事败,必不至子孙流散!"也由此可知,后四十回续书写贾家抄家后,探春远嫁后居然又"服采鲜明"地带着女婿回了趟娘家,那是绝无可能的!她如断线风筝般一去不回,纵有高卓的才干,也只能为自己的家族伤心遗憾。

由此可见,贾家人才凋敝,子孙不肖,唯有"一二裙钗可齐家",也有各种各样或主观或客观的局限。在儒家传统里,修身齐家治国平天下是联系在一起的,作者对于被压抑着的,没有更多机会参与现实生活而又富有才干的女性给予高度的赞美和同情。也切实写出贾家从内到外,从上到下的腐朽,这个家族的确是到了大厦将倾的末世,最终的结局必然是"家亡人散各奔腾",富贵公子如宝玉者"金满箱,银满箱,展眼乞丐人皆谤"沦为乞丐,最终"悬崖撒手",了断尘缘,"赤条条来去无牵挂";千金小姐如巧姐者"择膏粱,不承望流落在烟花巷",所幸母亲"偶因济刘氏,巧得遇恩人",才爬出火坑,做了一个平凡的自力更生的农妇……"赫赫扬扬已将百载"的家族终于"好一似食尽鸟头林,落了片白茫茫大地真干净!"

课堂练习:

阅读经典,最关键是书要你自身发生联系。意大利作家卡尔维诺说:"'你的'经典作品是这样一部书,它使你不能对它保持不闻不问,它帮助你在与它的关系中甚至在反对它的过程中确立你自己。"请同学们在"悲悼、谴责、愧悔"三个主旨里面选择一个你最有共鸣的,简短地阐述一下它触动你的原因,以及引发出的你怎样的思考。

教学反思:

如何用一节课的时间对这部皇皇巨著进行梳理,并进行总体性的把握,这是一个足够复杂的问题。整本书阅读的呈现必须找到一个合适的切入点,方能提纲挈领,也才有可能带领学生做些深入的思考。学生已经对《红楼梦》的人物、情节比较熟悉了,有些学生还读过了脂批和一两本研究著作,所以,基础性的认知已经满足不了学生的要求,课堂教学必须能使学生的认识水平、思维水平得到提升,这节课才是有效的。基于以上思考,我首先是系统整理了学生的阅读作业(本学期的一系列《红楼梦》读书卡、相关作文、寒假作业），把作业中的问题记录下来，在其中选择有代表性的问题，作为备选。其次，在我自己阅读的基础上，重新钻研，寻找切入点。我设计了四五种方案，逐一考虑可行性，又和学生的问题互相参照，最终，确定了"大观园内外"这个选题。

这个选题最大的意义是通过大观园内外世界的对比触及主旨。经典作品的魅力之一就是意涵的丰富和复杂，史铁生称之为"必要的复杂"。阅读经典必然比阅读一般作品有更高的难度，经典作品对读者也有更高的要求。即便如此，千百年来的阅读者仍试图去言说、概括经典作品的主旨，尽管无比困难，但这种尝试从未间断，也许对混沌的诠释确实是人类的一种本能。

六个小问题的设置是从易到难，层层推进的，体现了思维逐步深入的过程。作为教案，我把这个思考的过程完整地呈现出来，实际上课中，第二个问题被省略掉了。但还是没有给学生留下足够的时间去讨论，这是遗憾。日常教学中，可以再增加一到两个课时来完成这一主题的讨论。

王圣洁/文

利用问题链,实现学生思维进阶

——以人教版语文九年级上册《香菱学诗》为例

　　根据我校"三维度,四水平"的教学目标设计理念,结合学生的学习实际情况,以问题为载体,引导学生实现对《香菱学诗》这一课中香菱这个人物特点全面而深刻的认识,进而获得对人生命运的独特感悟与启示。

　　本课的教学目标确定为以下四个水平:

三维度四水平教学目标	水平1	1.1 学生能够初步 感知 香菱这一人物形象的特点。 1.2 ……
	水平2	2.1 学生通过 分析 香菱学诗的苦与笑,能够深入 理解 香菱这一人物形象的特点。 2.2 ……
	水平3	3.1 学生通过 探究 香菱学诗的原因,能够 感悟 香菱命运之悲。 3.2 ……
	水平4	4.1 学生能够从香菱身上获得对人生命运的独特 感悟与启示 。 4.2 ……

　　水平1的能力点是感知。

　　水平2的能力点是分析、理解。

　　水平3的能力点是探究、感悟。

　　水平4的能力点是运用(联系生活实际谈启示)。

　　为了实现以上教学目标,我以问题为载体,逐步实现学生的思维进阶,从而达成教学目标。根据我的教学设计,我用思维导图的形式呈现出问题链。

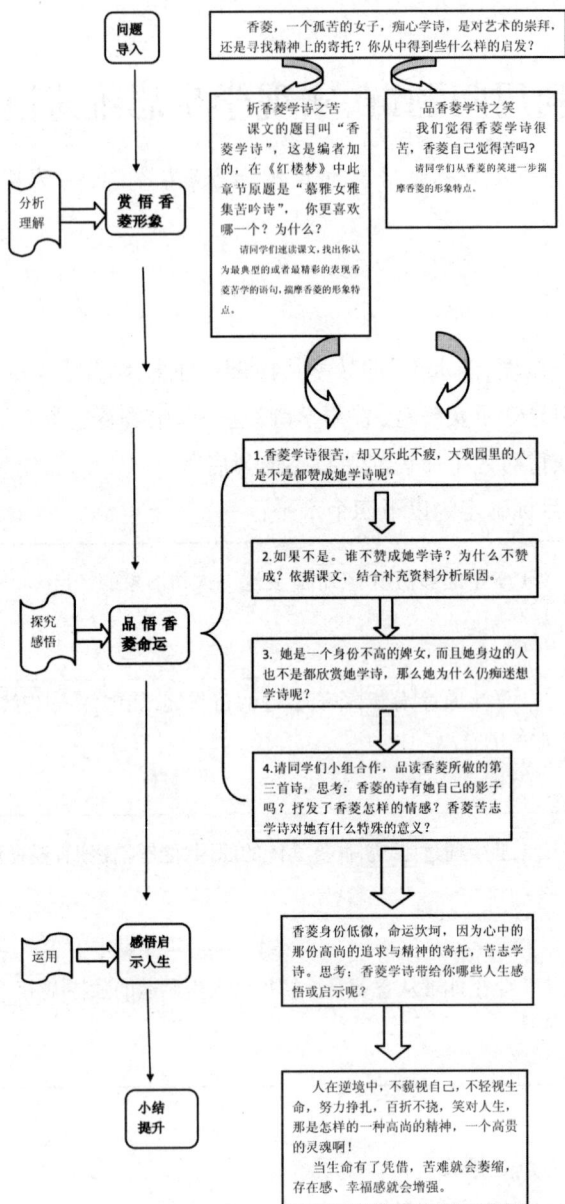

问题
导入

　　香菱,一个孤苦的女子,痴心学诗,是对艺术的崇拜,还是寻找精神上的寄托? 你从中得到些什么样的启发?

分析
理解 → 赏悟香菱形象

析香菱学诗之苦
　　课文的题目叫"香菱学诗",这是编者加的,在《红楼梦》中此章节原题是"慕雅女雅集苦吟诗", 你更喜欢哪一个? 为什么?
　　请同学们速读课文,找出你认为最典型的或者最精彩的表现香菱苦学的诗句,揣摩香菱的形象特点。

品香菱学诗之笑
　　我们觉得香菱学诗很苦,香菱自己觉得苦吗?
　　请同学们从香菱的笑进一步揣摩香菱的形象特点。

探究
感悟 → 品悟香菱命运

1.香菱学诗很苦,却又乐此不疲,大观园里的人是不是都赞成她学诗呢?

2.如果不是。谁不赞成她学诗? 为什么不赞成? 依据课文,结合补充资料分析原因。

3. 她是一个身份不高的婢女,而且她身边的人也不是都欣赏她学诗,那么她为什么仍痴迷想学诗呢?

4.请同学们小组合作,品读香菱所做的第三首诗,思考:香菱的诗有她自己的影子吗? 抒发了香菱怎样的情感? 香菱苦志学诗对她有什么特殊的意义?

运用 → 感悟启示人生

香菱身份低微,命运坎坷,因为心中的那份高尚的追求与精神的寄托,苦志学诗。思考:香菱学诗带给你哪些人生感悟或启示呢?

小结
提升

　　人在逆境中,不藐视自己,不轻视生命,努力挣扎,百折不挠,笑对人生,那是怎样的一种高尚的精神,一个高贵的灵魂啊!
　　当生命有了凭借,苦难就会萎缩,存在感、幸福感就会增强。

教学反思:《香菱学诗》这一课,因为它是《红楼梦》中节选出来的片段,所以对于这样一部经典名著的片段,教师教什么,怎样教,学生学什么,怎样学,一直都存在一些困惑。本学期经过对文本的再次深入研读,受到课文自读提示里问题的启发,重新进行了教学设计,以人物形象为抓手,探究人物命运,实现对香菱这一人物的深入解读,帮助学生从人生的角度获得启发,我认为这才是这篇小说所应承载的价值。

在进行教学实践时,学生能够通过问题链逐步深入,最终达到对文本的深入理解。但很遗憾在整个过程中没有出现师生间,生生间思维的碰撞,没有生成性的问题。如果学生能在教师的引导下主动提出一些问题,并在解答后生成新的问题,由学生生成问题链并解答,这将是学生学习能力的巨大提升,当然也是教师教学能力的进步。

附教学设计:

北京市第八十中学教案

2016 至 2017 学年度第一 学期初三年级语文学科,上课时间:2016 年 11 月 24 日

主备人:裘湘菱

课题	香菱学诗(第二课时)		课型	新授	课时	1
三维度四水平教学目标	水平1	1.1 学生能够初步感知香菱这一人物形象的特点。 1.2 ……				
	水平2	2.1 学生通过分析香菱学诗的苦与笑,能够深入理解香菱这一人物形象的特点。 2.2 ……				
	水平3	3.1 学生通过探究香菱学诗的原因,能够感悟香菱命运之悲。 3.2 ……				
	水平4	4.1 学生能够从香菱身上获得对人生命运的独特感悟与启示。 4.2 ……				
教学重点	学生通过分析香菱学诗的苦与笑,能够深入理解香菱这一人物形象的特点。					

教学难点	学生通过探究香菱学诗的原因,能够感悟香菱命运之悲。
教学方法	讲授法、讨论法
教学用具	教具	多媒体
	学具	笔记本

教学过程

知识与技能 (三维度四水平 课堂教学目标)	活动与任务		反馈与评价
	学生	教师	
分析香菱学诗的苦与笑,能够深入理解香菱这一人物形象的特点。	思考、回答 速读 圈画、思考 回答 思考、填空	导入:(课本自读提示的问题)香菱,一个孤苦的女子,痴心学诗,是对艺术的崇拜,还是寻找精神上的寄托? 你从中得到什么样的启发? 　一、赏悟香菱形象 　(一)析香菱学诗之苦 　1. 课文的题目叫《香菱学诗》,这是编者加的,在《红楼梦》中此章节回目是"慕雅女雅集苦吟诗",你更喜欢哪一个? 为什么? 　2. 请同学们速读课文,找出你认为最典型的或者最精彩的表现香菱苦学的语句,并分析这些语句如何表现了香菱学诗的苦。 　根据以上分析,用一句话归纳香菱的形象特点。 　预设:这是一个(勤奋、专注、刻苦)的香菱。 　(二)品香菱学诗之笑 　我们觉得香菱学诗很苦,香菱自己觉得苦吗?	

| 品读

思考
交流
思考、填空 | 老师从文章中找出了一些写笑的有代表性的语句,请同学们从香菱的笑进一步揣摩香菱的形象特点。
1. 香菱听了,笑道:"既这样,好姑娘,你就把这书给我拿出来,我带回去夜里念几首也是好的。"
2. 香菱笑道:"据我看来,诗的好处,有口里说不出来的意思,想去却是逼真的。有似乎无理的,想去竟是有理有情的。"
3. 正想着,只听香菱从梦中笑道:"可是有了,难道这一首还不好?"
根据以上分析,用一句话归纳香菱的形象特点。
预测:这是一个(好学、聪明、自信、执着)的香菱。
二、品悟香菱命运
(一)香菱学诗很苦,却又乐此不疲,大观园里的人是不是都赞成她学诗呢?
宝钗道:"何苦自寻烦恼。都是颦儿引的你,我和他算帐去。你本来呆头呆脑的,再添上这个,越发弄成个呆子了。" | |

通过探究香菱学诗的原因,能够感悟香菱命运之悲。 学生能够从香菱身上获得对人生命运的独特感悟与启示。	思考、交流 合作探究 思考、回答	补充资料:香菱原籍姑苏,出身乡宦家庭。她三岁被拐,长大后被呆霸王薛蟠买去做妾,受尽屈辱、折磨。后随薛家进京,一直住在荣府的梨香院。平日她要伺候薛蟠,难得有空。这一次因薛蟠外出经商,宝钗便把她带进了大观园给自己做伴,这使得香菱有机会接触大观园内许多富于才情的少女们。 (二)她是一个婢女,而且她身边的人也不是都欣赏她学诗,那么她为什么仍痴迷学诗呢? 请同学们小组合作,品读香菱所做的第三首诗,思考:香菱的诗有她自己的影子吗?抒发了香菱怎样的情感?香菱苦志学诗对她有什么特殊的意义? 三、感悟启示人生 香菱身份低微,命运坎坷,因为心中的那份高尚的追求与精神的寄托,苦志学诗。思考:香菱学诗带给你哪些人生感悟或启示。 四、小结 在学诗中,香菱表达了她脱俗入雅的高尚追求,浸透了她对人生的美好理想,迸发了她身上的美和生命的诗意!学诗,是对艺术的崇拜,更是一种精神上的寄托。	

续表

板书设计	香菱学诗 勤奋　　　　　艺术　↑崇拜 专注　｝苦　精神　　寄托　好学 刻苦　　　　　　　　　　　聪明 　　　　　　　　悲　　笑　自信 　　　　　　　　　　　　　执着
课后作业	1. 以"我读《香菱学诗》"为副标题,写一篇随笔,字数随意,重在写出自己的理解和感悟,写在作文本上。 2. 阅读推荐: 　在《红楼梦》中,应该叹息的,又岂止是香菱一个呢? 晴雯,一个美丽、爽朗的女性,只因为生得美而遭人嫉恨,最后被赶出大观园,悲惨地死去;尤二姐,美丽善良,被贾琏占为小妾,最后被王熙凤害死;鸳鸯,美丽能干,贾赦等人打她的主意,但她誓不嫁人,最终难逃魔掌,只能悲惨自杀。我想起了鲁迅先生的一句话:悲剧就是将美的事物毁灭了给人看。可以说,《红楼梦》既是女性的悲歌,又是女性的赞歌。 　如果你有兴趣了解更多的红楼女子的命运,请读《红楼梦》。
作业完成情况及存在的问题		

裘湘菱/文

高中语文整本书阅读教学的尝试与探索

——以《红楼梦》阅读为例

随着高中语文课标的修订，语文核心素养备受关注，而提高语文核心素养的有效途径就是"整本书阅读"。1941 年，叶圣陶先生在《论中学国文课程标准的修订》中提到："把整本书作主体，把单篇短章作辅佐。"明确提出要读整本书。"整本书阅读"，将帮助学生学会思考，锻炼思维，充实精神，提升境界。

阅读教学是语文教学的核心，通过有效的阅读，学生的语言会得到正确的建构，思维会得到长久的发展，与此同时，学生的审美能力也在提高，潜移默化地传承了祖国的优秀文化。阅读教学不能仅仅定位在提升分数，更要有长远的目标，通过激发学生阅读兴趣，提升学生阅读能力，让学生爱上阅读，最终提高独立思考和独立感受生活的能力，丰富和充实自己的人生体验，成长为一个会思考的幸福的人。

一、学生情况分析

参与本节课教学活动的学生为国际部 A－Level 项目高一年级学生，开展这个专题阅读还是有很大困难的。

从阅读经验上看，学生刚刚走过中考，在初中阶段史多接触的是篇幅较短的语篇阅读，学生缺少"整本书阅读"的经验，驾驭整本《红楼梦》的阅读还显得很吃力。

从阅读年龄上看，《红楼梦》的主题和思想较为深邃，学生明白主题容易，但如果通过学生的自身阅读后感悟达到共情则很难。特别是本届高一的学生大都出生于 21 世纪，他们关注的兴趣点也不在这，对于女生而言，她们更喜欢研读"宝黛爱情"，而对于一些心智发育较晚的男孩子在古典名著的阅读中相较于《红楼梦》他们更喜欢读《三国演义》与《水浒传》。在课前对学生的调查发现，男孩子几乎没有读过《红楼梦》,有的连电视剧都没看过。

这些都成为开展这一专题的困难,因此如何找到开启这部文学经典的钥匙,牵一发而动全身,如何设计能让学生掌握驾驭长篇小说的方法,如何提升学生的思维水平,养成自我学习和探究的习惯将成为我教学设计的重点。

二、教学内容分析

《红楼梦》,又名《石头记》,是我国四大名著之一,我国古典小说的巅峰著作。《红楼梦》兼具思想性和艺术性。在思想层面,《红楼梦》的内容包含两条线索:一条是宝玉、黛玉、宝钗的爱情婚姻悲剧,一条是贾、史、王、薛四大家族盛极而衰的历史。《红楼梦》不仅批判了封建社会没落时期的丑恶现实,追求自由、民主、平等的启蒙思想,还展现了古代民俗、建筑金石、起居用物等各个社会领域的独特文化。在艺术层面,《红楼梦》的语言绘声绘色,雅俗共赏,感情充沛;结构严谨全面。因此有人说:"开谈不说红楼梦,读尽诗书也枉然。"高中生学习鉴赏《红楼梦》,不仅可以受到思想教育、审美教育等方面的价值,同时也可以学会《红楼梦》的写作技巧、表达方式等语文基础知识,对学生的成长大有裨益。因此"整本书阅读"《红楼梦》就显得尤为重要。

对于一部如此宏大的著作,如何即考虑到学生的学情,又要有深度,让学生读后有所获,思维上有提升将是我思考的重点。由于小说是以刻画人物形象为中心,通过完整的故事情节和环境来反映现实生活。我设计了从"贾宝玉"这一主要人物入手,通过宝玉的社交圈进而分析宝玉的人物形象及时代意义。这样设计既符合小说阅读的规律,又符合整本书阅读的要求,同时也弥补了男生与女生不同兴趣关注点。比较适合初读《红楼梦》的教学要求。

三、教学目标设计

为了寻求教学要素的最优组合,探索高效的课堂,在总结多年教学实践经验基础上,我校提出"三维度四水平"的教学目标,"三维度"指的是教育教学过程中应该达到的三个目标维度即"知识与技能""过程与方法""情感态度与价值观","四水平"指的是美国教育学家马扎诺提出的"知识提取""理解""分析""知识运用"四级目标。

作为国际部的教师,我同时也接触到了国际文凭组织(IBO)提供的 IBDP 课程,在 IBDP 课程中所提到的四级目标理论跟马扎诺理论极为相似,IBDP 的教学目标也分为四个层级"知识与理解""分析与运用""综合与评价""选择并运用适当的表达形式和语言技能"。IBDP的理念特别强调学生的比较分析能力以及表达能力。对学生的综合素养提出了更高的要求，因此我在借鉴两种教学理念的前提下制定了本节课的教学目标。

水平1：知识与理解

(1)理解思维导图在阅读及写作中的重要作用，并能够合理使用。

(2)通过制作思维导图明确《红楼梦》中以宝玉为中心的社交圈。

水平2：运用与分析

在完成作业的基础上，通过宝玉的社交圈，分析宝玉的人物形象。

水平3：综合与评价

讨论并整合宝玉的形象，探究宝玉形象的意义和价值，体会《红楼梦》中所蕴含的"启蒙思想"。

水平4：选择并运用适当的表达形式和语言技能

锻炼学生的书面语和口语表达的能力。

四、教学过程设计

(一)本专题采用了任务法的教学方式

1. 任务前(1.19－2.10)：布置假期作业

(1)阅读《红楼梦》前80回，用思维导图画出贾宝玉的社交圈。

(2)通过宝玉的社交圈分析其人物形象。（1000字左右）

(3)上交时间2月10日9点前，上传至managebac系统。

2. 任务中(2.10－2.17)：

(1)提交作业，根据内容分小组。

(2)组内共享作业，进一步讨论分析完善宝玉的形象。

(3)究宝玉形象的意义和价值。

3. 任务后(2.17－2.27)：

反思提升，修改思维导图及论文。

(二)本节课是处在任务中期，让学生在讨论、合作、探究的过程中，找出作业中存在的问题，引导学生向更为深远的主题提升思维。具体实施活动如下：

1. 作业反馈

(1)完成数量：全班28人，至2月10日9点，有26人按时上交，2人因在境外未能及时上交已提前申请延期并获批。

（2）完成容量：总字数约 33000 字，人均 1300 字。（IBDP paper1 1020 字）

（3）完成质量：大部分同学的思维导图仍需完善；论文的角度和观点都有亮点，但也有值得讨论和商榷的部分。

2. 明确思维导图的作用

（1）梳理文章脉络，理清人物关系。

（2）提供有效的创作思路，增强文章的逻辑性。对文本进行深入探究。

3. 布置并组织讨论任务

参考自己的思维导图和六幅导图样本，寻找样本的长处和可提升的空间。组内推选发言人进行发言。

4. 教师根据学生的发言总结绘制思维导图要注意的问题

（1）色彩要鲜明。

（2）条目要清晰。

（3）标注要准确。

（4）阅读要仔细。

5. 布置讨论任务，参与学生讨论

组内分享论文作业，结合文本，从不同角度分析宝玉形象特点。组内推选 1～2 名发言人进行发言。

6. 引导学生完善宝玉的形象特点

补充贾宝玉的社交圈中的人物——贾雨村。

（1）科举正途出身，攀附权贵。

（2）贾政希望宝玉与之交往，带有明显的功利仕途的目的。

（3）宝玉不喜，称其为"禄蠹"。

7. 通过对宝玉形象意义和价值的探究，帮助学生体会《红楼梦》中蕴含的"启蒙思想"。

历史意义：贾宝玉身上追求的自由、民主、平等与西方 18 世纪诞生于欧洲的启蒙思想相契合，《红楼梦》诞生的经济基础在于明清时期资本主义萌芽，同样也有思想启蒙的意义。同时宝玉身上也有传统思想的体现，孟子"食色，性也"。老子"道法自然"。宝玉的人物形象是一个典型，是融汇了中西方文化的典型，因此，可以说《红楼梦》所蕴含的启蒙思想是当时时代的代表，是中西方思想潮流的交汇点。

当代意义:真、善、美,自由与平等是文学永恒的主题,是人类永恒的追求。任何时代都不过时!

8. 课后作业

(1)修改论文。开学一周内上传 managebac,记为一次论文成绩。

(2)小组商讨《红楼梦》专题研究第二讲的选题,并制订研究性学习计划。

五、教学反思

如何检验学生的学习效果? 英国教育理论家赫斯特(Hirst)通过课堂研究认为,检验有效的课堂教学的基本形式有三种:

1. 学生学到了知识,不但学到了老师讲授的知识,还通过自己的学习学到了额外的知识。

2. 课堂活动结束后,学生的学习活动任然在继续。

3. 学生愿意学习,而不是在外界的逼迫下学习。

从前期的作业反馈来看,学生们在整本书阅读过程中暴露了一些问题,比如思维导图的条目不清晰,社交关系与亲缘关系的概念混淆,大部分缺少明确的标注,颜色不够鲜明等。本节课通过学生自己思考,讨论基本上解决了这个问题。

此外,把对《红楼梦》主题思想的解读放置在世界文学史和世界思想发展史的高度,提升了学生的思维的广度和高度。学生在上完本节课后产生了继续阅读的兴趣,积极主动思考专题研究第二讲的内容,同学们自己设定了"百家讲坛——说红楼"的主题。

结语:

在高考改革的背景下"整本书阅读"显得尤为重要,对于我们国际部的学生,他们不参加国内高考,未来要到欧美等大学完成学业,我觉得"整本书阅读"特别是"经典阅读"也同样重要,让学生在阅读经典的过程中,充分感受其中的"真、善、美"增强审美情趣,充分感受到中国古典文学的魅力,增强民族的自信心和自豪感,只有充分地学好了本民族的文化,才不会在未来受到多元文化的冲击而迷失自我,才有可能承担起继承并弘扬中国传统文化的重任。曾子曰:"士不可以不弘毅,任重而道远。仁以为己任,不亦重乎? 死而后已,不亦远乎?"培养这样的学生,应该是教育工作者最高的追求。

刘博蕊/文

How to teach vocabulary？

概要

随着 2018 年英语中考的到来,笔者越来越感觉到英语授课方式改革的重要性。笔者将从理论分析(Theoretical analysis),终生学习(Lifetime study),耐心和毅力(Patience and Persistence)以及文化学习(culture study)四个方面来阐述如何在英语教学中实现高效课堂。

一、理论分析(Theoretical analysis)

2013 年 8 月 16 日网易新闻:一项对全球 170 万 18 岁以上成年英语学习者的测试成绩评估报告,今天上午出炉。在全球 54 个非英语母语国家和地区中,瑞典以 68.91 分高居第一,丹麦、荷兰紧随其后,中国大陆以 49.00 分排名第 36 位,属于低熟练度水平。亚洲排名倒数第二。这已是英孚教育连续第二年发布全球《英语熟练度指标报告》。欧洲国家的总体英语水平依然最高,11 个英语熟练度指标最高的国家全部在欧洲。意大利、西班牙和葡萄牙等深陷欧债危机的国家,在欧洲区域排名最后。在亚洲 12 个国家和地区中,新加坡和马来西亚是英语熟练度最高的国家。中国大陆在亚洲区域排名倒数第二,仅高于泰国。在“金砖四国”中,中国大陆的分数仅高于巴西,距离排名第一的印度(全球第 14 位)差距较大。

作为一个英语教师,笔者看到这条新闻时心情还是挺沉重的。中国学生从小就接受英语教育可成年以后还没有学成,这样的学习效率很难说是“高效”了。笔者认为要想学好英语必须从理论上,即从语言学的角度帮助学生分析英语和汉语的区别,弄清楚英语这种语言到底是怎么一回事,有什么特点,难点在哪儿,用什么方法来学。

英语属于屈折语,是主从结构。它用不同的句子结构,每个词用不同的格或分词形式来表达意思。汉语是孤立语,是平行结构。即每个词都单独是一个意思,可以在句子中灵活替换。所以我们看一个句子时明白了意思就学会了这个句子。但如果用这种方法来学英语就会出现 Chinese English, e. g. Good good study. Day day up. Laugh die me.

　　Winston Churchill 曾在他的自传中介绍过他是如何学英语的。"萨默维尔先生在黑板上写上相当长的句子,然后给句中的各个成分标上黑、红、蓝、绿等各种颜色,表示主语,谓语,宾语,关系从句,条件从句,连接从句和转折从句。每个成分都有它各自的颜色及括号,这是一种句型练习,我们几乎每天进行这种操练。我从骨子里记住了普通英语句子的这些最基本结构,这很了不起。"学生们出的问题就在于觉得自己都能明白课文的意思,但不重视句子结构,一旦让自己进行表达就不知道到底该怎么写了。问题的根源一找到,解决办法也相应出台。笔者指导学生自己分析每篇课文的重点词组和句型。一开始学生并不能看清楚句子的结构,经常搞不清一个介词是应该跟着上一个词组还是下一个词组,连讲过的句型有时都看不出来。经过一段时间的严格训练,每个学生基本都能准确断句,并且找出文章中的重点句型和词组。上课时由学生自己来讲课文,对话或阅读篇目中的重点,我只是强调,补充。这样实际上是学生自己学懂了课文,这样得来的语言知识才相对牢固。而且就语言学习来说,看懂,听懂得越多,学习者的成功感和幸福感就越强,而且还想继续挑战难度更高的知识。

二、终生学习(Lifetime study)

　　"学习目标,形成性评价与高效课堂"一书中写道:教师的积极态度是对情感参与的第二个,也是最普遍的影响。教师可以通过许多方式来表达一种积极的太大,其中一种是表现出热情和激情,这两种感情都与写生和成绩有关。

　　语言是千变万化的。每一个时代都有流行语,都有惯用法。语言教师只有通过不断的学习,才能紧紧把握语言发展的脉搏,把新鲜的英语教授给学生们,所以笔者认为"Lifetime study"是成为一名好的语言教师的一个基本条件。语言教师对于语言本身和学习语言的发自内心的热爱和激情才能在教学过程中真正感染学生,激发学生参与到语言学习中来。试想,一个不喜欢读书学习的教师怎么能让学生热爱读书学习呢?

　　笔者在业余时间不仅阅读有关英语教学法的书籍和最新的英语教材,而且还阅读大量的英文原版畅销书,英文原版杂志,欣赏英文原版电影,来扩充自己的词汇,以便在教学时使用。例如在讲授颜色时,教材里只给了几种比较常见的颜色,限制了学生对实际生活的描述。而在风靡全球的 Harry Potter 系列小说中有大量有关于颜色的词汇：

e. g.　　　　　midnight – blue	tomorrow red
chalk white	pearly white
sandy	yellowish – brown
Cambridge blue	light blue
Oxford blue	deep/dark blue
brick red	scarlet
emerald green	acid – green
maroon	jet black
acquamarine	muddy brown
pale pink	metallic blue

笔者把这些词汇融汇在教学中。因为我们的世界是五彩斑斓的。汉语中有许多描述颜色的词汇，英语也是如此。学生们可以用英语更贴切地描述生活才能体会到学习语言的乐趣。

目前，世界各国都越来越重视人的权益，重视对人的尊重。现在讲英语的国家都在推行"politically correct English"——政治上正确的英语，也就是英语中称呼某人时要免去其中显示性别的部分，以显示人的平等。我们以前常用的一些英语单词现在则变成了比较粗鲁的用法。在教学中，一定要注意到这个问题。随着国际交流的增加，我们要教会学生文明的语言。而不能总是抱着旧有的单词不放。这就需要英语教师不断学习新的英语。

e. g. Don't say：	Do say：
mankind	humankind, humanity
fireman	fire fighter
housewife	homemaker
chairman	chairperson
businessman	businessperson
foreigner	ex – patriot
Indian (to refer to American Indian)	Native American
Oriental	Asian
stewardesses	flight attendants

| waiter/waitress | server |

除去上面讲到的"PC English"，各个英语国家还把富有自己地域或民族特色的语言加入英语中成为新的英语词汇。澳大利亚和新西兰甚至把原住民的语言也加进来。同一个意思、英国、美国、澳大利亚、南非等英语国家都有不同的表达法。所以只知其一是不行的。英语教师要不断扩充自己，接受多元文化。

e. g.

British English	American Englsih
lift	elevator
loo	restroom
petrol	gasoline
jumper	sweater
Australian English	American English
G'day	Hello
How're you going?	How are you?
lollies	candy
barbie	barbecue
South African English	American English
jersey	sweater
yebo	yes
just now	in a while
now now	later

随着科技的发展，新鲜事物层出不穷，英语作为在世界上被使用得最广泛的语言，也无时无刻不在变化着，也就是英语里常说的"The ever - changing English language"。英语教师只有通过"lifetime study"掌握最新的语言，才能知道各种新生事物的英文说法。

e. g.　New English Words

Here is a small sample of the 10 new word found in Merriam – Webster's Collegiate Dictionary：

Geek (n)	怪胎
Barista (n)	在吧台调理咖啡的人
Frankenfood (n)	基因改造事物

McJob（n）   低薪工作

Phat（adj）   正点的,炫的

Funplex（n）   集戏院,娱乐场所和餐厅于

一处的大型复合性建筑

Blog（n）   网络电子日记

Blogger（n）   写网络电子日记的人

以上所写的只是英语变化的几个小例子。英语教师只有不断积累才能真正教给学生真正新鲜的语言。教师的新知识也会刺激学生不断学习、不断进步。

三、耐心和毅力（Patience and Persistence）

学习英语对任何一个非英语国家的人来说都是不容易的,那么对于我们这种单一语种国家的人来说就更不容易了。中国学生们在课堂学习的单词、句型等语言知识很少能够有机会在实际生活中运用,这就给记忆带来了很大的困难。"高效课堂"一书也写道:感觉记忆能够储存短暂时间内遇到的事情的基本完整记录,在这个过程中人们能够注意到元素之间的关系并将元素编码在一个更持久的记忆中。如果感觉记忆中的信息没有在它消失前的短暂时间内编码成功,那么它将消失。进行编码的事情依赖于人们关注的事情。环境一般一次性提供了比我们可以注意到并进行编码更多的信息。因此,许多进入我们感觉系统中的事情并没有永久的记录。因而在任何时候都有许多刺激物冲击一个人的感觉,然而不是所有的刺激物都被注意到了。

笔者及同事在实际的教学中对此都有深刻体会。学生会对学过的单词没有印象或是学了句型之后在写作时还是用中式英语,同样的错误会犯几次。这些现象不仅令学习者沮丧,对英语教学者来说也是一种打击。Interchange 的编者 Jack C. Richards 教授曾说道:"教授语言是一种非常艰难的工作。"所以在语言教学的过程中教师一定要有耐心和毅力。

笔者认为英语教师必须对语言学习有较深刻地理解才能做到有耐心和毅力。Jack C. Richards 教授为了使他所编写的 Interchange 教材适合学习者而学习西班牙语以此体会外语学习者的困难。所以笔者认为英语教师最好能学一门第二外语。笔者正在学习法语。通过学习笔者发现有些错误是外语学习者不自觉的行为。例如抄写单词和课文时的抄写错误。在学习法语之前,笔者遇到学生犯此类错误会认为学生学习态度不认真。但笔者本人在学习法语时也出现了抄写错误,

通过总结笔者认为在学习外语时尤其是在句子较长,新词较多时,学习者经常是只顾及其中一两个点(即前面说的"不是所有的刺激物都被注意到了"),而且人脑在阅读时会预测后面的内容,而这些预测有时是错误的。有了这个体会后,在学生出现了这类错误时,笔者会耐心让学生对照课本再检查一遍。这样做有时会占用课上时间,有时教师需要在课下对学生进行单独辅导。但学生有机会再看一遍书,有机会自己改正错误,这对于学生的语言学习是非常重要的。因为改正错误也是加深记忆,甚至是形成永久记忆的一个过程。"高效课堂"一书也举例:一个学生对于昨天在课堂上出现的事情的记忆储存在永久记忆里。而这个事情可以就是发现自己的错误。笔者通过自己的法语学习经验认识到,在自己恍然大悟的那一刻根本不再需要在死记硬背了(即英文中的"The 'Ah' Theory")。

除去允许学生犯错误,并且有耐心和毅力帮助学生改正错误之外,笔者认为英语教师在教学中还应允许学生遗忘并且有耐心和毅力通过自己的反复讲解和运用多样的教学方法使学生逐步记住越来越多的语言知识。笔者在和其他英语教师交流时经常会听到英语教师在抱怨一个单词,词组或句型讲过好几遍了可学生还记不住,有的把原因归结为学生不努力,有的则认为学生是不是脑子不好使。笔者通过第二外语的学习,认识到学习者要想通过一次复习,尤其是在没有所学习语言的语言环境的情况下就能记住新的语言知识是很困难的。学生们虽然每天都有英语课,但还要完成其他科的作业,而且能集中听英语和说英语的时间只在课上,课下学生们基本脱离了英语的语言环境,很少有机会使用到课上所学的新的语言知识。这样就造成了对于一个新知识点,虽然教师讲过好几遍,但学生的大脑记忆库还没来得及对此进行处理和存储。"记忆记录在大脑里,就像资料记录在电脑硬盘里一样。"(Cynthia Dermody,2008,138)新的语言知识还没有存储,在用的时候自然提取不出来,有的学生虽然存储了新学的语言知识,但不清楚到底存在了 C 盘还是 D 盘上,用的时候提取不出来,就会出现"It's on the tip of my tongue."这种现象。

因此,笔者认为英语教师在教学时一定要耐下心来,学生忘记了就再让学生查一查笔记,千万不能急躁。而且在教学中要注意到对新知识的重复。比如,教师在授课时就可以多运用学过的单词,词组或句型。人类对于语言都是有模仿能力的,学生也会不自觉地模仿教师的语言,这样新的语言知识就会逐渐存储在学生的大脑中。而且教师还可以运用大量的语言游戏或角色扮演等活动让学生在一定的情境中学习。此外,教师在选择阅读材料时也要更下功夫。不能拿到筐里的都是菜,而是要选择和课文内容题材相近的,包含了大量学生所学的语言知识的文章。通过阅读,学生使用了自己所学的语言知识,这对于任何一个外语学习者来说都是很有成就感的一件事。在这种状态下,学生的记忆也会得到加强。

所以英语教师一定要认真分析记忆过程和语言学习过程,耐心处理学生在学习中出现的问题,及时调整自己的教学方法,吸引和保持学生的注意力。

四、文化学习（Culture study）

我国颁布的英语学科新课程标准更重视文化的学习。无论是 Go for it! 还是 New Standard 都增加了许多有关于各国文化的内容。语言和文化是密不可分的。我们人类学习语言的目的就是要了解不同国家的文化和习俗,增进彼此的理解。唐三藏学习梵文是为了把印度的佛经介绍到中国来,林语堂用英文写 Moment In Peking(京华烟云)是为了把中国人民在抗日战争中可歌可泣的精神展现给美国人民,展现给西方社会。所以单纯为了学语言而学语言是行不通的。笔者认为英语教师一定要在教学中重视文化教学。而这也是"高校课程中"提到的"不一致理论(Incongruity Theories)所倡导的。书中写道:基本上,任何有丰富上下文背景的活动,缺少信息地呈现给学生时将会触发情景兴趣"。对于异域文化的好奇正可以激发学习者的兴趣,吸引并保持他们的注意力。

有的教师害怕浪费讲授语言知识的时间,便删去这部分内容。其实在笔者看来这是一种事倍功半的效果。前面已经提到,在中国,学生们很少有机会使用到英语。这种长期脱离实际的学习会使人感到厌烦,长此以往,学生们的学习热情就会下降,学习效果自然不好。因此,对课本中的文化内容进行讲解,并使之和学生们的生活实际相联系,学生们才会真正认识到学习英语是帮助他们了解这个世界的好方法,从而激发他们的学习兴趣。

笔者在教学时适当增加了对文化内容的讲解和活动收到了很好的效果。在教授 Go for it! 时有一篇阅读理解是一份菜单,其中有一道菜 taco 是玉米饼(墨西哥的主食)。但 Traveler 的"饕餮天下"专刊对此进行了详细介绍:Tortilla 是可以空口吃的玉米烙饼,而墨西哥人一般喜欢拿来做成 taco, 就是在饼上放各式馅料,裹了便吃。如果没有馅也无妨,把饼再切成小块,炸脆了做成 nachos, 蘸着辣椒酱,也很好吃。

由于 Go for it! 还是南美国家在美国的移民所使用的语言教材,所以通过对此食品的介绍使学生们了解了墨西哥的一部分饮食文化。而三里屯酒吧街上的一家墨西哥风味餐馆外用来写菜单的小黑板上赫然写着"taco"一词。这个巧合使学生们对课本增添了不少兴趣。因为他们发现自己在课堂里学到的东西在实际生活中有了用武之地。可如果教师平时没有注意积累和搜寻文化方面的信息，略过这个词不讲，也就失掉了激发学生兴趣的机会了。

在 New Standard 初二下册的课本中，在 "Around the world" 部分中介绍了两个节日——"St. Patrick's Day"，"Burns' Night"。笔者对这两个节日都进行了讲解。在"St. Patrick's Day"中出现的吉祥物"shamrock"（三叶草）和爱尔兰的吉祥色"green"都出现在了 Harry Potter and the Goblet of Fire 中。学生们都为他们通过学习而能像 native speaker 那样看懂了书中和电影中所包含的文化意义而兴奋。爱尔兰旅游局在 2008 年 3 月 17 日那天在北京的王府井大街举行了庆祝这一节日的活动。这个巧合又使学生感到课本上的知识是多么有用。"Burns' Night"所纪念的苏格兰诗人 Robert Burns 正是"Auld Lang Syne"（New Standard 初二下册 Module 8 课文中出现）这首歌的作者。学到这里，学生们恍然大悟。"Burns' Night"中的苏格兰传统食品 Haggis 则是一个塞满了羊杂碎，燕麦，羊板油，高汤，烟囱，香料的小羊肚，外观长圆形，黑乎乎的。（李梦苏，2006，237）而美国电影"国家宝藏（Ⅱ）"中，男主人公在大闹白金汉宫时也喊道"Haggis"这个词。学生们就知道了这部分台词所讲的到底是什么意思了。

由此可见，讲授文化部分的内容不但不会耽误语言知识的学习，而且会使学生们意识到英语是一门很实用的科目，从而产生我要学的愿望。而这样的学习才是事半功倍的。英语教师一定要做足文化学习的功课。

以上就是笔者对于实现英语教学中的高效课堂的时间和一些体会。在"学习目标，形成性评估与高效课堂"这本书的指导下，笔者还会继续实践和研究下去。

李楠／文

Reference

1. Rowling J. K. Harry Potter and the Philosopher's Stone1997 Bloomsbury Publishing Plc, London Great Britain

2. Morgan Gareth The Ever Changing English Language, Studio Classroom 2004 空中英语教室杂志社，吉林长春

3. Klein Amy The other English Speakers, Studio Classroom 2003 空中英语教室

杂志社,吉林长春

4. Cynthia Dermody I canremember,Reader's Digest 2008 上海普知杂志社,上海

5. 康文凯,蒋倩译 My Early Life by Winston Churchill 1998 江苏人民出版社,南京

6. 韩良忆墨西哥——玉米,豆子和辣椒,Traveler 2005 Trends Traveler Magazine,北京

7. 李梦苏,爱丁堡——文学之城,Traveler 2006 Trends Traveler Magazine,北京

体会科学研究方法和思路，
在真实情境中构建生物学核心概念

—— 记一节概念课《伴性遗传》的前后教学比较与思考

《普通高中生物课程标准》中明确提出："发展学生的科学素养与人文精神、创新精神与实践能力。更强调学习是一个主动建构知识、发展能力、形成正确的情感态度与价值观的过程。课程的基本理念是：提高生物科学素养；面向全体学生；倡导探究性学习；注重与现实生活的联系。"

建构主义认为，知识不是通过教师传授得到，而是学习者在一定的情境即社会文化背景下，借助其他人（包括教师和学习伙伴）的帮助，利用必要的学习资料，通过意义建构的方式而获得。学生要成为意义的主动建构者，就要求学生在学习过程中从以下几个方面发挥主体作用：（1）要用探索法、发现法去建构知识的意义；（2）在建构意义过程中要求学生主动去搜集并分析有关的信息和资料，对所学习的问题要提出各种假设并努力加以验证；（3）要把当前学习内容所反映的事物尽量和自己已经知道的事物相联系，并对这种联系加以认真的思考。教师要成为学生建构意义的帮助者，从以下几个面发挥指导作用：（1）激发学生的学习兴趣，帮助学生形成学习动机；（2）通过创设符合教学内容要求的情境和提示新旧知识之间联系的线索，帮助学生建构当前所学知识的意义；（3）教师应在可能的条件下组织协作学习（开展讨论与交流），并对协作学习过程进行引导使之朝有利于意义建构的方向发展。

生物学科是一门实验学科，很多生物学的核心概念都是基于实验的基础之上总结归纳得出的。《伴性遗传》这节课是以人类遗传病为例，总结得出伴性遗传的概念和特点的。与以往的概念得出又不尽相同，因为伦理道德等方面的约束，对人类遗传病的研究不能开展大量重复的实验研究，而是基于现有的真实资料进行调查分析，从而总结归纳出伴性遗传这一核心概念。通过这节课的学习，让学生体会研究人类遗传病与其他动植物不同的研究方法,体会科学家一样的研究方法和研究思路;培养学生的理性思维,及追求实证,敢于质疑,不断探究的科学研究精神。并对学生进行生命教育,正确认识遗传病并科学地进行检测和预防。具体实施情况如下:

一、教学背景分析

（一）教材分析及认识变化

本节课《伴性遗传》是人教版高中生物学教材《遗传与进化》第 2 章第 3 节内容。这节课是在学完孟德尔的遗传定律和摩尔根的果蝇杂交实验之后的一节有关性染色体上基因传递规律的新的概念课。这节课在以往的教学过程中,一般是先给出伴性遗传的概念,然后据血友病、红绿色盲等遗传病的遗传图解和家系图进行分析,总结出伴性遗传的特点。但这样的设计,并没有体现学生为主体的主动建构知识的过程,不能很好地激发学生的学习兴趣,培养学生的理性思维和追求实证的科学探究精神。

（二）学情分析

学生此前通过对孟德尔遗传定律、减数分裂、受精作用、基因在染色体上等知识的学习,已明确性染色体在配子中的分布情况以及基因与染色体的关系及遗传过程。本节知识与学生的生活实际联系较为密切。但尽管学生对红绿色盲的发病情况也有所知,却又不知其遗传的特点和发现研究的过程,此外,学生对伴性遗传与常染色体遗传的区别过多地依赖于对特殊结果的死记硬背(例如,母病子必病,父病女必病等）,没有从本质上理解性染色体上基因的传递规律,导致在综合应用中混淆常染色体遗传和伴性遗传。所以,本节课对以往的教学设计进行了改进。

（三）本节课设想

本节课想引导学生据红绿色盲的调查数据和患者家系图,运用假说演绎的研究方法,揭示其遗传方式、分析其特点,提出伴性遗传的概念。并且深入理解调查遗传病的发病率(在人群中),分析其遗传方式(在患者家系中)的思路,体会研究人类遗传病与其他动植物不同的研究方法,体会科学家一样的研究方法和研究思路;培养学生的理性思维,及追求实证,敢于质疑,不断探究的科学研究精神。并对学生进行生命教育,正确认识遗传病并科学地进行检测和预防。

（四）教学目标

知识与技能：1. 说出伴性遗传的概念。

2. 正确书写伴性遗传的遗传图解。

3. 分析红绿色盲的遗传方式及特点。

过程与方法：1. 获取表格数据信息，得出相应结论。

2. 对社会调查的男女红绿色盲数据进行分析。

情感态度与价值观：1. 能够应用所学知识，解决生活实际问题。

2. 正确看待遗传病，对遗传病进行科学的分析与解释。

（五）教学重点与难点：分析红绿色盲的遗传方式及特点

二、改进前后的教学设计对比

教学环节	改进前	改进后	设计意图或改进原因
创设情境	讲道尔顿发现色盲的小故事；出示红绿色盲检查图。	1875 年，在瑞典曾发生过一起惨重的火车相撞事故——因为司机是色盲患者，看错了信号。 提问：什么是色盲？色盲是谁发现的？ 请大家阅读资料 1、2、3 资料1：什么是色盲色弱？ 资料2：谁发现了色盲？ 资料3：色盲在哪些职业选择上受限？ 这位火车司机应该是哪种类型的色盲？	由真实事件导入，激发学生的学习兴趣，变教师讲故事为学生自己阅读资料进行分析，得出货车司机是红绿色盲。

续表

教学环节	改进前	改进后	设计意图或改进原因
新课讲解	提问:性别是由染色体决定的,从根本上说是由什么决定的? 基因控制生物性状,性染色体决定性别。那么性染色体上的基因所控制的某些性状表现,与性别相关联的特殊遗传现象称为伴性遗传。如,红绿色盲 提问:大家根据以上我讲的道尔顿的故事能不能推测一下色盲是隐性遗传病还是显性遗传病? 提问:通过以上分析,我们知道人类红绿色盲属于隐性伴性遗传病,红绿色盲基因为隐性基因(b),与之相对应的等位基因(B)为正常基因,控制色盲的基因在 X 染色体上,还是在 Y 染色体上呢? 回答:X 或 Y(如果位于 Y 染色体上,女性就不会有患者) 讲述:经科学家研究发现,红绿色盲隐性基因(b)和与之相对应的等位基因(B)只位于 X 染色体上,Y 染色体由于过于短小而没有这种基因。	(出示色盲检查图)有时体检时,医生也会给我们看这样的检查图,这种检查图有的人能辨别出,有的人辨别不出来,辨别不出来的人的比例大概是多少呢? 我们如何知道? 提问:如何能知道红绿色盲在人群中的概率? 出示三所中学医务室提供的红绿色盲抽样调查数据。 任务 1:请分析色盲在男性和女性中各自的比例及在人群中的比例。并总结遗传病的发病率的计算方法。 提问:通过分析计算出的数据,从发病率来看三所学校有何共同点? 提问:丙中学中调查的数据女性中没有红绿色盲,怎么解释? 据调查,我国男性红绿色盲患者近7%,女性红绿色盲患者近0.5%。 提问:红绿色盲是显性还是隐性基因控制? 位于常染色体上还是性染色体上? 应该找到什么样的资料进行分析?	改进前的教学思路是先给出伴性遗传的概念,然后再通过遗传图解分析红绿色盲遗传的特点。 改进后的教学思路是先通过分析三所中学医务室的调查数据从人群中以抽样调查的方法调查并计算遗传病的发病率;然后根据真实的患者家系图谱分析红绿色盲的遗传方式。最后总结出伴性遗传的概念。

续表

教学环节	改进前	改进后	设计意图或改进原因
	提问:人的正常色觉和红绿色盲有哪些基因型和表现型?哪几种婚配方式:(填表) 分析:各种婚配方式产生的后代的基因型及表现型的比例。 提问:根据以上分析,你能总结出红绿色盲这种隐性伴性遗传病的特点吗? 提问:红绿色盲基因的表现随性别而不同,男患者多还是女患者多呢? (根据图解总结出男多于女) 据统计,我国男性红绿色盲的发病率为7%,请计算女性红绿色盲的发病率为多少? 0.5%。 其他伴性遗传 人类血友病伴性遗传,果蝇眼色的遗传及女娄菜叶形的遗传等都表现出伴性遗传的现象,可见伴性遗传在生物界是普遍存在的。 在伴性遗传中还有伴X显性遗传和伴Y染色体遗传,比如,人类中抗维生素D佝偻病是伴X显性遗传,外耳道多毛、蹼趾及其他的轻微畸形是伴Y染色体遗传。	资料:某红绿色盲家系的部分家系图 家系1 提问:红绿色盲由什么基因(显或隐性)控制?那控制红绿色盲的基因位于哪呢? 任务2: 请推测:红绿色盲基因的位置,并说出理由 提示:分析人类相关疾病不能像果蝇一样做实验,只能分析已有资料。如何找到证据? 家系2 据大量家系调查,发现母亲患病,儿子都会患病。 证据2:Wilson 于 1911 年经过大量系谱分析和血型分析,首次将红绿色盲基因定位于 X 染色体上。 证据3:J Nathans, D Thomas, DS Hogness 将红绿色盲基因分离和克隆,经过基因定位分析后,确认位于 X 染色体上。	分析遗传方式的过程中,对基因的位置判断是一个难点,由学生先提出假说,然后根据实证:从患者家系调查到分子水平的研究,让学生像科学家一样去进行研究分析,从而得出结论。 改进前是根据遗传图解总结伴 X 隐性遗传病的特点。 改进后是根据真实的家系图谱和社会调查数据进行分析总结伴 X 隐性遗传病的特点。

教学环节	改进前	改进后	设计意图或改进原因
		任务3:指导学生书写遗传图解,分析伴 X 隐性遗传病的特点。 我国男性红绿色盲患者近7%,请计算女性红绿色盲患者的理论值。 分析真实的红绿色盲家系图: 提问:红绿色盲为伴 X 隐性遗传,色盲男性的色盲基因来自谁? 色盲男性会把色盲基因传给谁? 出示完整家系图谱 男性的红绿色盲基因由母亲获得,再传给女儿的特点——交叉遗传。 出示血友病的系谱图,总结血友病的遗传特点,与红绿色盲类似,归纳伴 X 隐性遗传病的特点。 X 染色体上除了有隐性基因,还可能有显性基因,Y 上也有相应基因,请分析这些基因控制的性状在遗传中的特点。	改进后据以上各类遗传病的分析,总结伴性遗传的概念。

续表

教学环节	改进前	改进后	设计意图或改进原因
实际应用	解决习题问题	我们能否据以上分析帮助他人解决问题呢? 求助:一位女性因为患红绿色盲,不能考取驾照,她的丈夫色觉正常,她想知道她的孩子是否也会患红绿色盲,你能否帮她进行判断? 如果你是医生,她想生一个健康的孩子你会给她什么建议? 如何尽早发现孩子是否患病? 我国现在还有 4870 万人不能申请驾照! 有没有办法帮他们解决?	改进后应用所学知识,解决实际问题,并且对学生进行生命教育,正确看待遗传病。

三、对教学设计改进前后的几点思考

(一)改变教学思路,像科学家一样思考研究

《伴性遗传》一节以往的教学设计,重点是根据遗传图解和家系图谱对伴性遗传的概念和特点进行总结和分析。这种教学模式对于学生的理性思维和科学探究及生命教育等方面的培养和渗透是不够的。并且,学生并不能真正了解科学家是如何研究遗传病的。

本节课引导学生先从宏观再到微观的逐步深入的角度对遗传病进行分析:先从人群中调查发病情况,计算发病率,然后据红绿色盲的调查数据和患者家系图,及分子生物学方面的证据,运用假说演绎的研究方法揭示其遗传方式、分析其特点,最后提出伴性遗传的概念。体会研究人类遗传病与其他动植物不同的研究方法,体会科学家一样的研究方法和研究思路;培养学生的理性思维,及追求实证,敢于质疑,不断探究的科学研究精神。最后,学以致用,学生能够根据所学知识解决实际问题,并针对学生进行生命教育,正确认识遗传病,科学地进行检测和预防。

(二)创设真实情境,使课堂与现实生活相联系

以往的教学设计是从道尔顿的红绿色盲小故事进行导入,激发学生的学习兴

趣。改进后的教学设计,从瑞典的火车相撞事故导入,让学生对红绿色盲这种遗传病更加重视,更加激发学生想了解红绿色盲的兴趣,并且,能够理解为什么国家规定红绿色盲患者不能申请驾照。最后前后呼应,让学生思考:我国现在还有4870万人不能申请驾照!有没有办法帮他们解决?让学生从人性关爱的角度想办法解决实际问题。

本节课提供了三所学校的红绿色盲调查数据,我国社会红绿色盲的调查数据,真实的遗传病的患者家系图谱,及科学家对红绿色盲基因进行定位的真实研究证据,目的是想让学生体会科学家一样的研究方法和研究思路,培养学生的理性思维,及追求实证,敢于质疑,不断探究的科学研究精神。

(三)小组合作学习,让同伴之间相互促进

科学探究学习并不是专门给那些学有余力的学生准备的,而是面向所有学生、不分性别的。但是,学生之间的学习能力千差万别,如果只在一个层次上让同学们参加没有差别的科学探究学习的话,学习能力较差的学生就可能会逐渐因为脑力不支而打退堂鼓,而学习能力较强的学生也未必能够对这些他已经熟悉了的活动感兴趣,所以也会选择退出。比较困难但又必须要解决的问题就是如何让每个学生都感受到体验科学的乐趣,特别是那些在科学探究学习方面不太积极主动的学生,他们更加害怕的不是受到教师的批评,而是学习过程中感受到教师、同学的冷落而孤独无助。所以,小组合作探究无疑是一个很好的学习方式,它可以把不同层次的学生进行分组,然后能力强的和弱的同学可以一起进行讨论,互相分享自己的观点,这样,强的带动弱的,既使强的有成就感,又使弱者有所提升,提高了全员的参与度和积极性。

哈佛大学的一项调查显示:对学生学习影响最大的因素中排第一的是挑战性的课程,同伴间的智慧分享是排第二位的。本节课,将学生分为5组,利用学校生物情景教室的资源,让学生分组讨论,每组一块黑板,可以将讨论的结果书写到黑板上,这样既使小组内成员间进行交流,也可以让组与组之间进行互评和借鉴,实现了同伴间的相互交流分享,促进了学生的共同进步。

四、课后进行问卷调查,及时了解学生的学习效果

为了及时了解教学效果,进行反思,本节课之后对全班30名同学进行问卷调查(以下为问卷的部分内容及统计结果):

1. 针对本节课，请你对以下内容进行评价。

1. 所学内容的掌握程度：①非常好(12 人) ②比较好(16 人) ③一般(2 人) ④比较差(0 人) ⑤非常差(0 人)

2. 老师对课堂互动过程的组织、引导：①非常好(21 人) ②比较好(8 人) ③一般(1 人) ④比较差(0 人) ⑤非常差(0 人)

3. 老师所提问题是层层深入的：①非常符合(24 人) ②比较符合(6 人) ③不确定(0 人) ④不太符合(0 人) ⑤非常不符合(0 人)

4. 老师用学生提出的问题或作业等展开教学：①经常(21 人) ②偶尔(9 人) ③很少 (0 人) ④几乎没有 (0 人) ⑤没有(0 人)

5. 老师鼓励和支持学生参与课堂互动：①经常(29 人) ②偶尔(1 人) ③很少(0 人) ④几乎没有(0 人) ⑤没有(0 人)

6. 教学互动的效果：①非常好(19 人) ②比较好(9 人) ③一般(2 人) ④比较差(0 人) ⑤非常差(0 人)

2. 请对你本节课上的表现进行评价。

1. 很专注：①经常(27 人) ②偶尔(2 人) ③很少(1 人) ④几乎没有(0 人) ⑤没有(0 人)

2. 心情愉悦：①经常(28 人) ②偶尔(2 人) ③很少(0 人) ④几乎没有(0 人) ⑤没有(0 人)

3. 心不在焉：①经常(2 人) ②偶尔(4 人) ③很少(8 人) ④几乎没有(12 人) ⑤没有(4 人)

4. 我积极参与课堂学习活动：①经常(23 人) ②偶尔(5 人) ③很少 (2 人) ④几乎没有(0 人) ⑤没有(0 人)

5. 学习新内容时我很紧张：①经常 (3 人) ②偶尔(14 人) ③很少(5 人) ④几乎没有(6 人) ⑤没有(2 人)

6. 遇到困难时我很焦虑：①经常(4 人) ②偶尔(15 人) ③很少(6 人) ④几乎没有(2 人) ⑤没有(3 人)

7. 回答不出问题时我感到很受挫：①经常(4 人) ②偶尔(13 人) ③很少 (5 人) ④几乎没有(3 人) ⑤没有(5 人)

3. 课堂上，你主动向老师提问的次数：①很多(2 人) ②比较多(4 人) ③一般

(12 人)④比较少(10 人)⑤很少(2 人)

4. 你对老师安排的课堂互动满意吗？①很满意(16 人)②比较满意(13 人)③不太满意(1 人)④非常不满意(0 人)

此外,还对听课的 5 位教师进行了问卷调查!（以下为问卷的部分内容及统计结果）：

1. 请您对本节课课堂互动的总体水平进行评价。

①非常高 ②比较高 ③一般 ④比较低 ⑤非常低

2. 请您对本节课课堂互动的满意度进行评价。

①非常满意 ②比较满意 ③一般 ④比较不满意 ⑤非常不满意

3. 请您对本节课上学生课堂投入的满意度进行评价。

①非常满意 ②比较满意 ③一般 ④比较不满意 ⑤非常不满意

4. 请您对学生的课堂投入水平进行评价。

1. 思维参与 ①非常高 ②比较高 ③一般 ④比较低 ⑤非常低
2. 情感参与 ①非常高 ②比较高 ③一般 ④比较低 ⑤非常低
3. 行为参与 ①非常高 ②比较高 ③一般 ④比较低 ⑤非常低

5. 请您对教师课堂互动有效性进行评价。

1. 知识与技能目标的达成：①非常好 ②比较好 ③一般 ④不太好 ⑤非常差
2. 过程与方法目标的达成：①非常好 ②比较好 ③一般 ④不太好 ⑤非常差
3. 情感、态度和价值观目标的达成：①非常好 ②比较好 ③一般 ④不太好 ⑤非常差
4. 对课堂互动过程的组织、引导和监控：①非常好 ②比较好 ③一般 ④不太好 ⑤非常差
5. 互动内容的内在逻辑性：①非常好 ②比较好 ③一般 ④不太好 ⑤非常差
6. 对学生生成资源的利用程度：①经常 ②偶尔 ③很少 ④几乎没有 ⑤没有
7. 对学生生成资源的利用效果：①非常好 ②比较好 ③一般 ④不太好 ⑤非常差
8. 鼓励和支持学生参与互动程度：①经常 ②偶尔 ③很少 ④几乎没有 ⑤没有
9. 鼓励和支持学生参与互动效果：①非常好 ②比较好 ③一般 ④不太好 ⑤非常差
10. 互动的整体效果：①非常好 ②比较好 ③一般 ④不太好 ⑤非常差

调查结果显示,学生对这节课的内容掌握得比较好,课堂互动的效果也非常好,教师对问题的设置也得到学生听课老师的充分肯定。学生上课很专注,心情

也很愉悦,能够积极参与到课堂中来,对老师安排的课堂互动比较满意。并且本节课除了对学生进行知识和能力的培养,还非常注重对学生的情感教育。但有一点需要更好的改进,即今后还应该多鼓励学生主动向老师提出问题,并且抓住学生在课堂生成的问题,促进学生更积极的思考。

综上所述,学生还是比较喜欢这样的体验探究合作式的教学模式的。通过这节课的学习,无论是对相关知识的理解,还是获取信息及分析能力等方面的提升都达到了很好的效果。

苏霍姆林斯基曾说:"在人的心灵深处都有一种根深蒂固的需要,这就是希望自己是一个发现者、研究者、探索者。"在真实的情境中进行学习和探索,并且能够将所学知识加以应用,解决实际生活中的问题,这种体验式教学是我在今后的教育教学中要努力的方向。

吕琳/文

参考资料:

1. 普通高中课程标准实验教科书生物必修2 遗传与进化 教师教学用书. 人民教育出版社,2010.5.

2. 中华人民共和国教育部. 普通高中生物课程标准(实验). 北京:人民教育出版社,2003.4.

课堂思维进阶

——做学生思维台阶的设计者与引导者

拿到今年学校下发的寒假阅读书籍,心里很高兴。因为学校能够有的放矢地为我们教师提供专业"充电"的资源,实在是非常感谢。下面我想结合《课堂是一种态度:从"教学认识论"到"教学诠释学"》与《加拿大英语文学》这两本书谈谈自己的读后感。

首先打开《课堂是一种态度:从"教学认识论"到"教学诠释学"》,作者杨四耕写在前面的话里说"课堂式一种态度,与知识无关"。前半句我非常认同,后半句我觉得值得商榷。我认为,课堂既是态度的空间表达,又是知识的传播场所。这两者你中有我,我中有你,相辅相成,缺一不可。我认为作者写这句话的意图在他认为课堂中态度是最重要的一点。这一点我认同,学生的思维活动就是在老师严谨科学的教学态度中潜移默化地被训练。正如书中所说:"个性全面发展的人是知识丰富的人,但知识丰富的人不一定是个个性全面发展的人。"这句话仿佛是数学中的必要不充分条件,过得去却回不来。在我担任八十中学白家庄校区初一(6)班班主任的过程中我深深地体会了这一点。有些时候,当我的学生们遇到语文或者数学问题的时候,我都会尽我所能帮助他们解题,如果我们在一起不能够得到非常满意的答案,我会鼓励他们形成小组,集思广益,一起解决难题。也许我并不是专业的语文教师或数学教师,但是,我确实用我的态度感染了孩子们,让他们在这个班集体里体会到勤奋刻苦钻研的学风。在教授英语的课堂上,我重视学生们文化素养的培养,而知识,就在文化素养的培养中润物细无声般地教授给学生。例如,加拿大作家 Yan Martel 的小说在几年前被华人著名导演李安搬上了大荧幕,故事非常精彩,画面也十分绚丽,当年吸引众多的学生去观影。当时我教授的是初二的一个班,我就巧妙地将这个电影作为话题引入在某一课中,结果收获了非常好的效果,孩子们畅所欲言,纷纷叙说自己的感受。这样做,一方面带动了课堂的气氛，另一方面使师生关系更加和谐，并且贴近时代。我国第一部教育专著古训《学记》中曾经记载："亲其师信其道。"学生与身为教师的我亲近，有利于他们在我的课堂上主动学习更多的知识，这就是《课堂是一种态度》中作者所倡导的"态度"吧。

　　想要成功地在课堂上给学生们搭好"梯子"，让他们的思维能够螺旋式上升，并且能够超越老师，就不得不提到几个教育心理学家的理论。在布鲁姆的教育目标分类学中，区分了认知、情感和动作技能等领域。这些都说明了在教学中除发展智力以外，非智力因素的发展同样是非常重要的。另外一位心理学家加涅（Gagne）根据学习结果对学习也做了分类。他认为，学习结果就是各种习得的能力或性情倾向，分为五种类型，分别是：（1）言语信息；（2）智慧技能；（3）认知策略；（4）态度；（5）运动技能。为什么这些心理学家都提到了知识与智力之外的因素呢？这引发了我的深思。我还记得有一次给孩子们讲授英语国家打招呼的课堂上，顺便就给孩子们讲了英伦三岛之间的区别以及如何称呼英国人。当时我在黑板上画了英国以及北爱尔兰的地图，并且很诙谐地告诉孩子们这"两个豌豆"就是英国与爱尔兰。然后我介绍了大不列颠及北爱尔兰联合王国的组成部分：英格兰、威尔士、苏格兰以及北爱尔兰。然后我问了孩子们一个问题："如何称呼一个英国人？"孩子们不假思索地说："Englishman。"我并没有立即评价，而是笑了笑，用英语告诉孩子们如果这样称呼一个威尔士人或者苏格兰人或者北爱尔兰人，他们会非常生气。这个时候我立即给孩子们创设一个情景，在某个对外活动中，他们遇到了一个外国人，他们想问问对方是不是英国人。这个时候应该怎么表达呢？孩子们在这个时候都比较疑惑。明明教科书上书后单词表里写的是 English 或 Englishman 作英国人讲，为什么这个时候不宜用这两个单词中的任意一个呢？这个时候他们的思维开始活跃，我给了他们几分钟讨论一下，并且提示他们中国也有很多的省份，我们都是中国人，但是当你通过口音等其他因素问对方是哪个地方人的时候，如果不正确对方会纠正你。孩子们都有点想法了。经过讨论，他们仿佛知道英国这个国家分为不同的区域，不同区域的人有自己的称呼，虽然他们都是英国人，但是不能统一称作 English 或者 Englishman。这个时候，我看准时机，在黑板上将英国分成不同的区域，然后告诉他们不同区域的人的称谓。并且让他们知道"English"或者"Englishman"更准确地来讲应该是"英格兰人"。而在欧洲杯期间，英格兰队、苏格兰队和威尔士队之间的比赛都非常激烈和精彩，他们虽然属于一个国家，可是对于自己的民族认同感是非常强烈的。孩子们这个时候对这个话题产生了极大的兴趣。接着我趁热打铁,让他们在课下继续研究这个话题外延的部分,例如英国不同区域之间风俗的不同,英格兰人如何称呼苏格兰人,而苏格兰人又如何反击英格兰人。这些都让孩子们在探索的过程中对英语这门学科产生了浓厚的兴趣。同时,他们的思维得到了广度的延伸和深度的提升。

班杜拉(Albert Bandura,1925—)认为儿童通过观察他们生活中的重要人物的行为而学到社会行为,这些观察以心理表象或其他符号表征的形式储存在大脑中,来帮助他们模仿的。我认为,学生们在课堂上就是把老师视为"重要人物",因此老师的一言一行都影响着学生。当学生没有独立思考能力的时候,他们会不过滤不选择地模仿老师的行为;而当学生们拥有独立的思辨能力的时候,他们就会适当地取舍,并且对于老师的言谈举止做出自己的判断。老师的作用在课堂上是非常大的,他们在传道授业的同时,还需要带着学生们去体验学习,另一方面,他们还需要自己真切地去体验,这样教学就不会沦为照本宣科和纸上谈兵,而课堂也就更加鲜活,学生们能够在课堂上收获的也就更多。正如《课堂是一种态度》中所说:在教学中,体验是对事物的真切感受和深刻理解的基础上对事物产生情感并生成意义的活动,它与人的生命活动相伴随,在终极意义上,是人的存在方式。结合上面提到的心理学家班杜拉的"交互决定观(reciprocal determinism)",基本的原理如图二。

学生在课堂这个环境中的行为与教师的行为相互作用,最终互相影响,因为思维的碰撞,而思维的台阶也就在同时建立起来。这里我想介绍一个自己课堂的实例来佐证:有一节课,我和学生们分享了一个很有名的英国作家 Lewis Carroll 的童话作品 Alice's adventures in Wonderland. 课堂上我带着孩子们将语言的基本知识疏通之后,我们一起做角色扮演的游戏。我们中有的人戴上滑稽的大帽子,变成了一只猫;有的披上了斗篷,成为了拥有法术的骑士;而我作为老师,扮演了一棵大树。我们都非常高兴。课堂气氛非常活跃,孩子们的英语语音语调也在做游戏的同时得到了非常大的提高。我认为,我的参与本身就是一种"态度",而这种"态度",而这种"态度"让孩子们感受到了我愿意和他们一起体验过程,一起探索未知的平等观念,进而收到了比较好的教学和学习效果。

感谢学校提供的书籍。开卷有益,每一次都感到受益匪浅。

肖宁/文

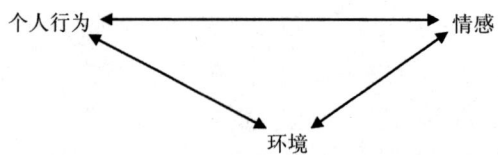

个人行为　　　　　　　　　　情感

环境

图一

三角形有关角的综合应用——五角星

教学目标：

1. 复习探究进一步巩固三角形有关角的知识。

2. 探索过程中，体会推理的必要性，训练说理能力。

3. 在探索的学习活动中感受成功，建立自信，体验数学学习活动充满着探索与创造，在学习活动中学会与人合作与交流。

4. 在"一题多解、一题多变、一题多问"中感受数学的魅力，并进一步提升学习兴趣。

教学重点：三角形有关角知识的综合应用

教学难点：学会有条理地思考和说理表达，学会多角度思考数学问题

教法学法：1. 教法据学生年龄特征，本着从"感性认识到理性分析"的思想确定先复习基础知识，以生活中常见的五角星为研究对象，深入挖掘知识的应用空间。

2. 学法为主动·探究·合作，从而让学生充满自信与创造，能个性化地表达自己的思想，让思想互相碰撞、相互补充、拓展思维、达成共识，在互动中理解个人与集体智慧的价值。

教学过程设计：

(一)复习巩固、强化知识

1. 已知如图 1：AB 与 CD 交于点 O

$\angle C = 50$ 度 $\angle B = 60$ 度，

则 $\angle A + \angle D = $ _____ 度

设计目的：巩固三角形三内角和知识，也渗透了如上图这个基本图形：$\angle A + \angle D = \angle B + \angle C$.

2. 已知如图 2：直角三角形 ABC 中，

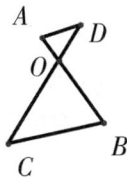

图 1

$\angle C = 90$ 度,$\angle BAC = 60$ 度,

则 $\angle 2 =$ _____ 度

设计目的:由此带出另一个定理:三角形的一个外角等于与它不相邻的两个内角的和。

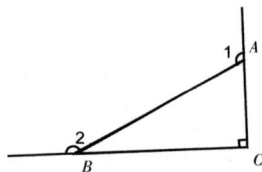

图 2

3. 如上题,其他条件不变,当 A,B 分别

沿在射线 CA,CB 上滑 动 时,如图 3 $\angle 1 + \angle 2 =$ _____ 度,为什么?

设计目的:由此题初步渗透运动观点,也渗透一题多种不同的解题思路。

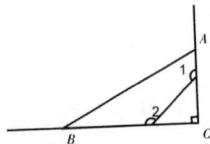

图 3

(二)思维体操,创设情境

如图 4 – 1 是我们大家非常熟悉的我国国旗图案,我国的国旗上有五颗美丽的五角星,你知道每一颗五角星的五个角度数之和是多少吗?

图 4

要回答这个问题不难,因为国旗上每一个五角星都是正五角星,如图 4 – 2 所示,它的每一个角都是,即 $\angle A = \angle B = \angle C = \angle D = \angle E = 36°$,故有 $\angle A + \angle B + \angle C + \angle D + \angle E = 180°$.

探究(一)如图 5,在一般的五角星中上述关系还成立吗?写出你的结论,并简要说明你的理由(下面给同学们五分钟时间独立思考,再本组同学交流你们各自的思路和方法)

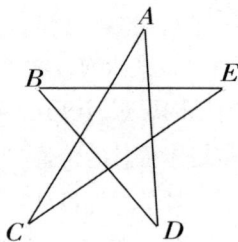

图 5

预设思路方法 1:

$\angle AGB = \angle B + \angle D$,$\angle C + \angle E = \angle AFE$,$\because \angle A + \angle AFE + \angle AGB = 180°$,$\therefore \angle A + \angle B + \angle C + \angle D + \angle E = 180°$,$\therefore$ 五角星内角和为 $180°$。

预设思路方法 2:(如图

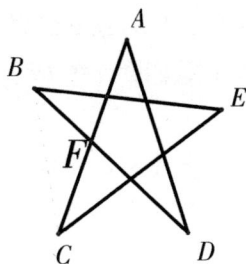

图7

$\angle E + \angle EBD + \angle ECA = \angle BFC$，$\angle A + \angle D = \angle DBC + \angle ACB$，$\because \angle BFC + \angle DBC + \angle ACB = 180°$，$\therefore \angle A + \angle B + \angle C + \angle D + \angle E = 180°$，

$\therefore$ 五角星内角和为 $180°$

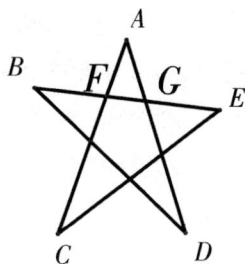

图6

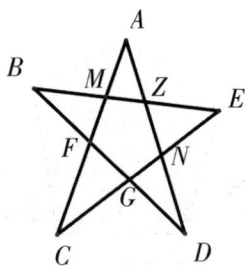

图8

预设思路方法3：

利用多边形内角和，五边形内角和540°，对顶角相等，所以 $\angle BMA = \angle EMC$，$\angle BFC = \angle AFD$，$\angle CGD = \angle BGE$，$\angle DNE = \angle ANC$，$\angle EZA = \angle BZD$，用 $540 + 540 = 1080°$，又因为多加了五个三角形的内角，所以用 $1080 - 180 \times 5 = 180°$。

设计目的：通过此探究，让学生进一步体会"一题多解"，同时也收获交流后带来的新方法和新思路对自己的启发。

探究（二）【变式1】当 A 向下移动到 BE 上时（如图8），五个角的和（$\angle CAD + \angle B + \angle C + \angle D + \angle E$）有无变化？

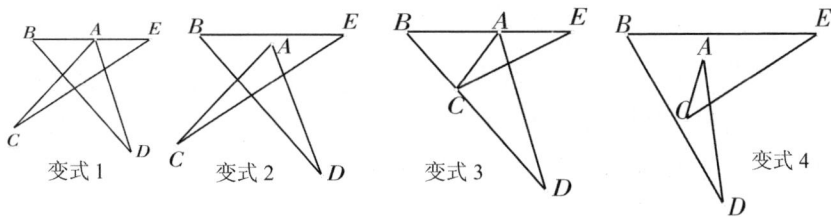

变式1　变式2　变式3　变式4

图8

【变式2】当点 A 进一步向下移动至如图所示的位置，五个角的和（$\angle CAD + \angle B + \angle C + \angle D + \angle E$）有无变化？

【变式3】将 A，C 同时移动至如图所示的位置，五个角的和（$\angle CAD + \angle B + \angle ACE + \angle D + \angle E$）有无变化？

【变式4】将 A，C 同时移动至如图所示的位置，五个角的和（$\angle CAD + \angle B + \angle ACE + \angle D + \angle E$）有无变化？

对于上述四个变式，五个角的和都没有变化。事实上，对变式1、2，我们仍都连结CD，5个角的和等于$\triangle ACD$的三个内角的和；对变式3、4，我们都连结DE，5个角的和等于$\triangle BDE$的三个内角的和。

设计目的：通过此探究，让学生进一步体会"一题多变"，使学生学会抓住事物的变与不变，感受运动变化的观点，学会分析事物的本质。掌握几何学习中的基本图形。

探究（三）【变式5】如图9五角星的一个角裂开为两个角请求

$\angle A + \angle B + \angle C + \angle D + \angle E + \angle F$ 的度数

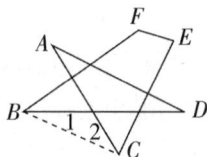

图9

对于变式5，我们连结BC，如下图9，则 $\angle A + \angle D = \angle 1 + \angle 2$，这样六个角的和等于四边形$BCEF$的内角和.

设计目的：让学生在学以致用，及时反馈。

思考与练习：

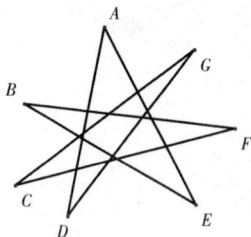

图10

如图10：求七角星$\angle A + \angle B + \angle C + \angle D + \angle E + \angle F + \angle G$的角度和。

我们连结BG, DE，如图11，可得

$\angle A + \angle B + \angle C + \angle D + \angle E + \angle F + \angle G = 180°$

设计目的：灵活运用今天所学习的知识和数学方法，既锻炼学生学习运用能力，同时又考察同学应变能力，不能落于机械的变式练习中。

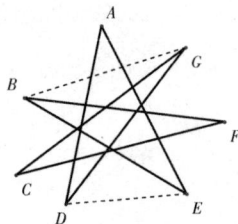

图11

板书设计

课题：三角形有关角综合应用—五角星

1）三角形三个内角和为180°

2）三角形一个外角等于与它不相邻的两内角和。

基本图形：

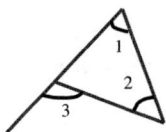 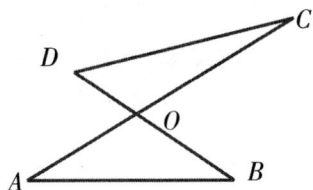 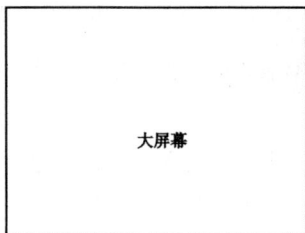

图1   图2

教学反思:

本学年我担任初一(7)(9)数学教师,学生思维活跃,数学基础知识扎实。为此我开始了一个教育科研,在教学中让学生学会"三多:一题多解、一题多问、一题多变"。在研究这个问题,我需要看波利亚的怎样解题理论,我需要看我区数学特级教师郭璋先生的一题多解、一题多问、一题多变的研究成果。看了这些前辈的文章让我受益匪浅,并逐步实施,亲身实践,本节课算是我进行课题探究的一个实例。

与此同时,我还想在适当时机锻炼学生的表达能力和组织能力,即在有些适合学生主讲的课堂我放手让学生主讲,我在一旁做必要的补充和完善,本学期这样的课堂有十多次了,主讲学生积极准备,听讲同学热情积极,效果良好。

这节课我针对学生特点,依据新课标倡导的"义务教育阶段的数学课程应突出体现基础性、普及性和发展性,使数学教育面向全体学生,实现:人人学有价值的数学;人人都能获得必需的数学;不同的人在数学上得到不同的发展"基本理念,针对我班学生的实际情况制定教学目标。然后和主讲同学一起精心准备,一起做课件,一起预设可能出现的情况,怎样合理板书等等。

教学内容的编排,本节课是学习三角形有关角的实际应用,所以必须以生活实际为依托,不能再拘泥于传统的习题,我选择了从国旗出发研究五角星五个角及其拓展,从提出问题到解决问题,以及深入探究,始终围绕"学数学,用数学,让学生体会到有价值的数学,以及数学素质的培养",这个中心编排,启迪学习动力,激发学习热情,通过学生对问题的研究和讨论,提高了学生分析问题解决问题的能力,加大了学生参与的力度,体现双主题。

教学过程为学生提供了讨论探究的空间,为学生提供了动脑、动手、动口、观察的机会,创造了学习情景,从问题的提出到问题的解决,从课堂练习到反馈检测，打破了常规的教学模式，注重了知识形成过程的教学，教学过程中，做到有意识地启迪学生的思维，调动各类学生学习的积极性，从而实现教学目标。

美中不足的是因为这节课是拓展知识，在有些同学快速作答的同时又个别同学思维没有跟上，动笔的机会有些欠缺。

下面是主讲同学的上课心得摘选：在本学期，我很荣幸为同学们上了一节课。当小老师，我不是第一个；因此便多了些许经验。自以为课讲得还算成功，达到了三角形复习课的效果吧！

数学杨老师提出了思路，本着"一题多解""一题多变""一题多问"的原则，用五角星来开拓同学们的思维。可以说，这节课的框架来源于老师，而细节的丰富则是自己完成。

……以上这些比较有个性的思路，充分体现出班中同学思维的活跃性。当老师，我收获颇多。原来数学也可以是在教别人时提高的。

杨根深/文

是宿命还是必然？

　　这次寒假读书活动生物组的专业书籍是《细菌、枪炮和钢铁》。细细品读，确实是一本好书！原因如下。

　　首先，书籍的作者是一位学科综合性很强的专家：贾雷德·戴蒙德，加利福尼亚大学洛杉矶分校医学院生理学教授以生理学开始其科学生涯，进而研究演化生物学和生物地理学，被选为美国艺术与科学院、国家科学院院士、美国哲学学会会员，曾获得麦克阿瑟基金会研究员基金及全国地理学会伯尔奖，在《发现》《博物学》《自然》和《地理》杂志上发表过论文 200 多篇。

　　其次，贾雷德·戴蒙德从不同于历史学家、人类学家的角度提出了自己对人类文明发展与演替的新观点与解释。如果用一句话来描述这本书的主旨，就是如作者所说的："不同民族的历史遵循不同的道路前进，其原因是民族环境的差异，而不是民族自身在生物学上的差异。"作者试图对世界各地各个民族迥异的发展轨迹做出穷根究底的解释。在本书中，作者提出并回答了两个问题：1. 为什么是欧亚大陆的人征服、赶走和奴役大批的印第安人、澳大利亚人和非洲人，而不是相反？2. 为什么在欧亚大陆内部会产生分化，本来引领世界发展的新月沃地和中国为什么会被欧洲所赶超和欺凌，而不是相反？作者尤其对于第一个问题做出了浓墨重彩的描述。在这部开创性的著作中，演化生物学家贾雷德·戴蒙德揭示了事实上有助于形成历史最广泛模式的环境因素，从而以震撼人心的力量摧毁了以种族主义为基础的人类史理论，因其突显出价值性和重要性。

　　在回答第一个问题前，作为生物学家，这个问题更应该探讨：为什么小麦和玉米、牛和猪以及现代世界的其他一些"不了起的"作物和牲畜出现在这些特定地区，而不是其他地区？作者的分析基调是：这一切的发生都是一种必然而非偶然。

　　在人类产生的最初时期，各个大洲的风貌基本一致，但是由于客观环境的不同，随后几万年中不同大洲的发展截然不同。作者对于第一个问题的分析的逻辑是这样的:欧亚大陆具有比其他大陆更多的可驯化的动植物→这导致了欧亚大陆可以有比其他大陆更大规模的人口,驯化动物的过程也导致了欧亚大陆的人民对于一些病菌的抵抗力更强以及对后来证明在战中相当有效的马匹的使用→由于粮食的生产避免了游牧而可以定居,这又导致了文字的产生→由于前面的积累又容易形成复杂的政治结构和脱离劳动的统治者和各种技术人员→欧亚大陆横向的地理特征比起其他大陆纵向的地理特征更易于技术和文明的传播和交流。据此,欧亚大陆人类定居时间长的领先优势;欧亚大陆客驯化的野生植物尤其是动物的资源比较丰富而引起的比较有效的粮食生产;以及欧亚大陆范围内对传播交流的物理和生态障碍并非那样难以克服这几个方面的原因就造成了欧亚大陆对于澳非拉的领先。就是说,非洲和欧洲的不同历史发展轨迹归根到底来自它们之间的"不动产"的差异。各大陆民族长期历史间的显著差异,不是由于这些民族本身的天生差异,而是由于他们环境的差异。作者对他自己提出问题的分析充分展示了社会发展中的马太效应:各个大洲社会发展的不同的最根源是不同位置的自然禀赋的差异,最原始的差异导致了后来发展的迥异,可谓是"失之毫厘,谬以千里"。正如亚当斯密所说"钱生钱,而如何获得第一桶金是一个重要的问题"。人类社会的发展有时就像是一个经济模型一样,结论自然地隐含在假设条件中,特别的开端自然产生某种结果。所以可以这样说,欧亚大陆领先于澳非拉,是在最开始就决定好了的,如果时光倒退几万年,能有超能力把欧亚大陆的居民和澳非拉的居民相互调换一下,今天的结局仍然不会改变。

即使如此,作者仍然提出了另一个问题,为什么同样位于亚欧大陆,欧洲能够后来居上赶超中国和中东呢? 作者在这里没有过多的展开,但是他给出的解释是由于中国一直是一个大一统的中央政权,这种政权发展到一定阶段就会阻碍技术和科学的进步,而欧洲分割的势力却能很好地产生竞争和社会发展的动力。也就是说社会发展中的禀赋优势并非会一直持续下去,在某个阶段却会尾大难掉,产生适得相反的结果。换句话说,曾经让你成功的某种惯性恰恰是以后失败的根源。至此作者基本完成了对于他提出的问题的描述和分析。

书中的图表包罗万象,既有各个大洲可以驯化的动植物的种类,也有最古老的书写文字的种类和演进,还包含远古人类的洲际迁移线路,更难得可贵的是对于每一事件都配备了最大限度精确的时间刻度。这些形象客观的数字充分反映了作者知识的广博和精深,更说明了作者为本书的撰写所付出的巨大努力。

有评论这样描述这本书:本书是理解人类社会发展史方面的一个重大进展,

它记录了现代世界及其诸多不平等所以形成的原因,也是一部真正关于全世界各民族的历史,是对人类生活的完整一贯的叙述,娓娓道来,具有很强的可读性。本书荣获1998年美国普利策奖和英国科普书奖,并为《纽约时报》畅销书排行榜作品。

可是问题似乎仍没有穷尽,又是什么原因会使得欧亚大陆取得对其他大陆的禀赋优势呢?是由于某种因缘际会使得欧亚大陆比澳非拉多了那么一点点,还是一切本就是一出安排好的剧目,道具和场幕早已存在?

贾雷德·戴蒙德在《细菌、枪炮和钢铁》一书中提出的空间隔离、各自进化、出现差异、远端入侵……引起了我对时间上的隔离会造成何种影响的关注:

"许多穿越者认为注射了疫苗就算万事大吉,但是我们的研究表明并非如此,"纽约大学公共卫生学院的塞梯斯·索尔克说。索尔克最近和同事在《新英格兰医学杂志》上发表了一篇论文。这篇论文表明了许多穿越者感染的病原体非常不同于今天的。"它们的遗传结构的差异如此之大,以至于可以认为今天的疫苗很难发挥作用。"他指出,造成这种情况的恰恰是由于造就了人类本身的一个过程:进化。随着一代一代的变异被积累和选择出来,各种生物都在发生着进化。然而人类的世代更替速度远远赶不上病原体。"我们的鼠疫疫苗也许能对付20世纪的鼠疫,而结核病疫苗很可能对30年前的患者无效,"索尔克说,"更不要说18世纪的病原体。"索尔克的研究组从超过500名穿越者身上收集到了20种传染病病原体的样本,然后用它们感染了猕猴。结果,超过80%的主流疫苗没能引起被感染猕猴的免疫应答。他们甚至还分离出了一种此前科学家从未发现的病原体。这种病原体被命名为穿越热杆菌。

在于其他生物老师的交流分享中,有的老师谈到:我们可以在所处的时空内部三六九等的区分差别,但目前不能跨越到另一个空间层级……

陈宇红/文

让智慧在作业中飞翔

——物理探究作业的选取与布置

作业是教学工作中的一个重要环节,是衡量教学效果的有效手段,是学生巩固知识,提高能力,收获成功的平台,作业的重要性不言而喻。那么该如何设计布置作业,怎样才能使作业更科学合理、更有效?《有效的教学》这本书给了我很大的启示:作业设计要以课程标准和教材为依据,与教学内容的重点和难点相结合,体现因材施教的原则;要注意收集作业资料,精选学生作业,以提高作业的效用;更要加强研究学生,结合学生实际,提高学生的作业兴趣。

下面就几个教学实例对日常教学中作业的布置谈一二:

(一)"电磁感应定律"实验探究片段:

(1)学生分组进行实验探究

实验方案　　　　　　　有无电流

实验1:条形磁铁在线圈中　插入_____　拔出_____

实验2:线圈 A 在线圈 B 中　插入_____　拔出_____

实验3:线圈 A 在线圈 B 中不动,

开关　　　闭合_____　断开_____

实验4:线圈 A 在线圈 B 中不动,

滑动变阻器的电阻　增大_____　减小_____

实验5:(自己设计实验方案)_____

遇到的困难:_____

存在的问题:_____

产生的疑问:_____

萌发的设想:_____

实验的结论:_____

（2）小组讨论、汇报实验情况。

（3）多媒体演示：实验现象分析归纳。

感应电流产生的条件：（1）闭合回路（2）穿过闭合回路的磁通量发生变化

以上是本节课的重点，也是需要进一步巩固的地方。

针对性作业布置：

活动1：有小直流电动机、石英钟、导线等器材，如何使石英钟走动？

活动2：有录音机、线圈、磁铁、导线等器材，用两种以上方法使录音机发声。

活动3：网上阅读有关法拉第的资料，回答下列问题

（1）法拉第发现电磁感应现象有什么意义？

（2）你从有关法拉第资料中学到了什么？

这样的作业与教学内容的重点和难点相结合，可以很好地巩固与发展所学，更重要的是学生感兴趣，能很好地调动学生学习的积极性和主动性。

（二）"探究滑动摩擦力大小的影响因素"教学片段：

学生掌握的知识有限并受日常经验的影响，会得出影响滑动摩擦力大小的因素有多个，这种情况下，一个很好的处理方法就是让事实（实验）说话。

1. 猜想：滑动摩擦力的大小跟哪些因素有关呢？引导学生结合自己的生活经验大量举例，从生活走向物理，学生最终得出：

（1）一定与接触面的粗糙程度有关 （2）一定跟物体间的压力（正压力）有关

（3）还可能跟物体接触面积的大小有关（4）还可能跟物体运动速度大小有关。

2. 引导设计方案并交流

（1）滑动摩擦力可能和这么多的因数有关，可以采用什么方法设计实验方案和步骤？

（2）怎样测量压力和改变压力？

（3）怎样改变接触面的粗糙程度？

（4）怎样测量物体在滑动中的摩擦力？请小组同学相互讨论，拿出设计的实验方案后进行交流。

学生展示与交流：

小组1的方案：用弹簧秤拉着小木块在平面上匀速滑动，弹簧秤的读数就是小木块受的滑动摩擦力；

小组2的方案：用装沙的沙桶拖着小木块运动，往沙桶当中逐步地加入沙粒，

使木块的拉力可以连续地变化,实验完了以后,称出沙子包括沙桶的重量,这样就能够较好地确定摩擦力的大小;

......

3. 学生进行分组实验,观察、读取弹簧秤示数,将各种情况下的压力大小及其对应的弹力大小(摩擦力)记录在自己设计的表格中。

教师指导学生进行分组实验,及时解决学生实验活动中出现的个别问题。

表1:接触面:木块与木块

	1	2	3
正压力(N)			
摩擦力(N)			

表2:接触面:木块与棉布

	1	2	3
正压力(N)			
摩擦力(N)			

4. 分析数据,总结规律

各小组对他们收集的实验数据进行分析论证,发现规律,组织学生进行交流,要求各小组上台讲述他们是怎样从记录的实验数据中发现规律的,在各组学生发言的过程中,教师及时给予评价。学生得出在其他条件不变的情况下物体与地面间的滑动摩擦与物体对地面的压力成正比,滑动摩擦力的大小还与接触面的情况有关。

利用上面的实验仪器,改变接触面的大小、改变木板运动速度学生也得出结论:①与面积无关;②在速度变化不大的情况下,滑动摩擦力的大小与速度也无关。

这些是本节课的重点,也是关键。

针对性作业布置:影响实验效果的一个重要因素,在于木块能否保持匀速运动,在实际实验当中,使木块做严格的匀速运动这是非常困难的。请通过讨论交流、上网查资料等找出改进实验的方法。

这样的作业与教学内容的重点相结合,是课堂教学的延伸,更重要的是,它切准了学生的兴趣点,学生非常乐意去解决这一重要问题,学生学习的积极性主动性进一步被调动。

课程改革的关键是充分调动主体——学生的主观能动性,使他们爱学、乐学、会学。作为主导的教师,在整个物理教学过程中要注意从学生被动接受知识向主动获取知识转化,从而培养学生的科学探究能力、实事求是的科学态度和敢于创新的精神,作业的布置亦是如此。

郑富芳/文

用"亲子反思"的方式引导家长
对孩子学习的正向认识

本学期我担任初一(3)班的班主任。这个班里的学生大多数都是品学兼优的孩子,家长对学生的学习成绩的要求更高,一个小型的单元测试,都会引发家长对学生学习成绩的焦虑恐慌,甚至引发家长与孩子、家长与老师之间的矛盾,破坏了家庭的和谐与学校教育的和谐。针对这一现象,我采取了"亲子反思"的方式引导家长对孩子考试成绩的正向认识。

"亲子反思"的具体做法是:每次考试结束,学生要把试卷带给家长,孩子要和家长一起面对试卷的得分与失分情况做出以下分析:考场心理原因分析(放松还是紧张)、学习习惯分析(细心还是粗心)、知识掌握情况分析(会还是不会)、过程中学习状态分析(勤奋还是懈怠)、答题语言表述质量分析(准确简明全面还是错误啰嗦缺漏)。有了这几个方面的分析,家长再看学生的成绩时就不是简单的一个数字了,他们能够很清晰地看到前后的因果联系。看到好的成绩单不仅能从心底里肯定孩子,又能很清楚客观地指导孩子怎样扬长避短再接再厉;看到差的成绩单也不会很急躁很无奈,斥责孩子,忙乱地求助老师。尤其是稍微后进的孩子的家长,也能够静下心来帮助孩子分析原因,制定改进的方案。他们在与我沟通的时候,也不再盲目着急了,能够很客观地看待孩子的成绩,能够根据自己孩子的实际情况,虚心诚恳地与我交流,共同寻找帮助孩子成功的办法。

在期中考试后,我把学生的各科成绩、班级各科均分等详细数据做成小纸条,并在纸条上列出家长要和孩子分析的项目,由学生带给家长。第二天,学生带给我的"亲子反思"的分量和质量让我很感动。有的家长是书写的,长长的三大页,有的是打印的,有的分为孩子版、家长版、亲子共同版。分析得很认真、很客观,能够真正发现孩子在考场中、学习过程中的一些有价值的问题,并且能够根据孩子考试反映出来的问题寻找合适的改进办法,能够反思自己前一段时间在孩子的家庭教育中的成败得失，能够很真诚地感谢老师的付出，能够诚恳地向老师咨询教育孩子的方法。看完这些"厚重"的"亲子反思"，我感到了自己的责任重大，我的责任不仅仅在于教书育人，还关乎很多家庭的幸福与梦想。

"亲子反思"举例：小柳是一个很乖巧的学生，期中考试成绩很好，她个人的反思主要针对自己粗心的坏习惯，包括学习过程的不细心、审题的不细心、答题表述的不细致；她妈妈的反思主要是孩子的内向的性格和对分数过分追求的担心，希望老师能够引导孩子更开朗一些，让她的初中生活更愉快一些。线世尊是一个聪明而拖沓的男生，她的妈妈对他很关爱，但是对他的学习成绩要求非常高，高过了他现有的能力，亲子之间的矛盾很大。在反思中孩子能够清醒地认识自己的缺点，下决心要提高做事和学习的效率；妈妈在反思中表现得很焦虑很无助。两份书面反思放在一起，亲子互看都流下了眼泪，妈妈明白了孩子是懂事的，孩子的成长是需要时间的，孩子明白了妈妈的良苦用心和深沉的爱。在期中考试后，线世尊改变很大，期末考试成绩提高很多。还有很多家长认真思考了自己对孩子的教育方法，有的家长能够根据孩子的实际情况对现行的家庭教育做调整，有的家长现在还不能找到合适的家庭教育方法。对于后者我及时与家长沟通，向他建议适合孩子的教育方法和适合该孩子的近期目标要求。

今年的期末考试结束后就放假了，不能及时做"亲子反思"的工作，我不放弃这个反思的契机，利用电子邮件让每位同学都给我发送了"亲子反思"，这一次的质量更高。我一一回复了，又多了一次家校交流的机会。

下面是一组"亲子反思"和我给孩子的回复。

考试反思（小李）

考试后进行了卷面分析：

数学试卷分析：

1. 计算错误，共失分 2 分

2. 不会，失分 4 分

3. 马虎，失分 6 分

通过上述分析，不该失分 8 分，有 4 分的题是不会。在以后的数学学习中，培养认真审题的习惯，加强计算能力。

语文试卷分析：

1. 基础知识：失分 2 分

2. 文言文阅读:失分 3 分

3. 现代文阅读:失分 9 分

4. 作文:失分 10 分

语文的弱项在于阅读理解和作文,以后语文学习中,多做阅读理解,每天写日记,锻炼写作。

英语

1. 马虎:失分 8 分

以后英语学习,多做课外的阅读。

在下一学期,我一定好好学习,认真复习,争取取得更优异的成绩回报老师家长。

家长反思(小李妈妈)

通过共同与孩子分析卷子,孩子知道自己各门学科的弱项在哪里,在以后的学习中进行强化。

孩子的该次成绩虽然在整个班级还是落后,但是比较期中的成绩还是有进步,感谢各位老师的辛苦付出。

作为家长,首先检讨自己,在小学期间没有给孩子养成良好的学习习惯,平时没有养成细致认真的习惯,造成孩子的学习成绩落后。通过与老师的沟通交流,作为家长在孩子后续的学习生活中,一定配合老师提出的要求,监督孩子完成作业,帮助孩子复习、预习,适当做些课外题,拓展孩子的思维。

老师回复信件

小李:

我仔细看了你和妈妈的《反思》,发现你已经能清楚、全面、理智地看待自己的长处与不足,并且能够心态平和地、自信地进取。家长和老师都信任你,希望你早日调整好,扬长避短,稳步提升。有《计划》但不够具体,希望你能够每天落实,每天提高。学习犹如储蓄,日积月累,渐见其多;学习好似春苗,不见其长,日有所增。只要坚持不懈,总会学有所成。加油!你的妈妈对你的学习情况分析非常正确,对你非常负责、关心,并能够给你宽松的学习环境,充分地信任你,这是你的幸福。

老师特别喜欢默默奉献、不计名利的你,同学们也特别喜欢宅心仁厚的你。

有了你，我们的学习环境才会洁净、安全。我代表大家谢谢你。

人的一生中有很多重要的东西，比如深厚的亲情、友情，你都拥有了，学业上的困难也不会难住你的，妈妈、老师、同学都会为你提供最真诚的帮助，希望已经取得进步的你能够轻松地取得更大的进步，我们都相信你！

孙老师

2017 - 01 - 26

小李现在的表现：与妈妈更亲近了，学习更主动了，听讲状态和作业改善很明显。

"亲子反思"让老师、家长、学生对孩子在学校的学习状态、家庭的自学状态、一贯的学习习惯、一时的学习态度、临场的心理素质都有了清醒的认识，那么在下一阶段的教学、家庭教育、学习中一定会找到合适的方法，有效地提升孩子学习成绩。

"亲子反思"能够很好地沟通父母和孩子的情感，让孩子知道父母是懂得教育的，父母是真诚地关心他的学习，并且是和他一起分担学习的乐趣与苦恼的，并不是只会向他索要分数起急上火的，孩子在家庭和学校的正向的合力推动下一定会拼搏向前的。

在下一阶段我会更好地利用"亲子反思"的方式做好班主任、家长、学生三方的沟通，做到三方和谐，目标统一，更好地促进孩子在初中阶段的发展。

孙艳霞/文

03

|读书感悟篇|

从智人的胜利与进化思考"教与学"

——《未来简史》闪烁的光芒

我们的共同祖先智人（人类学的名词，西方认为非洲智人是人类的祖先），10万年前偏居在地球的一隅，只是地球上一个毫不起眼的种群而已。没有猛犸象勇猛，没有骆驼坚毅，对地球生态的影响和萤火虫相差无几。智人一路进化而来，最后却登上了生物链的顶端，靠的就是不断地发现自己的无知。他们在与大自然无数场交锋中，上演着"教与学"的故事。

以色列历史学家尤瓦尔·赫拉利的最新巨作《未来简史》2017年2月在中国出版发行，作为全球畅销书的《人类简史》的续作获得如潮般的好评。本书分析了智人在地球上成功的原因，更重要的是，还指出大数据人工智能为代表的科学技术日益成熟时，只有少数人可以进化成生物特质发生改变的"神人"（未来将产生的新的人类种群），99%的职业将被人工智能取代。震撼心灵，颠覆思维的背后，思考是必须的。那么，智人在自然选择中是如何取胜的呢？

智人成功的关键：合作

赫拉利在书中写到：如果智力和制作工具是智人取胜的关键，那么大约1万年前人类就已经成了地球上最聪明的动物，也是工具制作的冠军。可当时的人类在地球上并不重要，对生态系统也没有什么影响力，一定还有更重要的因素在起作用。他接着谈到，在这两万年间，人类从原本用石矛来猎杀猛犸象，进化到能制造宇宙飞船，并不是因为双手变得更灵活，也不是大脑进化得更大了，我们征服世界的关键因素，在于让人类团结起来的能力。蜜蜂的合作虽然非常复杂，但它们无法在一夜之间彻底改造其社会制度，因为它们的合作缺乏灵活性。罗马之所以能征服希腊，不是因为罗马人的脑子够大或者制造工具的技术更先进，而是他们的合作更有效，纪律严明的军队就是能击败散兵游勇，志同道合的精英能主导无序的大众。

在学校里,优良教育环境的创设需要每一位教师的合作。我们的通力合作能使学科教科研得到突飞猛进的发展,能使一个个班级年级更优秀。想想那些曾给我们留下美好回忆的小集体吧,正因为大家的密切合作,几乎都取得了成功。

优秀的集体需要灵活的合作,才能发挥每一个人最高的效能,那么学习方式呢?

小组合作就是一种高效的合作学习方式。如何让小组合作更高效,我们都会考虑按照"组内异质、组间同质"的原则来编排。因为学生的家庭背景、个人兴趣、语文成绩、个人能力、性别皆有差异,参考小组成员在学习成绩、能力、性别、性格等方面的差异性(异质),实现组内成员之间优势互补、互相学习。只有每个小组之间水平能力等方面差别不大(同质)的情况下,各小组才能展开公平的竞争。我的做法是先让学生自组小组,虽然这种根据日常交往形成的小群体组建的小组,会出现有些学生是各组争抢的目标,有些学生则被他人孤立的情况,这样构建的小组无疑也不利于后面的合作和竞争,但如果教师根据自己的掌控强行分组,会在一开始就影响学生的参与热情。我的选择是先尊重学生的主动性,鼓励他们给每个小组起一个响亮的名字,选出组长,并给组员编号,小组内部还有"一帮一"师徒配对。这样不仅在学习内容上合作分配,在管理上也体现了合作的理念。同时把学生在学校分小组的情况告知家长,让家长也展开合作。家长们说:自己的孩子在小组中学习,不时有"小老师"打电话督促,连我们也不敢放松了。有时,上课前我让孩子们讨论前晚读书的情况,发现他们已经做了交流,这对平时的教学是个良好的促进。

一切风正一帆悬地推进了。随着小组合作的广泛和深入,会出现根据交往形成的小组能力和水平悬殊过大的局面。怎样让每个个体觉得自我被尊重,还能让小组竞争持续呢?

智人能够合作的基石:公平

一个优秀的集体,一个表现良好的学习小组,在面对奖励时会怎样表现? 成功是每个人的,大家都做出了贡献。为了对大家的高效合作给予肯定,我们是让有的人得到更多的关注和肯定,理由是他做出的贡献大,还是让另一些人选择高风亮节? 如果不公平,高效的合作怎么能够持续?

赫拉利引用了经济学最著名的"最后通牒博弈"实验。实验对象有两名参与者,其中一人会分得 100 美元,可以自由分给自己和另一名参与者。他可能会怎样分配呢? 分成两半,或者把大多数给对方,或者全留给自己。另一个参与者只有两个选项:接受或者拒绝。如果拒绝,她只能两手空空地回家。参与者很少有人会给对方很少。大多数人就直接平分,或者自己少得一点。你可以想一想在这样的分配奖励的机制下,合作一定能有效地开展。你再想想,你的合作集体是这样的吗? 大家觉得公平? 高效合作是自愿顺利进行的,还是在压制惩罚恐吓的基础上,开展消极抵抗的假合作? 奖励需要公平合作才能持续,要不然即使在恐吓和纪律的约束下,合作也是假的,也无法顺利持续。

这个时候就需要教师根据自选自组小组运行一段时间后的结果,请各小组思考:如何让我们的小组合作更公平合理。对于明显处于弱势的小组,是不是应该做出相应的协调和改变,才能充分发挥它的激励作用,竞争才能更有趣。请学生们各抒己见,公平分组要考虑的因素。综合学生的讨论思考意见,参考语文成绩和男女生差异,确保组内异质、组间同质,对个别小组做调整。这样学生既学会了思考解决问题,也能纠正自己的自私想法。请小组根据同学各自不同的特点再调整分配其不同的角色,以便在学习中做到优势互补,调动组内成员参与学习的积极性和主动性。在一个合作小组中,设立小组长、主持人、记录员、检查员、发言人等角色分工,每个成员在小组中都要承担不同的职责。这些分工在组内一个星期一轮换,让学生明白合作学习不再是一种个人的学习行为,而是一种成员之间不可分割的集体活动行为,这就需要学生有团队意识、合作意识和责任意识。每个星期的小组长负责检查小组成员的学习情况,主持人负责本小组学习的进程,主持在课堂上需要展示的本小组学习的任务。记录员负责记录小组学习的结果、探讨的问题及其他事情。检查员负责检查小组成员学习情况,确保每位成员都能完成学习任务。通过合作小组学习,真正让每一个学生都能锻炼自己,发展自己的各种技能,做到合作与自主相得益彰。

智人编造意义之网的工具:想象

赫拉利写道:虚构故事是人类社会的基础和支柱。智人编造许多虚构的故事,比如先祖的精神或者有价值的贝壳,就已经能促进几百甚至几千人的通力合作。农业发展促进了城邦的出现,因为有了粮食才能养活更多的人,于是神和宗教在人们的想象中得到发展。加之文字和货币的出现,让人们认同的意义之网编制得更大。而这一个个互相认同的网都是由想象来编造的。

教学中也是如此。我们在制订教学计划的时候,一定是想象先行。我们先预设这样做可能会更好,这样做才能更好地开展学习活动。备课时,我们先要预设问题,根据现实想象学生的学情,才能有答案示例和为完成任务所搭的台阶。

日常教学中,我发掘各种契机来培养学生的想象力。在"一种春声浑难忘,最是长安课归时""儿童散学归来早,忙趁东风放纸鸢"中想象放学之后的欢快和嬉闹;在"朋友,你可曾在茫茫大雾中航行过? 在雾中神情紧张地驾驶着一条大船,小心翼翼地缓慢地向对岸驶去,心儿怦怦直跳,唯恐意外发生。在未受教育之前,我正像大雾中的航船,既没有指南针也没有探测仪,无从知道海港已经临近"里,想象一个盲聋哑人的内心的孤独寂寞,那种有如在迷雾中神情紧张地驾驶一艘航船是怎样的一种感受。想象"大弦嘈嘈如急雨,小弦切切如私语。嘈嘈切切错杂弹,大珠小珠落玉盘""君去芳草绿,西风弹玉琴""善哉,峨峨兮若泰山""善哉,洋洋兮若江河"里的或高山流水余音绕梁,或若即若离虚无缥缈。插上想象的翅膀去领略大地回春、盛开的金银花芬芳扑鼻,感知夏木萌萌,聆听鸟儿啁啾。想象浓郁的环境,一个情窦初开的少女,山环水绕的村庄与小城,城边的炮眼与墙垛,溪流旁的绳渡与水磨,深山峡谷间的雾霭与风雷,家家户户临水一面的吊脚楼的湘西边城……和学生一起走过道路、农田、森林、河流、旷野、荒原、高峰、深谷,还有数不清的人。培养孩子的想象力,激发学习兴趣,找到解读文本的一把钥匙。我知道孩子们是需要想象力的,因为人类就是靠着想象从未知走到已知的。

阅读《未来简史》的过程中我一直在想,有关合作、公平、想象没有什么稀奇,我以前早就知道,但为什么再读此书时还这样激动,如此被震撼呢? 经过不断的思考我终于懂了:那是因为以前我并不知道人类需要这些能力的本源,人类的祖先就是因为做到这些,才在残酷的自然选择中胜出的。

那么,就让我们接着思考吧!

智人踏上绿野仙踪的黄砖路:体验式学习

《绿野仙踪》讲了锡皮樵夫走在黄砖路上,希望到达奥兹国后,大巫师能给他一颗心的故事。稻草人想要的是大脑,狮子想要的是勇气。到了旅途的终点,他们却发现大巫师是个江湖骗子。但他们发现了更重要的事:他们希望的一切,早已在自己心中,只要沿着黄砖路走下去,敞开心胸体验就好了。人类就是这样一路走来,从而获取知识的。

赫拉利写道:"人文主义认为生命就是一种内在的渐进的变化过程,靠着经验,让人从无知走向启蒙。"他在《未来简史》中还引用了构建现代教育系统的重要人物威廉·冯·洪堡的话:"生命只有一座要征服的高峰……设法体验一切身为人的感觉。"

既然人类获取知识的方式就是一路体验而来,我们为什么要用别的方式呢!

比如:我们认为阅读就是一种唤醒,要理解文中的人物情感,就得唤醒自己的体验(虽然这是一种间接的体验,因为你不可能适时适地随时在实践中)。讲授《窃读记》时,我问学生:"你下午放学时最想干什么?是最想去书店看书吗?"然后带着学生朗读文章的第一段:转过街角,看见三阳春的冲天招牌,闻见炒菜的香味,听见锅勺敲打的声音,我松了一口气,放慢了脚步。下课从学校急急赶到这里……一家书店。学生如果想起了自己放学时最想去的地方是小卖店或者超市,以及路边摊去买吃的时候多么饥饿,就一定能理解作者开头为什么那样写!她忍受饥饿,抵御着食物的诱惑,听着锅碗瓢盆的引诱,闻着食物那让人煎熬的香味,毅然决然地奔向书店,主人公是多么爱书啊!这样阅读,我们能很快地消除文字给学生造成的隔膜感,文章内容会变得有温度。唤醒生活体验的阅读方式,是最好的阅读方法之一,因为人类就是用文字记录自己的生活的。

当赫拉利的《人类简史》在全球产生轰动效应的时候,人们就在期待:在他的笔下未来将会怎样!今天有幸拜读,懂得了我们需要"合作、公平、想象、体验"的根源,虽然认识还是很粗浅,但这就是阅读的好处。思考还要继续:当人类变身成神,当硅基终将战胜碳基,当大数据不断累积完善的时候,教与学的思考永无止尽,我们哪能有片刻的停息。

叶地凤/文

读《地理学与生活》有感

　　假期，我从学校领到假期阅读书籍，其中一本书是《地理学与生活》，作为一名地理老师这本书肯定是我的首选必读书，这是一本厚厚的大部头书籍，拿到书是，真的有点畏难情绪，这么厚，能读完吗？但随着阅读，我很快喜欢上了这本书。提到地理学，很多人会觉得枯燥，提到地理课，学生会觉得难，枯燥，学了没有用，但是这本书给我这个地理老师打开了一个视野，本书特别突出了地理学与生活的相关性。结合实例，介绍了对人体有害的天气现象、城市土地利用模式、城市形态的变化、城市垃圾与危险废物的处理等一系列与我们生活密切相关的问题，书中运用平实、生动的文字，书中贯穿丰富的实例，书中涵盖地理学家所研究各种专题的课程。通过读在本书我收获的是一种新的思维方式，让我作为一名地理老师通过读书从更高的角度把握地理学。

　　下面就谈谈我读这本书的心得体会。

　　心得体会一：进一加深了对理解"学习对生活有用的地理"的许多人对"地理学"一词只是联想到事物位处何处。例如，像缅甸和乌拉圭等国家、廷巴克图或阿拉木图等城市、或者石油或铁矿等自然资源，它们都位处何方？有些人以自己知道哪些河流最长，哪些山脉最高，哪些荒漠最大而自鸣得意。这些关于世界的实际知识是有价值的，它可以让我们把当前的事件放在应有的空间位置。然而地理学要远比地名和位置丰富得多。地理学是研究空间变化的学科，是研究地球表面的事物从一个地方到另一个地方是如何不同和为何不同的学科。更进一步说，地理学是研究所观察到的空间格局是如何随着时间而逐渐形成的学科。正如知道了人体各个器官的名称和位置，并不能使一个人会进行心脏外科手术一样，知道事物的位置，只是走向了解事物为什么会在那里，以及是哪些事件和过程决定或改变了它们分布的第一步。为什么地震通常发生在土耳其，而不是发生在俄罗斯？为什么暴乱发生在车臣，而不是发生在塔斯马尼亚？为什么山地在美国东部是浑圆的,而在美国西部是高峻而崎岖的? 为什么你发现讲法语的人在加拿大集中在魁北克省,而不是加拿大其他地区?

我们初中的地理教学就是要求学生学习对生活有用的地理,学习对终身发展有用的地理是地理"新课标"最基本的理念。在初中地理教材中就蕴含着许多贴近学生生活、与生活紧密相关的地理知识的例子,教师要挖掘这些资源并应用到教学中来,使学生感受到地理与生活息息相关、生活离不开地理,从而产生"我要学好地理"的欲望,消除学生对学习地理的畏难情绪。读完此书,我需要做的是将教学尽量还原与生活,尽量贴近学生的生活实际。

心得体会二:通过阅读为我积累了大量的教学素材

本书共十三章,分四篇,涵盖了自然地理学、人口地理学、文化地理学、城市地理学等分支学科。以介绍地理学的发展、核心概念,以及四种系统性传统为开端,四大传统独立成篇,每篇集中论述这些地理学观点的一个方面。前三篇专门介绍地理学的分支学科,而区域分析传统作为全书最后一篇,利用前三种传统和主题,并通过相互参照对其进行综合。书中介绍了,城市污染物为何久聚不散? 环境中的微小毒素会被食物链逐级放大? 地理条件造就了哪些独特饮食文化? 通过读书完善自我,掌握新的洞察力,能用地理学视角看世界;通过读书,知灾防灾:了解地震、暴雨如何形成,才能做好应对的准备;通过读书了解新闻时事:发掘热点话题的地理特点,综合分析时政问题;通过读书了解历史变迁:以地理学知识审视环境与气候变化对历史影响大千世界:从冰川遗迹、大峡谷的壮丽景观到城堡、教堂的人文风情,掌握自然与人文地理,学会深度旅行。

相对于其他地理学书籍,本书特别突出了地理学与生活的相关性。对人体有害的天气现象、城市土地利用模式、城市形态的变化、城市垃圾与危险废物的处理等与我们生活密切相关的问题均有涉及。平实、生动的文字与丰富的实例,使本书极具可读性。

刘楠/文

从《地理学与生活》到创设生活化地理课堂

今年寒假认真阅读了《地理学与生活》,该书囊括了地理学各个分支学科的同时,又将地理学内容与生活紧密结合在一起,这是本书最大的亮点,让人们确实感到:每天行走的大地、呼吸的空气、食物和水、产生热量和驱动力的燃料——地理学内容与生活无法割裂,那地理课堂教学呢,他与生活该是一种什么样的关系呢?

"生活即教育"是我国近代教育史上伟大的人民教育家、教育思想家陶行知先生生活教育理论的核心。他认为"生活即教育"。生活与教育是同一过程,教育不能脱离生活,生活也不能脱离教育。有什么样的生活就应有什么样的教育,教育的内容应根据生活的需要。

地理新课标的课程基本理念也提出:学生要学习对生活有用的地理;学习对终身发展有用的地理;要构建开放的课堂,这三条基本理念可以这样理解:地理课程的学习内容要源于生活,并要对学生未来的生活起指导作用。

从地理学内容到陶先生的理论和新课标的基本理念给我的启示是:让课程与社会实际生活紧密相连,使课程教学回归生活世界,打破书本世界与生活世界之间的界限,因此在教学时,就要求教师要结合教学内容的特点,根据学生的认知规律和现有水平,打破教材的狭隘框框,从学生的生活经验,感兴趣的实例、社会热点等入手,吸收并引进与现代生活、科技等密切相关的具有时代性、地方性的资料,提出真实的、有思考价值的问题。这样,使学生真切体会到知识就在自己身边,课堂学习与现实生活有着紧密的联系。从而促进学生积极主动投入学校学习中来。下面我以《农业》为例,谈生活化地理课堂的创设。

一、联系生活实际,进行新课导入

新课导入是课堂教学的关键阶段,因为导入是学生思维的起点,所以一堂课能否成功很大程度上取决于本节课的导入是否可以激发学生的学习兴趣、动机,能否调动学生学习的积极性。而联系生活实际的导入,尤其是直观教学的方式,能最大化的激发学生探求知识的热情。

《农业》对学生来说,其实有些陌生,但对于农产品本身学生并不陌生,因此农作物实物展示的方式会令学生怦然心动。上课之前,教师将准备好的各种各样的农产品,如:小麦、玉米、稻米、小米、大豆、红豆、绿豆、花生等,并把这些农作物都混装在一个大玻璃罐里;水果:苹果、梨、桃子、核桃、栗子、山楂等摆在讲台上;蔬菜:柿子椒、西红柿、蘑菇等在窗台上落户,教室变成了一个小型的农贸市场。然后将学生分成四人一组的学习小组,每个小组发给他们一碗杂粮,要求他们一边认清这些是什么?并形容出它们在餐桌上是什么样子?学生们对"稻谷—大米—米饭"的认识都很明确,"花生和花生油"之间的关系也都清楚。有位同学联想到"鲁花牌一级压榨花生油"。学生由此理解:农业除了为我们提供必要的消费类农产品,还为工业生产提供原材料。从"小麦到面粉"同学就开始惊讶了,"大豆和食用油"虽然能很快联系起来,但"大豆和豆腐"的关系就鲜有人知道。学生们互相探讨,不时地发出豁然领悟的惊叹:红豆沙原来就是它呀!

联系生活实际的导入,使学生深刻意识到学习地理知识的现实意义,使学生摆脱"知识来自书本,知识仅限于书本"的状态,真正做到学以致用。当然类似的例子还有很多,学习方向、比例尺、图例时,可以以学校的校园平面图作为载体;天气与气候时可以收集学生拍摄的校园中银杏树的照片,引发学生思考银杏树形态年复一年的变化规律的原因等。

二、模拟生活情景,开展合作探究

小组合作探究的学习模式能够唤醒学生沉睡的潜能,激活封存的记忆,学生之间相互激励、相互帮助,学生无论是在知识、技能方面,还是在能力方面都能得到很好的发展。模拟生活情景的合作探究,可以使学生从感性出发,达到理性的回归。

《农业》的教学重点和难点是:运用地图和资料,分析区域农业的空间分布及其影响因素。一般教材会提供了一幅区域的农业分布图,学生学习中存在较大困难。但学生会通过旅游、媒介传播等方式,了解所生活地区的郊区的一些特产,由此教师提供了各种农作物的卡通插图、投影片、地形图、胶片等作为开展探究活动的支架,组织完成合作、探究学动:帮它找个"家"。(以北京市的农业分布为例)要求如下:

1. 从所给的四组农产品中各选一种(例如粮食类中选择小麦),并根据自然条件帮它们找个"家"。

2. 将讨论的结果贴在绘有地形图的胶片的相应位置上。

3. 请一位同学代表本组做简要汇报并阐述贴画布局依据。

在这个过程中有两个情景的模拟:一个是学生将自己化身为京郊大地的一个农民,在自己的土地上耕耘,根据不同的自然环境特点,选择最适宜的作物,创造最大的效益。这个情景的模拟使小组成员共享所有人的智慧,在探讨、争论中完成北京市农作物分布图的粘贴和农业分布特点的归纳和分布图的初步绘制。小组成员讨论得积极,气氛相当活跃。第一小组有位同学迫不及待地告诉同学们:"我们北京不适宜种水稻,因为北京的水资源短缺,可水稻的耗水量大,在北京种成本太高。北方人喜欢吃面食,适宜在平原区种小麦。"有的小组把稻米都淘汰到了一边,但有些小组却在质疑他的看法。小组内的同学各抒己见:"城市人口多,消费量大,靠近城市的农村应该多种蔬菜,多养鸡鸭";"平谷的大桃好吃,大兴的西瓜甜";"怀柔的栗子、山楂个儿大"。同学们把这些果实的贴画都贴在胶片的相应位置,然后请学生归纳总结,这些农作物的分布规律是什么? 同学们根据农作物在图上的摆放位置,思考就得出了结论:北京的远郊山区以林、果为主,远郊平原以小麦、水果、蔬菜、牧业为主,近郊平原以蔬菜、牧业为主。以城市为中心的"三圈层"分布图跃然而出。学生改换身份,模拟情景,化身农民,让他们更深刻地理解农作物分布的原因——依据自然环境的特点和作物的习性,因此要因地制宜的发展农业,经过这个体验的过程,学生把一个陌生的、外在的、与己无关的对象变为熟悉的、可以交流的、甚至是融于心智的存在,从而深化了学生对知识的理解,降低了学习的难度。第二个情景的模拟是学生用他们最喜欢的形式——卡通贴画完成贴图,充满童趣,使学生学习的热情高涨。

三、利用乡土事例,实施案例分析

案例教学法有助于学生理解抽象或复杂的主题,让学生在具体案例分析的基础上提出问题解决的策略和办法。在分析过程中分享和交流,生成新知识。而来自生活中事例的案例分析,更能激发学生的思维。

出示"全聚德烤鸭、北京农村的鸭养殖场"图片同时提供文字资料:全聚德烤鸭目前年销售量为 500 万只。2008 年北京奥运会给全聚德带来新的商机,全聚德直接承担了为奥运村和媒体服务的任务(有些好吃者美其名曰"奥运鸭")。十一

"黄金周"全聚德各家老字号七天共接待 11 万余人,烤鸭卖出 5 万只,销售额高达 2361 万余元。看到这条新闻,如果你是个养殖户你将作何打算?农业分布仅仅是受自然条件的影响吗?还有什么因素的影响?逐步引导学生分析市场因素、交通条件等都是影响农业分布的主导因素。

当然,贴近生活的案例多种多样,新闻热点、突发事件等案例的使用会使课堂结构精练紧凑而又有实效。

四、关注生活变化,分析变化原因

地理课堂要与时代相融合,要给学生以最新的信息,因此地理课堂教学内容更要关注社会、生活变化中所蕴含的地理问题。

例如探讨大白菜的"前世今生",引导学生分析大白菜为什么不再受到北方人的热烈追捧,谁取代了它如今的地位?是什么原因造成的?学生通过生活现象的变化,会分析出冬季大棚蔬菜在市场的主导地位,而这种改变是种植方式的改变,本质是蔬菜需要的水热条件在科技的帮助下在冬季得到了满足,从而提高了人们的生活水平。再出示第二组图片(图示 2 彩色玉米和普通玉米的命运的不同)学生得到了启发,很快得出了有一个结论:科技不仅可以改变作物生活的外部环境,还能改变作物本身。从而达成共识科技是人类未来能更好地对自然因素加以利用和和改造,使之以"最小投资"获"最大收益"的最佳保证。

五、重现生活瞬间,引导学生成长

地理课要学习生活中的地理,更要用所学知识为生活服务。由此在本节课的结尾的设计是将一组学生用餐之后饭盒中的残羹冷炙的照片呈现了出来。希望通过地理学习能指导他们的生活。让他们明白这些粮食从春种到秋收,需要适宜的光照、水热、土壤等条件,同时还需要广大农民付出辛勤的劳动。学生们明白:浪费是可耻的。

总而言之,地理源于生活,生活也离不开地理学习。所以地理课堂应该与学生的生活找到契合点,让学生在课堂上充分发挥出主体作用,密切联系实际,把学到的知识应用到生活中去,养成理论联系实际的主动联想和发散性思维方式,真正从课堂上学到终身受用的知识,学到对生活有用的地理知识。

皮艳芳/文

数学之美源于生活

—— 读《数学的神韵》有感

　　生活中大量的图形有的是几何图形本身,有的是依据数学中的重要理论产生的,也有的是几何图形组合,它们具有很强的审美价值。在教学中宜充分利用图形的线条美、色彩美,给学生最大的感知,充分体会数学图形给生活带来的美。在教学中尽量把生活中美的图形联系到课堂教学中,再把图形运用到美术创作、生活空间的设计中,产生共鸣,使他们产生创造图形美的欲望,促使他们创新,并维持长久的创新兴趣。

　　生活中数学无处不在,而数字就是最常见的。中国的文学中若缺了数字诗、数字联,只怕会失色不少,而生活中缺了数字的计算,只怕也会将生活弄得一团糟,但是数学绝不是枯燥无趣的,数学有它独特的美,它理性抽象,却也可以缠绵悱恻,就像——卓文君的故事一样。

　　两千多年前,卓文君以一首《怨郎诗》换得司马相如回心转意,两人终于携手白头,留下一段佳话。

　　怨郎诗,是怨是悔已无从知晓,但这首诗将一到十以及百千万镶嵌到诗中,却也别有一番风味。"一别之后,二地相悬。只说三四月,谁知五六年。七弦琴无心弹,八行字无可传,九连环从中折断,十里长亭望眼欲穿。百思念,千系念,万般无奈把郎怨。万语千言说不完,百无聊赖十依栏。九重九登高看孤雁,八月中秋月圆人不圆。七月半,秉烛烧香问苍天,六月伏天人人摇扇我心寒。五月石榴似火红,偏遇阵阵冷雨浇花端。四月枇杷未黄,我欲对镜心意乱。忽匆匆,三月桃花随水转,飘零零,二月风筝线儿断。噫,郎呀郎,巴不得下一世,你为女来我做男。"一到十,说不尽的思念,十到一,诉不尽的心寒。一首诗挽回了一段情,虽然波波折折,但最后还是与子偕老。这首形式奇异的诗歌,以数字贯穿全诗,生动具体地刻画出一个被相思折磨直到相思成灰的女子形象,读起来朗朗上口,趣味横生,别有一番独特的风格。这样一首凄婉的诗让司马相如想起昔日的夫妻恩爱，让司马相如愧疚，终于亲自登门接走"糟糠"之妻。

美丽的诗歌，巧妙的数字镶嵌，成就一段白头偕老的传奇。

在当下，大街上随处可见的标志设计、招牌设计等也无不体现出某种数学的美，对称和不对称、如何选取比例的分割，都要涉及数学，数学的运用之广就如华罗庚所说：宇宙之大，粒子之微，火箭之速，化工之巧，地球之变，日用之繁，无处不用数学。

数学充盈着我们的生活，只是——你发现了吗？发现数学，发现数学的美，用心去体会，枯燥的数学也有它不一般的美，只是我们从来不曾注意。

"一二三四五，上山打老虎。老虎没打到，打到小松鼠。松鼠有几只，让我数一数。数来又数去，一二三四五。"稚嫩的声音似乎就在耳边，那些模糊的记忆早已泛黄，快乐无忧的童年早已远去，只是童年的歌谣还在传唱。

数学的力量是无穷的，数学美犹如但丁神曲中的诗句，优美和谐的乐曲，别具一格的绘画，雄伟壮美的建筑，同样会使数学学习者们激情荡漾，兴趣盎然！数学之美，还可以从更多的角度去审视，而每一侧面的美都不是孤立的，她们是相辅相成、密不可分的。她需要人们用心、用智慧深层次地去挖掘，更好地体会她的美学价值和她丰富、深邃的内涵和思想，及其对人类思维的深刻影响。如果在学习过程中，我们能与数学家，教师们一起探索、发现，从中获得成功的喜悦和美的享受，那么我们就会不断深入其中，欣赏和创造美。相信我们的数学学习一定能够取得更好的学习效果。

赖咸权/文

用思维教育理论引领课堂实践

——《为思维而教》读后感

　　放眼中国教育,一批批莘莘学子在经历了十几年的寒窗苦读后,经过层层选拔以期实现自己的理想。正所谓"当局者迷,旁观者清",只有当自己从事教育工作后,站在一个完全不同的角度重新审视这一过程,我不禁问自己:"学生在这一过程中获得的仅仅是一纸文凭,还是相伴终生的思维能力?"显然,无论是家长还是学子自身,在应试教育大潮的冲击下,往往重视了前者,忽略了后者。于是,处处可见一则则关于"高分低能"的报道见诸报端。《为思维而教》的作者在从事了多年的教育研究后,阐述了思维教育的重要性、其具体内容及如何实施,为广大的一线教师提出了一系列可操作的方法。

　　中国的传统教育一贯重视拓展学生的知识面。自古代私塾开始,学生便需要背诵大量文章,还常以满腹经纶为荣。现代的教学中,大多存在着老师讲解占据着课堂的大部分时间。由此可见,我们习惯于将知识的传授放在高于思维的地位。也就是说,思维教育一直没有得到应有的重视。我们经常见到很多中国学生在国际比赛中荣获各类大奖,但至今难以涌现出像牛顿那样有创新意识的大家。这不能不说是我们教育上的硬伤。作者将此种教育类型归为知识至上型教育,并进一步指出其不仅危害学生个体,也严重限制整个国家的发展。显而易见,未来的学校教育应将思维教育纳入正轨。

　　在实际教学中,很多老师已经意识到单纯的知识传授无法从根本上促进促进学生解决实际问题的能力,于是他们尝试着从多方面入手改变现状。就书中提出的20种思维能力而言,多数教师还很陌生。我在教授实验班的英语课时,试着从以下几方面入手,培养学生的思维:

　　首先是分析能力。很多学生在做完形填空前,为了快速解题,盲目地阅读作答。对于低年级学生而言，有时凭语感和知识积累倒是可以识别出正确答案，一旦升入高年级，不具备一定的分析能力，正确率定会大打折扣，因为此时的题目相对较隐蔽，而非一目了然。例如2011年朝阳区一模试题第45题，仅凭感觉是无法准确判断老人从空中下降的状态。但如果设想自己就是在跳伞的过程中，刚从机舱跳出来，打开降落伞之前的几秒钟所处的状态自然应该是自由落体运动，而非其他方式。所以结合语境进行综合的分析能力对学生来说是相当必要的。因此，我在指导学生做这类题目前，会先让学生构想自己就是文中的主人公，然后再进行分析判断。

其次，归纳能力的训练。学生在接触一个新事物的时候往往难以将之归纳分类，但经过一段时间熟悉之后，教师如从旁引导，这种认识事物的能力便可逐渐养成。如学生对于初中阶段的六种常见句子类型，不论记忆还是划分都有困难，但若将其根据动词差异指导学生进行整合，理解起来就相对容易些。我在引导学生思考这部分内容时，先会提到及物、不及物动词的概念，即可加宾语和不可加宾语的动词，所以学生先会对"主语 + 不及物动词"和"主语 + 及物动词 + 宾语"这两种句型结构有初步认识。接下来便是变换动词，也就是将第二种句型中的及物动词换成系动词，后面的宾语随即变成表语，这样第三种类型"主语 + 系动词 + 表语"产生。再对第二种加以变化，若及物动词可以带双宾语，就产生了第四种"主语 + 及物动词 + 间接宾语 + 直接宾语"。如在第二种句型后给宾语加个补充说明的成分，即宾语补足语，就构成了第五种"主语 + 及物动词 + 宾语 + 宾补"。第六种 there be 句型由于与其他句型差异较大，单独记忆即可。这样看来，六种句型只要划分为三大类即可。在引导学生进行归纳的过程中，提醒学生注意观察六种句型的差异以及在众多的句型中抽出基础句型自然是解决问题的关键所在。这也是培养学生概括能力的基础。

最后，联想和想象的能力。英语是一门很容易发挥学生想象力的学科。最常见的有图片、词语联想等。学生观察图片或得到词语后，任意联想与之相关的话题和内容。例如我在教授"I would…"句型时，为了让学生充分发挥其想象力，便给学生设定了某些现实生活中很难找到的场景，如《鲁滨孙漂流记》中的孤岛、见到美国总统等等，学生在面对这样的问题时，激动之情溢于言表，不一定语言表达到位，但都在冥思苦想，还兴奋不已。

以上几点只是我在读了《为思维而教》之后想到的自己的一点粗略尝试。关于学生思维的培养还有很多有待商榷的地方，但不管怎样，我们教师先要打开思路,大胆在教学中放开尺度,勇于探索。从改变自我到改变学生不可能一蹴而就,不断地创新、实践是时代给我们提出的新要求。

李红燕/文

通过细致巧妙的美术课堂教学，扎扎实实学习传统文化

——读《课堂是一种态度》有感

　　假期里读《课堂是一种态度——从"教学认识论"到"教学诠释学"》，自己联系到课堂教学，很有感触。在这本书中，有这样一句话："文化是思想活动，是对美和高尚情感的接受。我们要造就的是既有文化又有掌握专门知识的人才。"书中还谈到"个性全面发展的人是知识丰富的人，但知识丰富的人不一定是个性全面发展的人"。书中举了几个例子后，作者杨四耕提出自己的观点：请你相信，很多时候，课堂与知识无关：课堂是一种态度，一种生活，一种富含生命情愫的态度和生活。当我读到这些话语时，联系这本书其中的理论认真反思了自己的课堂教学，我自己觉得对于每一个教师来讲，经常反思自己的课堂教学，对于每一位多年从事教学的老师来讲，如何对待自己的课堂教学，如何对待自己的工作，这真的是一种生活态度，也是一种生命态度。

　　我们现在的《美术课程标准》中强调："继承和弘扬中华民族优秀文化传统，增强民族文化的认同感。"现代化的教育要求我们与时俱进，一个伟大的民族不仅仅要实现经济的腾飞，更要有优秀的文化作为我们民族的精神食粮，没有文化的民族，是一个可悲的民族。由于种种历史原因，我们的很多优秀文化传统，对于今天的中学生和大学生来讲，是很陌生的。我们当前的美术教学中，确实存在对于优秀传统文化学习不足的问题，作为工作在教育一线的美术教师，我对这一弊端，是深有体会的。在给新的初中生们上第一堂课的时候，我经常问学生们两个问题：如何评价一幅国画作品中线条是否美观？如何判定一张宣纸的好坏时？每一届的答案都是一样的，全年级一二百名学生，总是无一人能答对。这两个问题，对于每届新学生我都问一遍，没有一个学生知道。根据目前调查，北京市很多中学的学生都在使用人民美术出版社出版的《美术》教材，在上中国画这一部分内容时，

大多数的学生不可能认真学习画国画，主要原因是很多美术教师自身对国画的基本知识了解很少，更不知道如何系统去教学生画国画。在整个初中美术教材中，中国画这一部分内容的地位很重要，教材中多次系统地编写了中国画知识章节，美术教育专家们都希望我们的学生们，上完美术课后，能够学会自己动手画中国画，能够提高学生们对国画艺术的审美水平，进而能够继承优秀的民族传统艺术。目前根据调查，在实际教学中，绝大多数学校的学生，在上完教材中关于国画的这些课后，只是听了几个国画家生动有趣的故事，到底什么是传统国画的笔墨情趣，什么是评价国画作品中线条好坏标准等审美常识，学生们都没弄懂，也没有学会如何画中国画，大部分中学生对传统国画艺术的理解只停留在一些肤浅表层上，只觉得国画好看，但究竟什么是国画的美，评定国画美的标准是什么，这些最重要最基础的知识，学生们都没有真正理解。我们这些搞教育的人都知道，教学上来不得虚假，必须踏踏实实地教会学生理解相关的知识，那些背离了教育规律的一些作秀表演，不会使学生学到真正的本领。我个人认为，在很多的时候，教师是否认真对待自己的课堂教学，这也是一种生命态度，是一种追求富含生命情愫的态度。一位优秀的教师总在以好奇和探索的态度，对待自己的课堂教学，对待生活中的新鲜事物，这样的教师是精神生活充实的主体。有很多的教师，教了一辈子的书，没有深入思考自己的课堂教学，就熟练浅层次的那点知识，他自身也不是那种不断学习型的人。这届学生来了，他教那点知识，下一届学生来了，他还是那点知识，这样的教师他没有富含生命情愫的态度，每天就在不求甚解中度过，可想而知，众多的学生们，在这样的老师那里学不到什么真东西，白白浪费很多时间。"文化是思想活动，是对美和高尚情感的接受。"如果一个自身国画修养很高的教师，他给学生们上完国画课后，大多数学生什么国画技能也没学会，那这个老师就只是个人知识丰富，但不是个性全面发展的人，他不热爱自己的学生们，也不热爱国画艺术，他教的学生们不可能对国画产生兴趣，也不可能提高对国画的审美能力，也不能培养学生们热爱祖国传统艺术的情感。

　　"文化是思想活动，是对美和高尚情感的接受。"怎样设计自己的课堂教学，也是教师自己对于生命的一种态度。一个不称职的教师，他会耽误一代又一代大学生，再也没有比浪费众多学生的学习时间，更让人心痛的事了。在教学中采用的什么样的方式可以继承民族的优秀文化传统？怎样带动学生把学科知识上升为一种民族文化的自信？这些问题确实需要我们教育者在平时的教学实践中去认真思考。

　　我在教学生学国画时，经常思考他们在国画方面的实际情况，了解学生们自身的相关知识的储备情况。我根据学生的实际知识情况，设计出适合学生学习的教学方法，来帮助学生们更有效地学习国画艺术。在中学习阶段，对于实际年龄不大，接触国画知识很少，动手绘画能力相对较弱的初中学生来讲，国画教学的重点，应该放在对优秀国画基础知识的学习和继承方面。首先，我从最基础的笔法和墨法的方面着手，帮助学生们真正掌握国画的笔墨语言，通过动手实践，使学生们学会了用笔墨造型。我先讲中国画的书法用笔，带领学生学习书法的笔法，在大量的练习中，运用简单易懂的语言。其次，通过教师引领示范画中国画，让学生们动手实践画中国画，教会学生们学会用笔墨造型。在笔法方面，我先讲中国画的书法用笔的要领，然后带领学生们学习书法的用笔方法。运用先进的多媒体教学手段，清晰准确的传授动作要领。我认为目前中学美术教育，对于书法和国画知识系统学习方面，也有很大的不足之处，很多中学生都没有系统地由浅入深地学习书画知识，很多中国人都不真正了解中国画艺术的精髓。在笔墨造型方面，我不过分追求临摹国画作品的数量，而是利用一两个经典的绘画题材，进行深入挖掘。例如以《如何画水墨河蟹》为突破口，来阐述如何从学习基本的笔墨语言入手，一步步学习中国画的笔墨造型。我简述李绵璐总编的《教学参考用书》（人民美术出版社，2002年）中关于国画方面的知识：中国书画多以线作为造型的主要手段，不描画对象的光影明暗，更多注意形象的神韵，强调笔墨情趣。"笔"指线条和运用线条的方式，"墨"指墨色的各种变化。笔墨是中国画的艺术语言，这主要是由于中国书画同源，使用的工具材料为尖头毛笔，宣纸，墨，以水为颜料稀释剂，形成了对线条特殊的审美趣味。"笔情墨趣"即在于运用线的刚柔，粗细，浓淡，疏密等形态组合的变化和统一，使线条在画面中形成运动感和节奏感，从而传递出艺术家的审美情趣，达到状物抒怀的艺术境界。

我自己作的不同的用笔会出现不同质量的线条对比图。

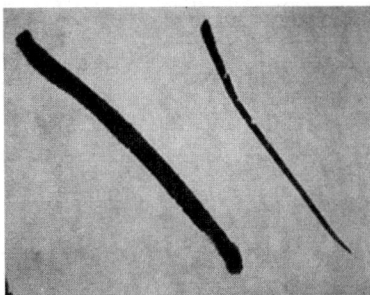

A1

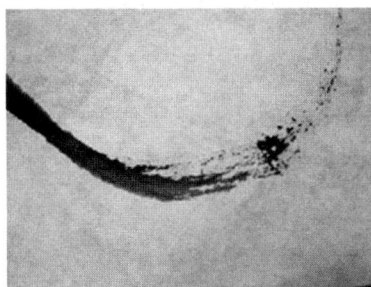

A2

A1 图中线条有力量，线条渗入纸里面，起笔收笔有动作，有立体感。

A2 图中没有收笔动作，线条力量没有送到，漂浮在纸上。

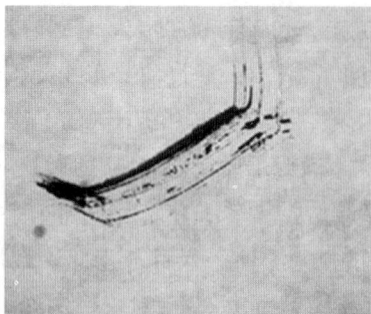

A3

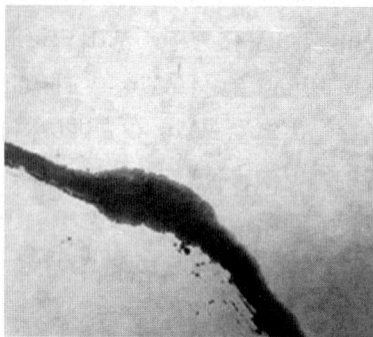

A4

A3 图中上面的线条一面光滑，一面毛糙，不是中锋用笔，线条在行笔中用力不匀，水墨晕化相互脱节。

A4 图中线条没有起笔行笔收笔的动作，没有厚重的力量，是任意涂抹。

在带领学生们临摹几次国画作品后，我联系生活中的实物，为学生们提供清晰的生动的视频资料，让他们仔细观察真实的河蟹的生活状态，并联系齐白石的水墨螃蟹作品，让学生们讲述齐白石的国画艺术特点，进而明白艺术来源于生活的道理。我通过书法用笔为依托，引入相关材料，依据的学生实际能力，不断进行新的课堂教学尝试。

艺术的最高层次的审美规律，是最大程度上的相反相成。不同的线条所造成的各种形状不同，力度不同的对比，线条的方圆的对比等。我举例画河蟹的腿的方法，河蟹一侧不规则排列的四条腿的叠加外型，通过我们运用书法用笔的国画笔法，很有力度地画出来。

B 图　真实的河蟹的腿　　　　C 图　用中锋画出叠加的腿

当学生们学会了用国画语言来表现形象时，他们对于国画就有了浓厚的兴趣，也愿意主动去分析国画作品中的笔墨构成特点，进而学会欣赏中国画的笔墨语言的美。学生们有了良好的国画基础知识，就会慢慢地尝试各种笔墨语言的创新表现，从而以点带面，学好中国画艺术。

在多年的教学过程中，我不是简单地机械地只教授课本上的知识，我经常从学生的角度着想，从他们的角度理解中国画知识结构，不断探索创新，形成了自己的教学模式。教学中，我详细讲解绘画的技巧，是如何结合生活的题材来表现的，通过对比分析的方法，帮助学生们发现中国画的不同表现方式，尝试探究中国画形象产生的原因，重视对国学经典文化的学习，增强民族文化的认同感。"送人玫瑰，手有余香"，教学相长，热爱生活艺术的教师，真正思考自己课堂教学的好教师们，总有灵光闪烁，他们经常会巧妙利用一些简单的便于理解的教学小片段，来把比较深奥的知识转化成学生容易理解并掌握的一个个很小的学习过程，从而使学生容易学会一个个重要的知识点，进而理解整堂课的教学内容。日积月累，积少成多，不知不觉，就会形成巨大的知识宝库，使得教师自身获得很大成就感，同时，也丰富了教师自身的知识结构。我经常给学生以独立思考的时间，让孩子们的大脑能够多思维，在对学生们的作品评价中，注重学生们的人格培养。通过这次读书，我发现了一位教师的生活和态度会大大影响自己的课堂教学的效率，追求高质量的精神生活，会使我们八十中老师们的人生幸福感大大得到提升。

以上是我辅导的学生画的水墨螃蟹作品。

张伟/文

在英语教学中渗透对学生的情感态度的培养

——读《课堂是一种态度》有感

教育是一门艺术,更是一门科学;用心灵教书、为深刻而教需要教育理论的指导。读书可使我们涵养心灵,提升境界,站在人生的高度关照并成长自己,站在人性的高度思考并创造教育。

寒假学校为教师充电发了很多本书,这给教师进行选择性学习提供了极大的空间。在众多本书中我选择了《课堂是一种态度》,因为我喜欢这本书的书名,其实任何事情都是一种生活态度。喜欢书中怀特海说的一句话:"教育的目的只有一个主题,那就是五彩缤纷的生活。"请你相信,个性全面发展的人是知识丰富的人,但知识丰富的人不一定是个性全面发展的人。很多时候,课堂与知识无关;课堂是一种态度,一种生活,一种富含生命情愫的态度和生活。

教育是伴有教书和育人双重属性的工作,从某种程度上育人往往对学生的终生成长更起着至关重要的作用。在新课标中,特别提出了情感态度目标在教学中的培养,同其他几个目标同等重要,是影响学生学习的重要因素。我国中学英语教学普遍存在着重认知而忽视情感的问题,具体表现为重视知识信息的传授而轻视情感信息的交流;焦虑、缺乏自信影响了学习效果,成为学生英语学习的障碍,导致课堂气氛比较沉闷单调。因此,教师应该在教学中培养学生的情感态度,对教学内容进行情感处理,有效开发情感资源。运用灵活多样的教学方法,激发学生的学习动机,增强学生的自信。其实这都是在课堂培养一种情感和态度。

情感是人对客观事物的一种态度体验,它伴随着人的认知过程而产生,同时又对人的行为起着积极和消极的双重作用。把学生情感态度的培养列入课程教学的目标,并渗入学科教育和教学之中是新课标的突出特点。在英语教学中,我们应培养学生积极的情感态度,施以情感教学,以提高学生的学习效果,促进他们的全面发展。

　　长期以来我国的基础教育英语教学由于重视认知能力的培养而忽视了情感因素的作用,造成了学生的认知发展和情感发展的不平衡。纵观多年的外语教学改革,人们总是把重点放在对教材和教学方法的研究上,而很少去研究教学的对象——学习者,研究他们在学习过程中的心理情感因素。教师往往也是一味只顾自己讲,唱独角戏,忽视了根据英语语言教学的特点与教学内容创设良好、互动的课堂教学情境来激发学生的兴趣与激情,增强学生的自信心,使学生获得积极情感体验。课堂中师生缺乏情感的交流,教学往往陷入一种沉闷、无生气的状态。久而久之,出现了部分学生厌倦学习、学生学习两极分化严重等极端现象。英语教学中一个比较棘手的问题是学生上课时参与意识不强,导致这一问题产生的主要原因是缺乏自信和焦虑。这也与学生个性特征和文化差异有关,为学习英语带来了一定的困难,从而使学生在交流中陷入沉默。另外如采用测试、竞争型的课堂交流形式,也容易诱发学生的焦虑心理;过于严厉和频繁的纠错,往往使学生焦虑不安。如何在教学中培养学生的情感态度呢?

　　作为一种特殊的课程目标可以通过教学中的长期渗透和课堂教学得以贯彻和实施。我在接新初一时做了如下尝试:

一、对教学内容进行情感处理,有效开发情感资源

　　教材不是一般意义上的物,是人化了的物,本身蕴含大量情感因素,为教师在教学中对教学内容进行情感处理创造了客观条件。所谓对教学内容进行情感处理,是指教师从情感维度着眼对教学内容进行加工、组织,使教学内容在向学生呈现的过程中充分发挥其在情感方面的积极作用。英语教材中有很多身处逆境但不屈服于命运的安排、顽强拼搏终于取得成功的人物。利用学生崇拜英雄、模仿力强的特点,可以有针对性地把具有深刻教育意义的生动事例介绍给学生,如史蒂芬·霍金、海伦·凯勒、刘翔等。这些积极生活的名人可以给学生留下深深的思考和启发,达到寓思想教育于英语教学中的目的。

二、运用灵活多样的教学方法,激发学生的学习动机

　　把课堂交还给学生,由学生自主设计,利用学生本身固有的动机,如好奇心、对成功和自尊的渴望等,激发学生的学习动机,同时要根据不同的教学内容采用多种多样的教学方法,如课本剧、演讲、导游或小组活动,特别要充分发挥现代信息技术在英语教学中的作用,为学生创设一个良好的学习环境,激发学生的学习动机,使之保持浓厚的学习兴趣,从而从内心深处唤起学生学好英语的愿望。

三、利用人物传记类文章,引导学生学习成功人士的优良品质

教材课文中有丰富的思想教育内容,许多鲜活的人与事能引起学生思想情感的共鸣。如有关 Franklin、姚明等名人的文章的学习领悟就是一种情感教育过程。他们的人格魅力对学生的震撼是巨大的,因为他们的成功不仅靠的是他们的智力水平,更重要的是他们的勇气、意志、信心等因素。教学这些单元时,可以让学生开展课外阅读,了解这些人物的生平、作品、事迹和生活环境等各方面的信息。在学生充分阅读的基础上,教师可以先在课堂上开展呈现活动,再结合课文内容让学生讨论这些人物所具有的令人钦佩的品质,分析他们成功的原因以及学习他们是如何面对成功的。在教学中对课堂态度的循循诱导,对情感态度的有效渗入不仅能提高英语课堂教学的完整性和连贯性,同时还能最大限度地集中学生的注意力,提高整个教学过程的有效性。

此外,教师在进行"课堂观察"时,首先应确立一种欣赏的态度、欣赏的眼光。在"欣赏"的同时,亦应能揭示课堂的问题或缺憾,揭明其症结所在。这不唯是一种态度倾向,还是一种价值取向。课堂观察就是细节观察,从课堂细节问题或缺憾中寻找价值,就是以欣赏的眼光挑毛疵。这其实也是一种积极正面的态度引领。表面上似乎是矛盾的:既然是欣赏,理应看优点;既然挑毛疵,就不是去发现其闪光点,更谈不上欣赏了。其实在进行任何教学活动时,不论是对老师还是对学生首先应确立一个基本的态度,就是在欣赏的前提下提出可参考的改进,这是一种愉快的学习,也是一种生活的态度。前苏联教育家苏霍姆林斯基说过:"让每个学生在学校里都能抬起头来走路。"在英语课堂上,教师给予学生积极性评价是激发学生情感态度最好的激励词,如 Good, Perfect 等,甚至可以对较差的学生说:"You've done a good job."这种鼓励的话语,加之教师温和的眼神,会在学生的心里涌起一股股暖流。尽量给予具体、有针对性的特色性评价,使学生产生一种真正被老师重视的情感体验,从而提高其自尊心和自信水平。

开学学校组织了同课异构的听课,国际部肖岚老师的 AP 班的课给我留下了很深的印象。不必说肖老师娴熟流畅的口语,也不必说词根导入的循序善诱,更不用说的不必给学生带来尴尬的纠错,就从老师平和的语气,亲和的教态和悉心的引领和鼓励就给了课堂带来了强大的吸引力和舒缓平静的态度,其实这就是一种课堂态度,静谧的却又是积极的。课堂教学的核心意义在于培养孩子们自我修

复能力,传递一种生活态度,让他们彻底明白:生命的厚度,在于拥有静谧的时光,让心灵不再忙碌;人生的美是淡然,笑看红尘纷扰,不过是千帆竞过后的空寂;接受生命中的遗憾,珍惜生命中的感动,让心溢满宁静与幸福,以此提高课堂教学有效性。随着年龄的增长和生活的历练,不再纠结获得与失去,在意的是从容的过程,宁静而深远,想把这种态度传递到自己的课堂。我会努力的,去营造这样的课堂氛围,传达这样的课堂态度。加油!

刘玉双/文

所有的课堂都应该真实

——读《课堂是一种态度》有感

假期,在读《课堂是一种态度:从"教学认识论"到"教学诠释学"》一书。作者旗帜鲜明地指出:我们需要一个充满诗意的课堂,需要一个充满情趣的课堂,需要一个高效教学的课堂,需要一个富有创意的课堂。为了今天的学生和未来更多的学生,我们真的需要给予学生一个今天向往和明天留恋的课堂,需要有助于学生终身成长、发展和不断提升、进步的课堂……但现实的课堂上有时候很无奈,我们的教学方式单一、学生被动学习、个性受到压抑等顽疾未从根本上得到有效医治,过于强调被动接受学习、死记硬背、机械训练的状况依然普遍存在,为了考试而教学,不考的内容就不教的状况普遍存在。作为语文教师,我们应该警醒哪些教学行为,才能使我们的语文课堂走上光明大道呢? 读完这本书,我有了最真实的感受,那就是要追求真实,这是语文课堂教学的最好出路。

一、真实的语文课堂,学生要充分自主学习

真实的语文学习,一定是让学习语文的人真正自主。教学要真正做到"以人为本",必须明确就是以学生为本;以学生为本,必须明确就是以一个个活生生的具体的富有个性的人为本。每一节课学生都必须有自己的较多静思默想的时空,精彩的语段多读一些,读的方式丰富一些,学生动手点评、造句写话、黑板展演的机会更多一些……作为学生学习组织和指导者的老师,在学生进行自主的学习活动时,就应该谨守本分,管好那张能说会道、极善雄辩的嘴,坚决做到不用自己的"言"和"行",干扰学生学习的安宁和静谧,坚决不用自己的"想"和"思",干扰学生学习的积极性和兴趣,让学生真正平心静气地阅读、思考、分析、研究。让学生彻底地融入丰富的语言世界、语文生活,在亲身的亲近、体验、感受和实践中,逐渐成长起自己的语文素养,这才是每一个人学习语文的基本规律。

　　我们的学生就应该这样静静地在课堂中,在家里,在平时的点滴空闲中,通过自己悄无声息的阅读,通过自己情绪亢奋和冲动时的如行云流水般的下笔写作,逐渐地提升读写的兴趣,慢慢地养成一种读写的习惯。独立地阅读,独立地写作,进而培养起优秀的读写素养,并且在独立中形成特立独行的个性品格,进而具备独立的创造和创新精神,这就是语文教学的本真。

　　二、真实的语文课堂,教师指导有方

　　"指导",就是课堂教学的"教"的问题,关键是在指点和引导。一是它的发生应该是在学生学习遭遇困难、出现障碍的情况下,它是教学之中必不可少的。关键是如何指点和引导的问题。现实的教学中老师基于自己的经验和感觉,一厢情愿地"陈述"和"告诉",而不顾及学生到底要不要,要多少。我们要善于把握点拨的时机,在新旧知识联结点点拨,在学习新知关键处点拨,在学生疑惑争议处点拨,在学生产生思维定式时点拨,在学生思维疲劳时点拨……教师巧妙的点拨,不仅能引导学生思维的方向,更能让学生突破思维的束缚,产生"顿悟",心神领会而自动腾飞。语文课堂的本质就是组织学生学习。教师必须从知识权威、课堂主宰的高位上走下来,从以教材为中心、教师为中心转到以促进学生发展为中心上来,努力把以教师讲授为主的课堂转变为组织学生学习的新型课堂。所以,基于学生自主学习时空的教学实际给我们提出了更高的要求。对文本的熟悉程度、对教材的解读能力、对多元解读的认识和评价水平,以及处理这样的教学环节所必需的教学素养,比如生成的技术、追问的技巧、比对和启发的方法等都成为语文老师基本的能力和素养。

　　平等的师生关系,民主的教学氛围,适合智慧的点拨,学习快乐而有效,课堂灵动而厚重,唯有真实,才能人课合一,才能师生共成长。

段莹/文

勤于反思　静待花开

教师在学校教育中处于重要地位。教师的自身修养以及精神状态直接影响学生们的健康成长。在假期这个良好的充电时间,学校为我们精心选择了杨四耕的《课堂是一种态度》这本书,通过读书使我对自己的教学进行了反思。

这本书提到:如果我们把揭示人生的意义看作是认识论的任务,我们就永远不可能把这个意义揭示出来,因为,这个意义在知识上永远是个问题。怀特海说:"教育的目的只有一个主题,那就是五彩缤纷的生活。"请你相信,个性全面发展的人是知识丰富的人,但知识丰富的人不一定是个性全面发展的人。很多时候,课堂与知识无关;课堂是一种态度、一种生活,一种富含生命情愫的态度和生活。

在特定意义上,课堂是一种态度,与知识无关。今天的课堂教学改革,在理论上需要确定从"教学认识论"到"教学诠释学"的思维转向,并由此带动实践的转型。课堂教学不仅仅需要关注教学各个环节的"设计",更需要关注教学大格局的"策划"。这样,我们才能"把课堂打造成梦的样子";这样,我们才能上一堂"灵魂渗着香"的课;这样,我们才能让"每一间教室都有梦",让孩子们内心充满希望;这样,课堂才能"春暖花开",实现从学习知识到丰富经历的华丽转身;这样,我们的课堂才会"触及灵魂",充满磁性;这样,我们才有可能"突破平面学习"的局限,把课堂"翻转"过来,实现"在这里自由呼吸"的追求;这样,我们才有可能寻找到课堂教学的文化基因,让课堂,静待花开;这样,我们的课堂才有聚餐的味道,才会是思想的盛宴,别样的课堂;这样,我们才能让思维生长出来,让每一种意见都很重要。

对于我来说对于教学方向的"策划"就从教学反思开始。拿出认真的态度把曾经教过的内容拿出来再思考可能就会有所得。

所以我翻出了自己的教案和资料,进行了整理。并且对教学内容再反思。例如:在讲微生物的时候,我教案上的反思写到:生化武器相关内容学生讲更好。回想当时上课的情景是，我给学生补充了生物武器的内容作为微生物教学的拓展延伸。我主要介绍了生物武器的类型、危害和《禁止生物武器公约》。在授课过程中我发现学生完全不能体会生物武器的恐怖，也对禁止使用生物武器这一做法不太理解。我想也许是自己不太了解学生的学习兴趣，最了解学生的一定是学生自己，所以可以尝试让学生自己讲，这样以学生的角度去认识生物武器，他们都查的是自己关注的点，自己不明白的问题，这样讲给其他学生听，可能会学得更好。于是下一个班讲这个内容的时候我找了几个对这方面有兴趣的同学，让他们自己查资料，给全班同学介绍。果然，这次试验成功了，学生们体会到了生物武器的危害，下课还有学生感叹幸亏有《禁止生物武器公约》。现在仔细回想当时的教学细节，我发现了一些新东西，并对自己在这部分的教学策略又做了调整。学生在讲解这部分内容的时候并没有关注生物武器的种类也没有讲解生物武器的危害，而是通过美国曾经发生的"炭疽热"来进行讲解。在讲解中提到了炭疽孢子的数量多、耐受性高，还提到了它通过空气就能传播的特性，和炭疽热的传染性。细细回想学生的讲解，我意识到，学生并不是不能体会生物武器的恐怖也不是不能理解生物武器的危害，更不是这部分内容非得学生讲才有好的效果，而是大部分学生对微生物的种类多、数量大、分布广、繁殖快、代谢能力强，传染病的流行性、传染性这些基本概念并不理解。在教学过程中我要做的不仅是尝试让学生来讲这个内容，更重要的是，要把微生物的特点和传染病的特点这些概念讲透，真正让学生理解。这节课我应该改进的地方是概念讲解的环节。在讲微生物的繁殖快、代谢能力强，这两个特点时，就可以用"炭疽热"的例子。通过对教学过程的详细回忆和对于反思后教学策略的回忆，我理清了自己的思路，找到了导致我这个教学内容进行不顺利的因素，并且对这部分内容的教学做了改进，我觉得自己成长了。

　　眼光不同，对所有事情的理解就不同。在漫长的职业生涯中我们可能会有所懈怠，换个角度看问题，我们会燃起新的热情，会有所收获。

苏红/文

把课堂打造成梦的样子

假期静下心来拜读了杨四耕撰写的《课堂是一种态度:从"教学认识论"到"教学诠释学"》这本书,本书旨在为教师讲述课堂转型的意义和具体的做法。从中体会到课堂教学的核心意义在于培养孩子们自我修复能力,传递一种生活态度,让他们彻底明白:生命的厚度,在于拥有静谧的时光,让心灵不再忙碌;人生最美是淡然,笑看红尘纷扰,不过是千帆竞过后的空寂;接受生命中的遗憾,珍惜生命中的感动,让心溢满宁静与幸福。

培根曾经说过:知识就是力量。今天的课堂教学过于强调"知识之教",而忽视了"思想之教";过于追求"结果之教",而轻视了"过程之教";过于注重"有用之教",而忽略了"无用之教",不懂得"无用之用方为大用"之道。所以,如今的课堂教学需要在课改的大潮中进行转型。课堂教学转型就其方向而言,应把"人"放在中央,给人一种享受,一种共鸣,一种启迪。都说,一个人没有知识是可怕的,但更可怕的恐怕是一个人被知识武装得坚不可摧。当我们的教师满怀一颗诗意的心走进教室,用真善美去感召孩子们的时候,课堂教学就不再是简单的传递、机械的授受,而是情感的孕育、智慧的生成、生命的享受,让我们彼此的心跳、心灵的舞动有着共同的节律……

对于英语教师来说,英语是他们的专业语言,要在简明、准确、形象、生动、幽默、风趣和韵律、节奏等方面下功夫。针对课堂转型,英语教师必须坚持用英语教学,让学生用英语来想英语。同时,相应的"体态语"要尽可能符合英美人的习惯,这种"仿真",使学生产生新奇感,并置身于英语语言环境之中,以满足学生语言美之心理需求。我认为,英语教学的语言不仅要具有与其他学科一样的形象性与确凿性,还应追求语言的韵律感、幽默感、新鲜感,因为英语教师的语言艺术水平直接关系到课堂教学的质量。教师自然流畅的语调,抑扬顿挫的节奏能使学生置身于良好的语言学习环境,保证教学信息在传输的过程中发挥最佳的效能,在潜移默化的熏陶中培养学生良好的英语素养和综合运用英语的能力。除此之外，我们还应该采取多种教学方法，增加教学环节的趣味性。一堂课就是一个完整的艺术品，教师则是匠心独具的艺术家。良好的课堂气氛有助于激发学生的学习兴趣和学习欲望，而如何使这种兴趣得以保持，并逐步升级，要求教师在教学过程中采取多样化的教学手段，增加教学环节中的趣味性。随着现代教育技术的不断进步，英语教学资源的逐步开发，现代英语教学也在悄然发生着变化，传统的教师牵着学生的鼻子走的教学模式正在逐步消失。除了当今最方便快捷的多媒体课件教学，我们教师更应该因时因地而异，制定出更符合学校条件和学生特点的实用有效的教学方法。在教学中，我常常会根据课堂任务不同，选择诸如表演法、游戏法、竞赛法、采访法等各种不同的教学方法，把学生好动、好强、爱表现的年龄特点都转移到课堂教学上来，最大程度地激发学生的潜能，把课堂真正变成学生的天地，让他们发挥想象力，自由创造。自然而然，课堂教学充满了生气，学生学得生动活泼，充分发挥了学生的主体性，发展了学生的个性，课堂便成为了一种享受，一种共鸣，一种启迪。

从书中体会课堂转型就是要把课堂真正还给学生。在我们的英语课上，往往教师讲得多，学生参与少。我们上课，就怕学生不理解，总是讲得很多，尤其是讲课文时，语法语言点分析得很透彻，把留给学生活动的时间全讲完还不够。教是为了学，对于英语这样学习外语一门实践性很强的学科，光是纸上谈兵，学生如何能理解？我们都知道，学习英语十年苦记苦背不如到英语国家生活一年学得快。英语的学习需要环境，课堂便是语言环境创设的最大阵地，只有把时间、把课堂还给学生，让学生敢问、敢说、敢做，课堂才可能是情感的孕育、智慧的生成、生命的享受。

书中提到：在特定意义上，课堂是一种态度，与知识无关。今天的课堂教学改革，在理论上需要确定从"教学认识论"到"教学诠释学"的思维转向，并由此带动实践的转型。课堂教学不仅仅需要关注教学各个环节的"设计"，更需要关注教学大格局的"策划"。这样，我们才能"把课堂打造成梦的样子"；这样，我们才能"上一堂灵魂渗着香的课"。少一些墨守陈规，少一些空洞说教，少一些高高在上，把我们的英语课堂变成学生的"English corner"。在这里，学生可以卸下考试沉重的包袱，传递一种积极的生活态度，让我们的英语学习洋溢着个性，充满着活力。

此书让我在课堂转型上有所感慨与收获，并激发了我进行尝试的欲望。

孟英/文

课堂是一种自我探索的五彩生活

——《课堂是一种态度》读后感

教育的目的只有一个主题,就是引导人过好五彩缤纷的生活。那也就是说课堂也应该是一种生活的场景,是一种富含生命情怀的态度与生活。这是让我心中一亮的话题,也对本书中的实践取向的课堂生活产生了深深的共鸣。

书中有这样一段话:其实,人是现实活动者、创造者的生物,他是通过自己的实践活动,自己创造出自己来的:人自身的活动,就是人之为人的根据。恩格斯指出:"人是唯一能够由于劳动而摆脱纯粹的动物状态的动物——它的正常状态是和他的意识是相适应的,而且是要由他自己创造出来的。"实践是人所特有的存在方式,人通过这种活动不断改造周围外部世界的同时,又不断地丰富着自己的内部世界,发展着自己的本质特征,是人之为人永远处于一种生成、创造状态。

也就是可以理解为,课堂不是简洁地完成知识的灌输以及正确与否,而是一种在课堂这种特定的生活情境中,通过自己的实践对人类以及自然的各种联系进行探索理解,生成一种认知的重组,这就是我理解的实践取向的课堂生活。

因此,我们的课堂有必要在思维方式上完成某种转换,从一种抽象的思维方式向一种保持生活的朴素性的思维方式转换。与认识论的思维方式不同,实践取向的诠释学思维方式是一种实践的、人学的思维方式。这种思维方式的特点具有关系性、主体性和生成性的特征。所以,实践取向的课堂生活具有浓厚的人文主义色彩。当课堂变成了实践的生活探索,课堂就有了鲜活的生命而生动丰富起来。

鲜活的课堂生活场景浮现在脑海里,让我重新审视我的课堂。带着课堂是一种生活的态度,我尝试着重新设计了开学的第一节课。

开学的第一节课内容是《电磁感应的发现》和《感应电流产生的条件》,这是两节课的内容。第一节课是这样设计的:利用网络自己查阅相关任务:1. 奥斯特实验;2. 法拉第电磁感应实验;3. 电磁感应在当代社会的应用技术有哪些？然后下课前 10 分钟相互交流。最后每人用一句话发表一下最深的感受。课堂实践结果是:学生对科学研究的艰辛产生了敬畏之心,也被科学家的 10 年坚持探索一件事的实践精神深深折服。有学生查阅到无线充电也是利用电磁感应现象的规律,感受到科学家对人类认识自然的贡献!

　　第二节课内容这样设计:我没有给出具体的操作方法,只是给出了三个探索实验的电路图,按照书中给出的表格提示,完成本节课的实验探索,得出探索的结论。最后讨论得出产生感应电流的条件。课堂实践感悟反馈:

1. 感受到思维没有受到限制的感觉真好,感受到心灵自由的探索;

2. 以前觉得物理课很难,今天觉得不难;

3. 看书时没看懂,一做实验就懂了;

4. 做完实验印象很深刻,不是记住了条件,而是做出来的结果;

5. 觉得很有意思,还想这样在实验室上课。

我的回答是:我们的物理课没有特殊情况,都在实验室上! 学生们的笑脸上写着开心和满足,是那种经过自己的探索发现了什么新奇世界的满足。我的笑脸是因为学生们的满足而开心和满足,心中欣喜地自言自语:课堂真的应该是一种自我探索的五彩生活!

李秀梅/文

缺生活难以明志，少思维无以致远

　　有人说课堂是教师向学生传授知识的交接地，有人说课堂是教师帮学生成功的奠基石，也有人说课堂是教师带学生抢分的格斗场，但我认为，课堂本该是教师引领学生寻找幸福的阶梯，是一种富含情愫的态度和生活。传统教学过程中，我们习惯更关注结果，而往往忽略了学生学习过程中内在的心理状态。

　　培根说"知识就是力量"，这也是传统课堂中虔诚信奉的一句格言。无数教师利用有限的课堂时间带学生反复修练难题，让学生将定理古诗背得滚瓜烂熟，运用得炉火纯青……可在课堂与知识无关这种观点下，这种课堂却显得有些单薄片面。怀特海曾说："教育的目的只有一个主题，那就是五彩缤纷的生活。"初为人师时，我也曾希望把更多专业的运动知识融入我的课堂中，希望能够运用运动理论、人体肌肉构造等知识填补学生知识上的缺漏。但渐渐地我发现，对于学生们来说，再多的理论知识也不及走入学生的生活中去，为他们树立正确对待体育训练的态度。在课上我会做出标准的示范，让学生对训练内容先形成一个直观的概念，再用生活化的语言进行解读，启发学生在生活中寻找适合自己的训练方法。在循序渐进的引导中，学生们对体育的兴趣不断高涨，对完成训练的思路渐宽，创造力也超乎我的想象，不断开始用家中的椅子、垫子等物品充当道具进行上肢、下肢、核心等部位的训练。甚至能够将"翻转课堂"思维运用到课堂教学中，这更加肯定了我的观点，不要让知识的重负吞噬了学生的思想，要让他们拥有精神渴望的不竭动力。

　　法国思想家帕斯卡尔曾满怀自信地讲出"思想——人的全部尊严就来自思想"，可想而知，在精神追求和渴望方面的造诣要比知识本身更可贵。如果我们只用知识的掌握程度或成绩的高低判定一个学生的发展情况，那又怎么能培养出全面发展的人呢？课堂是培育学生思想的培养皿，如果将课堂从生活中抽离出来、很容易让课堂变得机械化、沉闷无趣，从而导致学生厌学或因为难以掌握而怯懦。

对于体育成绩欠佳的学生,我会在课堂上观察他们的情绪变化,用联系生活的方式拉近他们与体育锻炼的距离,再通过和他们交流激励他们,让他们发自内心的相信自己可以完成。在这几年的教学过程中,相对于成绩我首要观察的是学生在体育运动过程中的心理状态和思维活动。我认为尤其是在体育学科中,学生的心理因素是影响学生成绩的重要方面。在耐久跑课上,学生初始状态就很抑制,这种状态下成绩往往不会理想。而情绪会相互传染,使得整体情绪和成绩不佳。在这过程中,我就会观察学生的情绪,运用奖励和激励的语言去引导学生的思维。并且针对学生中有影响力的同学进行重点思维引导。使得这些同学能够运用自身的积极情绪带领整个班级在正能量的引导下发挥正常水平。

"教学过程不是指示、命令或统一学生的思想;并不在于以客观性为由规训、算度、操纵学生的理解,而在于教化和解放。"我们习惯用知识的客观性和权威性禁锢学生的思想,经常对一些看似偏颇的意见直接说不。我想在课堂上面对学生异想天开抛出稀奇古怪的问题,我们如果不直接告知结果,并对这些看似奇怪的问题加以利用,学生在探索知识的过程中是兴奋、快乐的。这不仅会让课堂达到更生动、更有意义的效果,也能够让学生在教师的引导过程中学会解惑之法。在课上留出 5～10 分钟的时间让学生自己设计练习或讲解动作技术,让学生作为小老师充分的调动其思维。正如古语所说"授之以鱼不如授之以渔",学会了思考、学会了创造的他们才能保留自身原有的更多可能性,在创造力和解惑之道的帮助下,他们的人格才能够大放异彩。课堂是塑造学生心灵的工厂,我们只用知识的真理当作学生的明灯,为他们指明方向照亮前路,在共同探索的途中给学生以幸福,与学生分享幸福,更让学生能够创造出自己的幸福。

"课堂是一个酝酿牵挂的地方"教学不能让学生没有清醒的头脑,成为知识渊博却空洞没有思想的碎片。我们不仅要授之以知识,更要授之以解惑之道,在课堂上用生活的观点让学生们有所收获。持续思考的习惯会比已得的知识给学生更多的帮助,心灵的持久动力能让学生对抗心情起伏所带来的波动,让他们在成功的路上继续成长。寓于生活的课堂,才是课堂的真谛。思维的教学,才是教师最重要的教学。

洪伟男/文

打造幸福的课堂

荷尔德林曾经说过："人，诗意的齐聚在大地上。"这句话可以表征为教育的一种至真至纯的追求。课堂教学的转型就其方向而言，应该把"人"放在中央，给人一种享受，一种共鸣，一种启迪。都说，一个人没有知识是可怕的，但更可怕的恐怕是一个人被知识武装的坚不可摧。当我们教师满怀着一颗诗意的心走进教室，用真善美去感召孩子们的时候，课堂教学就不再是简单的传递、机械的授受，而是情感的孕育、智慧的生成。

我们的教育教学的宗旨应该是"一切为了学生，高度尊重学生，全面依靠学生"

1. 应是以学生作为学习的主体，教师把学习的主动权交还给学生，让学生主动去学使学生真正成为学习的主人的教育。

2. 课堂是探究与交流的课堂。学习具有开放性，这种开放性不仅包括课堂上的开放，而且包括课外的开放；学生在课堂上积极自主实践，既要独立学习和整合学科知识、对学习问题及任务独立探索，又要积极与其他个体协作交流；教师不要轻易将问题和任务的结果授给学生，而是让学生经过讨论、实践、探索等方式与伙伴一起归纳、推理和总结得出。

3. 教育是使学生事先有准备的教育。现代教育理念认为："教"只是实现"学"的一种服务手段，学生的"学"才是教学的出发点和归宿，因而主张"先做后学""先学后教""以学定教"，最后实现"不教而教"的目标。无论是"前置性作业"还是"前置性思考"，如果没有教师对学生事前的要求和准备，没有学生事前的"准备性学习"，在课堂上以生为本就成了一句空话。

4. 教学是教师为学生而设计和服务的教学。我们要真正地为学生设计教学，做到心中有生，目中有人。"以生为本"的教学设计，是以学生的兴趣和内在需要为基础，以主动参与为特征，以促进学生发展为目标。如果我们不尊重学生的心理能力和情感需要，一厢情愿地谋划教学内容和形式，体现在教学实践中，就易造成学生主体性的丧失。因此，在教学设计中必须充分考虑学生的实际，包括他们对活动对象的兴趣和初始认识水平等等。

当我们教师真正地从学生角度出发，把我们的学生从被学习、被作业、被探究、被合作、被自主、被评价、被生活中解救出来的时候，我们的学生才会成为有尊严的、自由生长的幸福的人。

刘维涛/文

做学生的引路人

——关于教学的一点思考

过往的教学实践告诉我,教师是学生学习的引路人,教育不仅仅是学生成长和学习的过程,也是教师的成长过程。阅读和思考是语文这一门人文学科的法门。

《课堂是一种态度:从"教学认识论"到"教学诠释学"》一书从对凯洛夫的教学论的批判认识切入,来论证课堂转型的意义和做法。凯洛夫教学论是围绕知识学习和认识能力的发展组织成的一个相当成熟、稳定的理论体系:以教师、教科书和课堂教学为中心,以准备、复习旧课、教授新课、巩固练习、布置家庭作业为五环节。但凯洛夫教学论所注重的知识仅仅只是"科学知识",这种知识不包括信念、价值观和态度等,而且教师、教科书和课堂教学"三中心论"不能很好地发展学生的思维和创造性。

第二章的标题笔者甚为赞同:"思想着比思想更重要。""认识论"的思维方式是一种实体的、客体的、抽象的思维方式,而"诠释学"的思维方式是一种人学的、主体的、实践的思维方式。当我们以诠释学的方式来对待教育时,教学的价值就不仅仅是"认识你自己",而且是"改变你自己"。课堂教学的核心就在于让学生这个教学主体澄明自身的生命意义,去主动思考而不是接受思想。课堂教学思维需要进阶,用教学诠释学的方法来带领学生理解课文,理解经典,理解生活。

教育的目的是启发。教师指出一条路,学生便顺由此入进行自我的探索。培养孩子们对人生对世界的认识深度,尊重孩子的个体性和独特性。因为理解是私人的、开放的并且有价值的。很大程度上,教学的"真理只是照亮而不是正确",为学生照亮前进的路,而不是以自己的或者参考书的知识论眼光来判定正误、决定取舍。分享观点而不该强加想法,提出建议而不该发布指令,给学生说出自己想法的机会,而不是以参考答案作为唯一的标准。要让孩子们知道,生活这份试卷不是按照参考答案来批改的。

阅读经典原著,这一要求是提给学生的,更是提给老师的。周国平指出,人的一生的时间是有限的,就应该把阅读的时间花在经典作品上,把宝贵的生命耗费在垃圾或是金子上的得失不是钱可以衡量的。并且,经典是经过了最公正的批评家时间的检验,"唯有今天仍然活着的经典才配叫经典,它们不单属于历史,而且超越历史,仿佛有一颗不死的灵魂在其中永存",阅读经典是借由经典的灵魂来唤醒我们自己的灵魂。我们除了能够从阅读中感悟人生的真谛,还能得到有关教育的启迪。《美的邂逅——中国文化的教育启示》这本书是包祥先生几十年来阅读经典名著的感悟和心得,他从《易经》《论语》《红楼梦》《三国演义》等经典中提炼出诸多教育原理,并推崇我国的文化经典,建议阅读中国文化经典来提升作为一个老师的素养,从更深的层面、更广的角度认识和思考宇宙人生,读懂教育。为学生点灯引路,就要先擦亮自己的灯罩。

在教学实践中,要坚持学生的主体地位,培养学生的自主阅读能力。自主式的语文研究性学习很有必要,让学生回到原典,自己探究,相互交流,展示自己的理解。这是一种诠释性的学习方式。教师在其中所起的作用就是引导学生去发现问题、生成问题,从而将其设计为便于研究操作的课题。高中语文新课程标准要求:发展学生独立阅读的能力,注重学生的个性化阅读,在阅读与鉴赏活动中,不断充实精神生活,完善自我人格,提升人生境界,逐步加深对个人与国家、个人与社会、个人与自然关系的思考和认识。独立阅读的能力和个性化阅读都是通过自主学习的方式实现的。因此,培养学生的自主式研究性学习能力尤为重要。《史记》作为"史家之绝唱,无韵之离骚",具有重要的历史研究价值和文学价值。因此,我曾组织学生对《史记》进行自主式研究性学习,即学生个体根据自己的兴趣、基础、能力自主学习《史记》的相关篇目,从学生反馈的情况看,他们选取了多种多样的角度,有的转向被众多题材研究所遗忘的"书",有的研究人物的塑造手法,有的关注史家实录精神……学生的积极性和创造性被激发起来,这种阅读经典且不设限的方法也与大学的学习方式对接。

教师还应该向学生介绍阅读的方法。周国平在谈论阅读时,就已经给出解答。首先,要"好读书",养成读书的习惯,读各种类型的书,"三日不读书,便觉语言无味,面目可憎"。其次,要"读好书",挑选最好的作品来读,而不是把宝贵的时间浪费在平庸的书上。最后,周国平提倡了"不求甚解,为我所用"的读书方法,阅读的过程是慢慢积累的过程,第一回,你无法领悟大师的智慧,没有关系,跳过这段,等待读完全书之后的回顾或是第 N 次的回味,一遍又一遍,你也就会越读越轻松。读书是件乐事,应当去享受自己思想与作家思想碰撞的美妙火花,去感受心灵的震颤和顿悟的美妙。

学习,是学生自身的事,需要他们发挥自主能动性,而老师这个角色所能做的是引导他们发现学习和阅读的乐趣,为他们照亮前路。

涂洁/文

参考书目

[1]周国平.周国平论阅读:做大师的学生[M].华东师范大学出版社,2016.

[2]包祥.美的邂逅:中国文化的教育启示[M].华东师范大学出版社,2016.

[3]杨四耕.课堂是一种态度:从"教学认识论"到"教学诠释学"[M].华东师范大学出版社,2015.

思想着比思想更重要

——读《课堂是一种态度》

　　最近阅读了杨四耕先生的《课堂是一种态度》，对自己的日常教学有了更深入的思考和认识。本书第二章的主要思想是：思想着比思想更重要：教学的诠释学取向。帕斯卡尔曾经充满自信地说："思想——人的全部尊严就在于思想。"的确，"'思想着比思想更重要。'对思想与精神的追求毫无疑问地比知识更本位。对成长而言，动词的思想比名词的思想更有价值。因为，见识比知识更重要，成长比成功更重要。我们的文化应成为这样一种状况，人在其中不再感觉到对限制和对照的要求。"读到这里，我感触颇多，其实在我们的日常教学中，学生们对"思想着"往往比对思想本身更感兴趣，对通过"思想着"得到的思想更珍视，所以，学生能处于"思想着"的状态是非常多的。

　　例如在上学期高二《哲学与生活》学习到联系的普遍性与客观性时，一学生质疑："联系具有普遍性，但是有些具体联系是对人类不利的，比如说蚊子和人、畜的联系。我的问题是，消灭蚊子是否真的尊重了联系？人类到底应不应该消灭它们？"这一下引起轩然大波，同学们马上分为两派：1. 不应该消灭；2. 应该消灭。并且把目光集向老师……由于当前师生本身固有的知识水平的限制，不可能在已有知识库中信手拈来自己所需要的信息，所以师生共同面对棘手问题的情况很多，而这恰恰会极大地激发学生的探究问题的热情。当我坦言对这个问题也一下子解释不清楚时，同学们更来了神儿，于是大家相约，下节课见分晓！这下，学校的图书馆、网络中心及相关科目的老师可忙开啦。

　　到了下节课，不同观点的同学各述理由，应该消灭的理由：蚊子会传播疟疾等上百种疾病，危害人畜健康甚至危及生命（举例）；蚊子影响人畜的休息及健康，影响人类的工作和畜牧业的发展，影响国民经济的发展。不应该消灭的理由：从生物学研究的角度看蚊子是生物链中不可缺少的一环，它可以通过传播疾病把某些生物种群中的老弱病残消除,控制其数量并保存优势基因,优胜劣汰有利于物种的进化;蚊子是许多鸟类和昆虫的主要食物之一,是食物链中重要的一环,它的存在有助于保护物种多样性,从而利于自然和人类的可持续发展。当老师提出这次探寻过程对我们的启示时,同学们感受颇多:"蚊子的存在有利有弊,我们应该全面的看问题,对待问题不能简单的下结论。""我们应该注重认清各种事物之间的联系,保护环境,争取达到自然与人的和谐发展""人类应该把目光放长远,应该跳出以人为中心的价值判断标准,才能真正得到更好的发展""我们应该注重分析事物内部、事物之间的联系,还要看到联系的复杂性和多样性""联系的看问题不应只停留在口头和书本上""还要尊重联系的客观性"讨论使问题获得清晰的线索和深刻的剖析,对问题的解释使学生对原有的理解得到更新,对教材理论加深了认识,并不断产生新的认识和见解,随着讨论的深入,学习的内容和教学标准也随之开放。

思想政治课相对于数理化等学科来讲更具有社会性,相对于文史地等学科来讲更具时政性,而大量的社会时政性问题为学生处于"思想着"的状态提供了更好的条件。"思想着"能够营造一种开放性、浸润性、积极互动的学习氛围,使学生摆脱获取知识的惰性,增强知识的弹性,促进知识的远迁移。学生的每一次搜集信息、发表见解都显示出他们良好的创造力、良好的资质和素养,他们的天赋和潜能都凝聚在学习活动中和探究的结果上。"思想着"使学生茅塞顿开、豁然开朗,从中体验到成长的欢愉,获得新知的鼓舞。这使得教学的内容、安排及活动的过程和结果都具有很大的开放性。

看了本书,使我在理论上有了更多的感悟与升华,我将在未来的工作中更加努力地追求使教学工作更多地从让学生掌握某种思想到让学生本身处于"思想着"的状态升华。

寇凯宏/文

让学生有尊严地自由地生长

假期有幸阅读杨四耕著的《课堂是一种态度》这本书，使我受益匪浅。

其中对我触动最大的是杨四耕的下面的观点：幸福之外无教育。他阐述教育就其本性来说，就是帮助孩子们充分发展幸福能力。幸福不是简单的快乐，而是恒久的心灵能量。心情是一种感性状态；而心灵，则是一种精神内存，必要的时候可以自然绽放。的确如此，课程改革这么久，我们的课堂还确实隐藏着巨大的危机—被学习、被作业、被探究、被合作、被自主、被评价……这样看来让一个人有尊严地、自由地生长，理应成为课堂教学改革的期许。

回想我这十多年来随着课程改革而进行的课堂教学改革的尝试，我也是在逐步探索与尝试，帮助学生充分发展幸福能力，让他们有尊严地自由地生长。

一、由利用多媒体技术创设英语交际环境到利用 Box fish 英语学习软件引导学生进入真实的英语交际环境。

良好的交际环境对于学生的语言学习是至关重要的，我们不可能都把学生送到国外去，让学生真正生活在英语环境中，传统的英语教学方式在这一方面能做的工作很有限。

过去我将多媒体技术应用于我的课堂教学工作中，给学生创造良好的英语交际及学习环境，充分利用多媒体技术及网络资源，对话的展示尽可能地用外国的同龄学生，课件的制作也尽可能多地使用与教学内容相关的外国场景照片、情景动画，同时，我还适时地介绍一些英语国家，如美国、英国，澳大利亚等国家的人文景观、风土人情、民俗习惯、城市建筑、自然风光等。期间我要查找大量资料，进行整合，才能让学生有所感受。现在我采用 box fish 里面的有关课堂教学内容的学习资料的整合，选择符合我的学生特点的资料，使得同学们将感受到前所未有的视听冲击和震撼,让同学们仿佛真的置身于大洋彼岸的异国他乡。学生们也会有深刻的成功喜悦,有一种幸福感,学好英语的积极性也自然被极大地调动起来了。

二、由利用多媒体技术创设课文导入情境及课文内容问题情境,改为利用 Box fish 英语学习软件深入浅出地导入课文情境。

中学英语创设课文导入情境主要是通过创设形式多样的情境,为学生提供尽可能多的用英语进行练习的可能,从使用最多的实物、动作、精致的彩色图片、幻灯、录音、录像、表演以及歌曲、游戏等手段运用电脑软件进行情景教学。

运用多媒体资源创设课文内容问题情境,能引发学生的探究欲望,能培养学生的观察思考能力。以初二英语上 Module 6 Animals in danger 为例,在上这课时我采用了多媒体组合视听教法,笔者应用的媒体有多媒体电脑、教学光碟等。首先用几种濒危动物的声音导入,然后问 Who knows which animal's sound? Do you know where they live? 我不是直接告诉学生答案,而是播放光盘 Blue whales 通过观看,学生了解到 What kind of animal it is. 我接着问 Do you know how many whales in the world? 然后再引出其他的濒危动物,让学生开始讨论自己知道的有哪些濒危动物,都需要做哪些工作来保护他们。而现在我可以利用 box fish 学习软件也是可以先通过视频或声音来引出濒危动物,并且打开资源包关于目前世界上的濒危物,可以随机让学生观看一到两个,其余看不完的,可以让学生回家继续观看,并且时间灵活,学生可控,如果学生课上没看懂的,回家还可以反复观看,真正做到学生能够自主地自由地学习。

三、由利用多媒体技术创设学习词汇和句型情境到利用 Box fish 英语学习软件引导学生学习单词和句型。

词汇教学过去常常停留在孤立地教单词、教词义的低效益的水平,学生记单词也是死记硬背,学得枯燥乏味,兴趣全无,常常感到英语单词难记易忘,难以形成词汇积累,影响了听、说、读、写能力的形成。

利用多媒体辅助教学手段,我们还可以设计如中央电视台"幸运 52"节目中的猜词游戏,把学生学的单词进行相应归类,如按体育类、动物类、植物类、食物类、服装类、水果类等进行分类,给出图片,两个学生为一组,一个人描述另一个人猜词,也可以再有一个人把词写在黑板上,限定时间,进行比赛。通过我在课堂上做过的关于动物的猜词游戏,可以深刻感受到学生们的热情,单词的学习和复习再也不会枯燥乏味了。这些都需要老师花费大量时间进行课件的制作。而今我利用 box fish 学习软件可以轻松地让学生学习并记忆单词和句型,这个软件让学生能够由易到难,如单词先是按音节,出现句子,让学生选择单词,然后再填空,最后完全默写出来,在学习中还伴有积分的增加,学生也同时会看到自己的积分在班级的排名,从而激发他学习的动力,主动自主地去学习。另外这个软件设置不允许中途放弃的原则,放弃积分为零,必须全部完成。

四、由利用多媒体技术创设任务型教学情境到利用 Box fish 软件让学生感受到任务型教学的真实情境中。

国家《英语课程标准》指出:提倡任务型教学模式,把综合语言运用能力的培养落实在教学过程中,倡导体验、实践、参与、交流和合作的学习方式,实现任务目标,感受成功,强调学生能用英语做事情。任务型学习活动的关键就是创造真实的语言活动情境,激励学生共同参与,共同交流,共同学习。过去我在设计任务时尽量挖掘教材中符合中学生年龄特点和兴趣爱好的素材,以学生的生活实际、情感体验为出发点,课堂上利用多媒体辅助教学手段把语言材料进行整理、加工,创造出真实的语言活动情境,让学生融入设计的课堂任务相应的情景中。例如:学生们对体育活动、游戏及动物等普遍感兴趣,我在一节关于春节的北京市朝阳区公开课上是这样创设人物情境的:任务一:让学生作为一个报社记者,去采访一下路人中国春节从哪一天开始到哪一天结束,都有什么主要活动,然后向同学们介绍一下你所采访的活动。任务二:让同学们互相采访,询问一下他们所喜爱的活动及为什么。然后依据同学们的描述写一篇有关春节习俗的报导,这样孩子们就可以有身临其境的感觉。现在我可以利用 box fish 学习软件让学生直接做任务,直接人机对话来体会并完成真实的任务,学生可以先通过观看视频来了解春节都有哪些习俗? 然后回答问题,并且整理资料,最后成文段,学生课上如果有没做完的,可以课下继续完成,时间比较灵活,真正做到因材施教。

五、由利用多媒体创设巩固课堂内容的情境到利用 Box fish 软件让学生巩固课堂内容。

在过去的英语教学中,为兼顾语言基本知识的掌握和语言应用能力的培养,我总想补充一些相关的知识和作业,来巩固课堂教学的内容。在选择习题的处理上,我要花费大量的时间才能达到理想的目的。

　　现在我可以让学生充分利用 Box fish 学习软件进行朗读和跟读的训练,从而让学生能够准确地掌握语音语调的发音准确程度,这个软件还能够对学生朗读或跟读给以评分,已警示学生或激励学生。另外我还可以根据具体情况,给学生推荐一些适合本班学生学习或阅读的资料,从而使学生扩大知识面,拓展知识的目的。这样做,有效地训练和培养了学生正确理解、掌握和运用知识的能力。

　　总之,通过阅读《课堂是一种态度》一书,让我对我的课堂进行了反思和总结。我想用书里的三句话结束我的读书笔记:成长比成功重要;见识比知识重要;心灵比心情更重要。我所有的教学改革的尝试,都是希望我的学生们都能充分发展幸福能力,有尊严地自由地生长在我的课堂里。

宗世颖/文

自主探究，推进小说名著阅读

——读《周国平论阅读》有感

今年寒假，学校组织全体老师开展读书活动，我阅读了周国平先生所著的《周国平论阅读》一书，对书中如何带领学生开展阅读有深切的体会。再加上开学前学校组织了两天的培训活动，通过在培训活动中的更深一步地学习，我对这部分内容有了更多的认识。

由于中考阅读多年未指向小说，尤其是古典小说，中学古典小说教学形成了小说教学的盲区。另外，文白间杂的语言形式对学生的阅读造成一定的困难，再加上灌输式的教学方式也可能会让学生对古典小说失去兴趣，这对孩子将来的阅读道路会是多么大的损失，所以作为一名语文老师，我们任重道远。

怎样才能更好地使用教材，立足课堂来激发学生的兴趣并且促进学生的名著阅读，这是备课组老师们一直在思考和讨论的问题。前一段时间，读到冯梦龙先生的一篇文章《阅读，提升语文素养的"抓手"》，里面有几段话给了我很多的启发："语文课要实实在在地提高学生的语文素养，就要实实在在地提高学生阅读的兴趣和能力，实实在在地帮助学生学会阅读，学会阅读，其实就是学会了学习。学生有了这种学习能力，他们的终身发展就有了扎实的基础。""自学，尤其是在帮助下的自学，在任何教育体系中，都具有无可替代的价值。"

反思过去，老师在讲古典小说的时候，多数是老师设计问题，带领学生读文本，一步步地理解内容、人物和主旨，似乎课堂上的学习效果还不错。但现在进一步地思考，发现其实我们都是在进行"老师定论、学生入套"的教学方式。是不是真正地达到了我们教学的目标？是不是能提高了学生阅读古典小说的阅读兴趣和能力？有多少学生能在课下捧起原著真正去读？这诸多的问题都值得我们去反思，从而促进我们更好地去改善教学方式。因此我们决定做一次尝试，我们确信当我们的学生思维处在自由与积极的状态下时，是能够会让学生在合作探究中对古典小说产生阅读兴趣,从而"入迷"的。

今年寒假,我们布置了一项作业,让初二年级的学生回家阅读《三国演义》,并自主选择完成八个主要人物相关内容的梳理。自然,交上来的作业质量良莠不齐。随后,我们开展了全年级的《三国演义》知识竞赛、主题演讲、思维导图评比等活动促进学生的名著阅读,涉及面还是比较广的。结果表明,有一部分学生有能力做更深入的阅读,为此,作为老师,更有责任为这样的学生搭建出更好的平台,让他们能飞得更高。因此,对于经典小说的阅读教学,我们尝试用以下做法。

首先是学生的自主学习。阅读教学首先必须让学生深入了解相关时代背景,感悟时代风云,消除阅读隔膜,这样才能对小说有敏锐的感触。过去我们的教学大多是由教师直接提供时代背景,导致学生接受的被动性和机械性,无法让学生产生接受的愉悦。我们可以利用图书馆及网络,发动学生去挖掘相关的历史资料,将历史的碎片串联成整个时代的印象。

其次是开展合作学习的阶段。对小说的整体把握是探究阅读的前提,首先我们应当指导学生认真阅读小说、找准故事线索、理清主要情节,帮助他们寻找阅读兴奋点,激发探究兴趣。我们可以组织学生小组讨论,提出自己的疑问并谈谈对课文的理解。由小组长负责记录、主持,并将组内未能讨论清楚的问题进行整理记录。全班同学讨论存在的疑问,各抒己见。教师组织和协调,但不给学生明确答案,给学生思考和探究的议题。

再次,在课堂上开展探究学习。起源于明代中叶的"评点派"在鉴赏方面给我们提供很好的范例。明末清初,金圣叹批《水浒传》、毛宗批《三国演义》、脂砚斋评《红楼梦》等,这些点评对作品的普及和深入研究起到推波助澜的作用。因此,我们设想把评点阅读引入课堂。学生的模仿能力和想象能力正处于人生的颠峰期,我们不应忽视或轻视学生的这些能力。老师以一个经典片段为例来引导学生鉴赏评点。当然在内容点评上,我们也可以借鉴今人的点评文字,启发学生去"玩味"小说。读这样的文字,一定会激起学生阅读的兴趣,触动学生去思索小说、感悟小说。

最后,听说读写结合,提升学生思维能力。课下要求学生把评点和鉴赏内容形成文字,完成一篇小论文写作。小组分工合作,可以到图书馆及电子阅览室查找写作资料。再由小组长主持写作、反复修改。最后,是课上对优秀习作的展示和班里的阅读交流,老师要参与点评与鉴赏,并进行指导点拨。其实,写作不只是文字的简单组合,而是对小说的更深层次的理解。因为写作是观点由散乱到凝练的过程,是对小说的再阅读,也是对思维的再提升。

　　课堂教学只是给学生一个样式,而不是学生阅读的全部,因而知识和能力的迁移是必不可少的。通过这样的探究学习,相信师生都会从中获益匪浅!

　　另外,通过阅读此书,我学习了很多东西,尤其是周国平先生对很多经典的图书有独到的点评,从中自己有很多的启发!

覃秀梅/文

营造书香校园,共享阅读盛宴

"真正的阅读必须有灵魂的参与,它是一个人的灵魂在一个借文字符号构筑的精神世界里的漫游,是在这漫游途中的自我发现和自我成长,因而是一种个人化的精神行为。"

———周国平《经典和我们》

中华民族一直流传着"万般皆下品,惟有读书高""读书破万卷,下笔如有神""忠厚传家久,诗书继世长"的古训,更不乏凿壁偷光、囊萤映雪、悬梁刺股等苦读的典范。然而,在当今科技高速发展的信息化时代,人们的阅读热情冷却,甚至消退了。我们似乎不再痴迷于手不释卷的沉潜,转而沉溺于手机刷屏带来的愉悦,这种"浅阅读"现象不仅国人焦虑,也引来域外读者的关注。

"中国是一个有全世界最悠久阅读传统的国家,但现在的中国人却似乎有些不耐烦坐下来安静地读一本书。"这是旅居上海的印度工程师孟莎美在文章《令人忧虑:不阅读的中国人》中对中国阅读现状的描述。中国出版科学研究所 2012 年曾进行全民阅读调查,结果显示我国国民每年人均阅读图书仅有 4.5 本,而且有逐年递减的趋势,相对于韩国每年人均 11 本,法国人均 20 本,日本 40 本,以色列 64 本,差距甚大。在这样浮躁的社会环境中,青年学生裹挟其中,他们丧失阅读兴趣,缺乏阅读习惯似乎是可以理解和想见的。青年学生承继民族传统,承载祖国未来,理应沿袭中华书香文化。恰逢今年高考语文北京卷《考试说明》也对青年学生的经典阅读提出明确要求,将《红楼梦》《呐喊》《边城》《平凡的世界》等 12 部文学作品纳入考试范畴。因此作为语文教师,采取有效措施进行名著阅读推广,营造满溢书香的校园环境,更好地培养学生的阅读兴趣、提高学生阅读能力,促进学生的阅读活动势在必行。

一、从思维角度启发学生的阅读观念

"学习动机是激发个体进行学习活动、维持已引起的学习活动,并致使个体的学习活动朝向某一目标的内部动力系统。学习动机与学习活动可以相互激发、相互加强。"强调文学名著阅读的重要性,使学生切实地认识到名著阅读对自身的影响,从而产生积极的学习动机,强烈的求知欲。

文学名著作为中华民族的文化经典具有永恒的艺术魅力,其中精致的语言、华美的词句自然是值得后世效仿的,里面包罗万象的文化习俗、光怪陆离的时代风貌同样是值得后学考究的,内里蕴含的深刻的道理、人生的哲学更是值得后人膜拜的。

(一)阅读是民族责任感的体现

"读者是一个美好的身份"。文学名著中蕴含着中华传统的文化,人类的文明,作为新时代的高中生肩负着祖国未来发展的希望,有责任、有义务去担负起传承文化经典的重担,让这些经典著述在人类的发展历史中永放华彩。

《不阅读的中国人》中提及中国这个民族已经到了无人读书的可怕境地云云固然有其片面性,但是也从侧面反映出了国内阅读的问题。当代青年学生作为知识的有效传承者应该以实际行动捍卫祖国的尊严,用自己的行为树立国家的形象。温家宝总理几年前出版的《温文尔雅》即是引用诗词结集而成,温总理多次在国内、国外重大场合中对中国古典诗词的娴熟的运用,不仅是一位大国领导人温文尔雅的政治风度的表达,更是中华民族博大精深的文化传统的展现。无论是以诗言志,还是以诗抒情,温总理用诗文展示着他的个性,流露着他的真挚,挥洒着他的才情。这种诗文并茂的情感表达,深化了国人对于传统文化的继承和感情,在国内掀起了一股国学的热潮,更让世界领略到中华民族五千年深厚的文化底蕴和语言魅力,体会到我国传统文化的智慧,很好地诠释了中国的国际形象。

(二)阅读是获得知识的有效途径

文学名著中包含的内容是丰富的,孔子在《论语》中说,"诗可以兴,可以观,可以群,可以怨。迩之事父,远之事君;多识于草木鸟兽之名",他的"兴观群怨"说,如今我们可以宽泛地理解为好的文学作品是可以让读者产生联想,认识事物、获得知识,统一思想,抒发情怀的。

通过阅读文学名著,学生可以了解到彼时的社会历史现实,了解历史人物的命运、朝代的更迭;可以知晓不同地域的风土人情、乡俗民情;甚至可以借用古人的智慧指导我们自己的人生,正如周国平所说"对经典可以有不用的读法""在阅读它们时,不同时代的个人都可能感受到一种灵魂觉醒的惊喜",例如鲁迅说阅读《红楼梦》时提出"经学家看见《易》,道学家看见淫,才子看见缠绵,革命家看见排满……"

对于高中生而言,全面发展、德才兼备是未来社会需求的人才,中国当代书画大师范曾一直秉持的是"一诗为魂,以书为骨"的绘画特色,也是他为中国画作提出的箴言。范曾认为,"举凡中国先哲深睿高华之感悟,史家博雅浩瀚之文思,诗家陈雄逸迈之篇章,皆为中国画源头活水"。文学名著的阅读不仅有助于文学造诣的培养,对其他的领域有着同样有益的影响。

(三)文学名著的阅读有助于气质修养的培养

英国著名教育家洛克强调过,"一个只要科学不要人文精神的人,是只有知识没有智慧的人。"①虽然我国素质教育不断推进,但目前大部分地区仍是应试教育的形式下,高中生普遍出现重视成绩而文学修养欠缺的问题,其实任何科目的发展都离不开基本的文化内涵。

"书卷多情似故人,晨昏忧乐每相亲",古人总是以各种方式来教导我们读书的重要性。阅读文学名著可以启发学生关于世界美好图景的想象,培养学生对于生活的良好感觉,愉悦精神的同时褪去浮躁,让自己的生活充满诗意,从而提高个人的气质修养,"腹有诗书气自华"说的就是这个道理。同时,文学可以让头脑更充实,在与人交流和表达的时候能够更有效果。

(四)阅读有效促进高中生的道德建设

相对于培养有文化知识的学生,素质教育更应重视的是培养有道德的人才,致力于学生的"德才兼备",关注的是学生的理性思维、情感体验、道德实践。高中生处于社会经验和个人成长的发展期,他们的人生观、价值观尚未形成,因此,作为教师有义务帮助学生形成正确的价值观和世界观。除了日常学习生活中的教育之外,文学名著的阅读也能够给学生潜移默化的道德影响。

文学名著中有许多千古名句是历代先贤尚德思想的精髓,"勿以善小而不为,勿以恶小而为之""先天下之忧而忧,后天下之乐而乐""寄意寒星荃不察,我以我血荐轩辕"等自强、正义的言语。

另外,文学名著离不开经典的人物形象,这些人物身上往往蕴含着巨大的精

---

① 《重拾教育的美好,纠偏教育的缺失》,光明日报,2011 年 2 月 21 日。

神内涵,道德力量,如《西游记》师徒四人执着的信念和顽强的毅力;《钢铁是怎样炼成的》主人公保尔柯察金坚定的意志和革命信念;《老人与海》中老渔民圣地亚哥永不放弃的坚韧和敢于冒险的勇气等。文学名著的道德渗透是对学生的精神的最好的净化与升华。

二、从授课教师自身树立名著阅读的榜样

德国心理学家卡尔·谷鲁斯提出过心理学概念"内模仿",其实质是一种移情说,"模仿是人类最本能的动物性冲动,如一个小孩看到许多小孩在玩耍,会先站在旁边看几分钟,越看越高兴,就会加入他们一起追逐嬉闹,这就是模仿运动的动作"。语文课程教学也是一样,学生所模仿的是被美净化的对象,从而形成一种"超功利的美感的移情作用"。因此,作为语文教师,相对于其他科目,更需要博闻强记,见识广博,以自身的学养引导学生产生对文学经典和名著阅读的向往。

(一)教学与科研融合是上好语文课的基础

榜样的力量是强大的。曾经看过一部电影叫作《独领风骚》,影片讲述的是一群盲目追逐时尚,喜欢流行音乐和舞蹈的学生,对新学期学校安排的国标舞不感兴趣,认为是过时的、老年人的舞种。为了纠正学生对国标舞的认识,国标舞教师找来自己的舞伴,在悠扬的乐曲声中翩翩起舞,学生们深深为老师优雅曼妙的舞姿所吸引,他们认识到了国标舞的美。语文课程教学也是一样,授课教师是文学名著最好的形象表征,这就要求授课教师不断地丰富和扩大自己的阅读量,讲课的时候才能够旁征博引;对于名著的阅读和研究做深做细,分析的时候才能够鞭辟入里。授课教师的创新意识和开拓精神,不断地优化和更新教学内容并将教学与科研紧密结合,也是上好语文课的知识基础。

(二)多种审美艺术相结合扩充知识领域

周国平在《让经典成为通识》中强调经典名著在提高智育、德育的同时,对于培育美丽丰富的心灵的美育同样有着积极的作用。文学艺术作品是高中生基本的教育资源,也能够给学生以美好的熏陶。阅读经典作家的作品犹如经历一次愉快的精神之旅,因此对于语文教师的要求往往不止于文学名著的阅读和分析本身,能够在教学中融入个人的审美体验,更能够将文学与音乐、绘画等艺术相结合,不仅是教师个人素质的完善,更是吸引学生学习兴趣,扩充高中生知识领域的有效措施。例如讲解苏轼的词作时,介绍苏轼的人生经历、时代历史背景的同时,对于苏轼书法、画作的赏析更有助于学生对于苏轼,乃至其人其文的深刻理解。

（三）言传身教树立内外兼修的良好形象

行动是最好的语言。相对于其他科目，语文教师更要注意培养自身的气质和修养，注意个人的言行，注意课堂教学的语言，鼓励学生的优点、启发学生的交流、激发学生的共鸣，言传身教才能够给学生树立内外兼修的良好形象，古人云：亲其师而信其道。只有学生真正的敬佩教师、爱戴教师，才会更容易融入课堂，更容易接受教学内容。

此外，信息社会的发展也要求授课教师具备运用现代科技手段教学的能力，熟练地制作教学课件、利用网上资源等，能够把全新的学科知识以最为有效的形式进行传授。

三、从课程设置角度培养学生的学习兴趣

兴趣是最好的老师。心理学角度认为，兴趣是人行为动机的最重要的体现，培养高中生对名著赏析课程的学习兴趣。根据学生认识问题的节奏和过程，把握思维进阶理念对教学环节进行合理设计是不容忽视的。

（一）课前美文欣赏

读赏法是名著教学中常运用的方法，教师在悠扬的音乐声中，把一篇篇优美的文章诵读出来，让学生陶醉在诗乐的优美氛围中。文学是一种审美的艺术，需要美的环境和氛围，授课教师在教学中注意营造审美的学习气氛，让学生浸润其中，更有助于提高名著赏析的教学效果。

上课的铃声响起，由于种种原因可能不会马上融入课堂，在这个时间段，准备一篇短小的美文与学生分享，既很好地把握了课程的缓冲节奏，又把学生代入了审美的氛围，有助于接下来名著篇目的精讲和赏读。

（二）注重教学的逻辑性

教学是一门艺术。"起（开始）能引人兴趣；承（上下衔接）能环环紧扣，别具匠心；转（转化）能自然畅达、波澜起伏、引人入胜；合（结尾）能令人顿开茅塞，豁然开朗，或者余味无穷，发人沉思。"授课的过程中注意逻辑性的把握，明确教学中的焦点问题和目的，并在具体鉴赏中由表及里地引导学生展开教学。

教学要以教学目标为导向，教师要结合学生的实际和特点，科学地制定教学规划才能上好名著赏析课。目前文科类的教师，特别是文学名著赏析的授课教师，因为个人学养深厚对所讲的内容往往能够做到旁征博引，甚至是举一反三，有的时候会过分延伸，偏离主题，可能会造成学生对教学以外的内容的关注和兴趣

远远大于教学的核心问题,结果事倍功半,没有达到突出和加深教学内容的目的。因此,进行名著鉴赏时既要注重教学的艺术,适当地引申,也要注重教学过程中的逻辑性,脉络清晰、循序渐进、重点突出让学生有章可循。

（三）加强学生的参与性、互动性

学生的参与和互动一直是教学改革中强调的重点,也是教师们努力的方向。针对语文课堂中调动学生的参与积极性主要通过几个途径,首先,在作家作品等文学常识的介绍中,可以由学生讲课取代教师授课,学生们自己备课既可以加深印象,也培养了自主探究的能力。其次,在对文学名著经典片段赏读过程中,可以让学生分小组的形式进行讨论并由小组代表进行鉴赏讲解,教师补充指导,例如对《三国志演义》第五十回中曹操兵败遭劫,一路上每至险要处总会大笑,通过组织学生讨论曹操的笑的多种含义让学生全面的立体化的理解曹操形象,进而得到辩证地看历史人物的历史观念;另外,对名著作品中知识点的随堂考察可以通过学生计分抢答的形式,既活跃了课堂气氛也强化了学生的记忆,是比较行之有效的方法。

（四）新科技环境下多媒体的综合运用

在科技创新的环境下,高校名著教学应该与时俱进,跨越书本,探索与网络等新媒体的结合。现在的高中生作为接触科技手段的新兴一代,如果能把新科技引用到名著赏析的课堂,将是经典与现代的最好组合。常规的PPT多媒体投影已经在教学中普及,可以通过制作精美生动的教学课件,在文学经典片段的进行品读鉴赏时,除了可以指导学生品读原文之外,也可以通过播放由名著改编的影视片段,进而指导学生讨论原著与影视改编的表现手法等差异及其优劣等教学方式增强教学的直观性和艺术性。

另外,微信作为新兴媒体是高中生们常使用的联系方式,针对课堂教学可以建立微信群作为课下讨论的场所。授课教师把名著篇目或经典篇目在群里分享,并把自己阅读的心得和研读的困惑晒出来,同学们参与讨论,不仅获得了知识也让学生们形成学习和阅读名著的良好氛围,教师也可以根据学生的学习兴趣调整和选择名著的篇目。

随着信息技术的迅猛发展,"幕课"作为一种基于互联网的现代教学方式,它拥有跨越地域、不受时间、人数规模限制的优势真正实现教育资源的共享。针对文学名著赏析的实际情况,授课教师可以录制网络课堂,方便学生的知识回顾以及为未选修的学生提供学习的机会。

(五)将名著欣赏与校园文化相联系

名著的欣赏同样有助于校园文化的建设。目前的高中生们有很多校园活动和校内社团,但学生们在选择参与的时候往往有些盲目,通过建立一些校内讲座活动、读书社团等将文学名著的阅读与校园文化相结合。例如举办文学名著知识竞赛和读书讲座,组织学生根据名著改编舞台剧表演,既丰富了学生的校园活动,又加深了学生对于名著的了解,更把名著的魅力传递给其他同学,进而形成良好的校园文化环境。

文学名著是世界历史的瑰宝,对人类的精神文明有着深远的影响,对于当代高中生的意义更是不容忽视的。培养学生文学名著阅读的习惯和能力,提高学生文学欣赏课程的学习兴趣,不仅止于让学生知晓名著内容,学习名著中的语言表达和文化艺术,更要引导学生进行对自我和对世界的思考,对民族传统文化的接受和认同,这对于教师和教学而言,任重道远。

《阅读改变人生》的主编在前言中写道:"阅读不能改变人生的长度,但它可以改变人生的宽度;阅读不能改变人生的起点,但它可以改变人生的终点;阅读让人生永不听任命运的摆布,把握自己,执着地走向梦想的极地;无论出身高贵与卑贱,阅读可以改变人生的坐标和轨迹,奏响人生的乐章。"提高读书热情,营造良好阅读氛围不仅是教师、家长心之所系,也是全社会的责任。书籍是人类文化思想的精髓,是智慧的结晶,它在暗淡中给予我们光明,在困惑中施以人们希望,让我们为留住灵魂的净土共勉,向建立书香校园前行。

曹帅/文

参考文献:

[1]张奇编著. 高等教育心理学. 大连:辽宁师范大学出版社,2007,136.

[2]周国平. 周国平论阅读:做大师的学生. 上海:华东师范大学出版社,2015,26.

[3]鄂义太,陈理. 加强教学建设 提高人才培养质量:中央名族大学本科教学研究·第四辑. 北京:中央民族大学出版社,2009,182.

[4]孙菊如等. 课堂教学艺术. 北京:北京大学出版社,2006,6.

让阅读带学生走出困境

在语文教学中，我们常常遇到这样的情况：学生为文，提笔无话可写；说话，开口无词可言；或者有的写了、说了，但所写的、所说的东西总是言辞单调，表达浅薄。分析其原因，一是缺少丰富的素材，二是没有足够的语言积累。而这类的学生对语文学习自然也难以提起兴趣，很容易陷入茫然和困境。

张志公先生曾指出："贫乏是语文能力的致命伤。""贫乏"顽疾的病根何在呢？

一直以来，语文教学常常封闭在几十篇课文之中，课外则扣着《目标》等教辅练习，要不就是被迫着读那几本名著，究其原因：中考高考要考。如此一来，学生的视野正象鲁迅先生笔下所说的那样，只能看见"高墙上的四角的天空"，何谈丰富的积累，何谈灵活地运用！

那么，如何从根本上提升学生学习语文的兴趣和能力呢？多读书，读好书，阅读能带领学生走出困境。我们要引导孩子们遨游书海，品味书香。阅读了《周国平论阅读》（周国平著，华东师范大学出版社出版）一书，我更是坚定了自己的教学理念，要让学生在读写活动中热爱文字、运用文字。语文教学如果只是盯着优秀率及格率，就会见分不见人，就会抹杀学生学习母语的活力和灵性。

为什么要多读？

课外阅读有利于健全学生的心灵和人格。周国平先生在《阅读与人生》一文中谈到，通过阅读，可以得到三样最好的礼物：成为一个优秀的人，有一个幸福的人生，有一颗宁静的心。的确如此，阅读能让孩子们的心灵变得丰富，帮助他们学习体会和观察人类的情感，提高他们对生命的认识。我们的教育培养的不是应试的机器，而是未来的祖国的栋梁，是一个个鲜活的人。我们常说，要"为学生的终身发展"奠基，那么，不要让语文教学变得那样功利吧，让我们的学生在阅读中感受内在的自足和充实，做一个身心健康的人；让我们的学生在阅读中享受做人的幸福,做一个优秀的人!

宋朝诗人黄山谷有一句名言:"三日不读书,便觉语言无味,面目可憎。"广泛阅读,应该成为孩子们学习生活的基本需要。周国平先生说:"一个人的成长基本上得益于自己读书,相比之下,课堂上的收获显得微不足道。……中小学本是培养对读书的爱好的关键时期,而现在的中小学教育却以升学率为唯一追求目标,为此不惜将超负荷的功课加于学生,剥夺其课外阅读的时间,不知扼杀了多少孩子现在和将来对读书的爱好。"身为一名语文老师,自己也常常带着孩子们练习模拟题,研究考点归纳答题思路,此时想起,觉得是多么的惭愧和无奈啊!

课外阅读有利于调动学生学习语文的热情,提升多方面的语文能力。即便是从应试的角度,也要倡导孩子们多读书。有专家研究证明:一个学生的课外阅读量只有达到课本的4~5倍的时候,才会形成语文能力。

以写作教学为例。鲁迅先生有段绝妙文字,谈私塾先生如何教他作文——

"从前教我们作文的先生,并不传授什么《马氏文通》《文章作法》之流,一天到晚,只是读,做,读,做;做得不好,又读,又做。他却决不说坏在哪里,作文要怎样。一条暗胡同,一任你自己去摸索,走得通与否,大家听天由命。但偶然之间,也会不知怎么一来——真是'偶然之间',而且'不知怎么一来'——卷子上的文字,居然被涂改的少下去,留下的,而且有密圈的处所多起来了。于是学生满心欢喜,就照这样——真是自己也莫名其妙,不过是'照这样'——做下去,年深月久之后,先生就不再删改你的文章了,只在篇末批些'有书有笔,不蔓不枝'之类,到这时候,即可以算作'通'。"

鲁迅先生就这样逐步学会了写作。放手让学生去"读",去"做",在实践中摸索、体验,自悟其理法,正是通往成功的必由之路。当然,在学生感到"山重水复疑无路"时,老师不妨加以点拨,效果必然事半功倍。

读什么?怎么读?当然需要我们老师的指导。原本,开卷有益。但是当下,毕竟学生的学业繁重,学习时间有限,所以要指导学生正确的选择读物。周国平先生认为,"人文经典是最佳选择",他说:"也许没有一个时代拥有像今天这样多的出版物,然而,很可能今天的人们比以往任何时候都阅读得少。在这样的时代,一个人尤其必须懂得拒绝和排除,才能够进入真正的阅读。"

说到阅读经典名著,我们在教学实践中,可能都有体会,有不少孩子对经典名著并不感兴趣——有的名著也的确不易读懂,相对于网络小说等消遣式读物,后者可能更易吸引他们。如何读经典,周国平先生如是说:"……不妨就当作闲书来读。也就是说,阅读的心态和方式都应该是轻松的。千万不要端起做学问的架子,刻意求解。读不懂不要硬读,先读那些读得懂的、能够引起自己兴趣的著作和章节。"

那么具体说来,如何在教学实践中落实这一阅读活动呢?

首先是时间上的保证。我们的学生学业负担重,是现行教育体制的弊端。就我个人的体会,我会在校内尽量利用可调动的时间给学生自由充分的阅读。如午自习时间,课前三分钟美文赏析活动,每周一堂阅读课等。同时,尽量减少一些不必要的作业,并把写阅读心得纳入作业中去,使校内外的阅读活动统一协调起来,以达到良好的阅读效果。

其次,教给学生读书的方法,并督促积累。摘抄式读书笔记是学生普遍采用的一种积累形式。我向学生发出"编辑一本(一套)自己的好书"的倡议,让学生将阅读到的有益内容摘录在摘抄本上,并做好编辑工作,这样日积月累、坚持不懈,很多同学都编出了一本本"属于自己的书"。在这本"自己的书"上,学生充分发挥了自己的创造能力:选内容、抄笔记、做点评、写心得、定格式、配插图、勾花边、编目录、拟序言、题书名……摘抄本成了孩子们手中千金难换的珍宝。

再次,开展活动推动迁移。培养课外阅读的习惯,不是一朝一夕就能养成的,如果不及时检查督促,学生容易松懈。为了激发学生持久的兴趣,提高阅读质量,可以通过各种活动和评比来促进。我们不妨从课内、课外两个角度推动阅读积累向迁移运用转化。在课内,加强课本教学对阅读内容的吸纳,或帮助读懂课文,或训练课文承载的语言技巧,或由此及彼、拓宽视野;在课外,组织丰富多彩的语文活动,如演讲赛,故事会,办手抄报、墙报,专题交流,读书能力评比等,并结合文学社团活动,充分实现读以致用,也给了学生展示的平台,达到激励的效果。

周国平先生说:"一个不是读者的学生,不管他考试成绩多么优秀,本质上不是一个优秀的人才。"我想,作为一名语文老师,我们更加有责任培养一个班级浓厚的阅读氛围,引领孩子们向现行教育争取阅读的自由,引导他们形成自己的读书趣味,做真正的读者!

最后,摘录几段周先生的阅读感悟,警醒自己,也与大家共勉。

"能否成为一个真正的读者,青少年时期是关键。经验证明,一个人在这个时期倘若没有养成读好书的习惯,以后再要培养就比较难了;倘若养成了,则必定终身受用。"

"与灌输知识相比,保护和培育读书的愉快是教育的更重要的任务。所以,如果一种教育使学生不能体会和享受读书的乐趣,反而视读书为完全的苦事,我们便可以有把握地判断它是失败了。"

"每个人的天性中都蕴含着好奇心和求知欲,因而都有可能依靠自己去发现和领略阅读的快乐。遗憾的是,当今功利至上的教育体制正在无情地扼杀人性中这种最宝贵的特质。在这种情形下,我只能向有识见的教师和家长反复呼吁,请你们尽最大可能保护孩子的好奇心,能保护多少是多少,能抢救一个是一个。"

艾维蓉/文

点亮阅读心灯　开启智慧人生

——读《周国评论阅读》有感

时光清浅,岁月阑珊,2017年寒假在匆匆然中如期而至,也许是定式,也或许是渐已养成的习惯,每到这时,手捧一书,斜倚窗畔,伴暮鼓晨钟,品世事芳华,悟人生几许……这一次,手中捧起的是著名学者周国平先生的《做大师的学生——周国平论阅读》。

对周先生的最初印象,我觉得他是中国为数不多的平民哲学家。虽然没有建立自己的哲学体系,但他对世界、人生的看法理性、充满睿智,是我本人非常喜欢的。本人认为他的随笔写得很好,特别是第一本随笔集《人与永恒》与第三本随笔集《碎句与短章》(第二本也很好,不过感觉不如上述两本)。写得很随意,但却能抓住人心。散文写得很细腻,他的论文我读得甚少。总之,他更像文人与思想者而绝不是传统意义上的哲学家。欣赏他的一个观点:把哲学当一种生活方式。我觉得他更感性而非理性。当然,也许正是因为感性的直观或许本身充满睿智,才让他的文章如此打动人心。周先生的作品以及文采、哲思赢得了无数读者的青睐,无论花季还是暮年,都能从他的作品里收获智慧与超然。

在这个日益浮华的世界,周国平散文的"平淡"愈加突出,而平淡则是我们灵魂深处的向往。就像周国平先生在《平淡的境界》中说的那样"平淡不仅是一种文字的境界,更是一种胸怀,一种人生的境界"。同梁实秋一道,他的散文追求的是一种"绚烂至极归于平淡"的境界。以平淡为散文的极境。

好的散文家不止靠精神的涵养,文字功夫也是了得。散文最讲究味儿,而周国平先生的散文平淡而有味,他既不会无病呻吟,亦不附庸风雅,他的作品,总是尽可能还原真实,保持原味。当然,周国平散文文字的精练亦是不缺乏的。迷恋周国平文学性质的哲学,这是自然、人文,是对美与人性的回归。

综上所述,作为一本集结之作,《做大师的学生——周国平论阅读》汇编了周国平先生论述阅读的文字,选自迄今所发表的文章、随感和讲演。全书分十二辑。第一辑谈阅读的意义,为什么要养成读书的爱好。第二辑谈读什么书,强调以阅读经典作品为主。第三至九辑周国平先生分别谈了他本人读西方经典、中国古典和中国现当代作家的体会。而其后三辑则是周先生为国家图书馆历届文津图书奖所写的总序和推荐语,以及一些关于阅读的随感和讲座选辑。

周先生在阅读上的主张,如果用一句话来归结,我想就应该是本书的书名所提示的——做大师的学生。人是要过精神生活的,这是人和动物的最根本区别。如何才能拥有高品质的精神生活?人类的精神生活已经形成了一个悠久的传统,这个传统的主要载体就是书籍,尤其是伟大思想家和作家所写的经典作品,其中集中了人类两千多年来创造的最宝贵的精神财富。因此,读经典是进入人类精神生活传统,从而使自己过高品质精神生活的重要途径。

由于周先生关于阅读的建树和心得颇丰,以及学校 2017 年寒假教师阅读方案的具体要求——读书与教学实践相结合,加之本篇读书随笔篇幅所限,我特此从本书的十二辑中重点选取第二辑:瞄准经典,其中第五篇"让经典成为通识"给我带来的触动和思考最深。周先生在该篇论述道:中国正处在社会转型时期,前进中也暴露了诸多问题,显示了改革的艰难。分析所有这些问题,我们可以发现,在转型时期的中国,我们最缺少、最需要的东西,一是信仰,二是法治。事实已经证明,没有精神文化转型和社会秩序转型的配套,经济转型绝不可能孤立地成功。然而,要真正解决信仰和法治的问题,实依赖于国民素质的普遍提高。所谓提高素质,就是要使我们身上那些人之为人的属性——这就是"素质"的具体含义——得到健康生长,成为人性意义上的优秀的人。人是凭借精神属性成其为人的。精神属性可分为知、情、意三个方面,亦即理性思维、情感体验、道德实践这三种精神能力。具体地说,与精神属性的三个方面相对应,国民素质教育也可分为智育、美育、德育三个方面,而在这三个方面,经典著作都是极好的教材。

从三者的目标来看,智育的目标是培养自由、独立的头脑。在这方面,经典作家是最好的榜样。美育的目标是培养美丽、丰富的心灵。在这方面,文学艺术作品诚然是基本的教育资源,但人文和社科经典著作也能给我们以美好的熏陶。德育的目标是培养善良、高贵的灵魂。在这方面,经典作家尤能给我们良多启示。故言之,许多经典作家是表达的大师,读他们的作品,只要真正读进去了,你绝不会觉得枯燥,只会感到是一次愉快的精神旅行。从大师们的著作中,我们学到的不只是一些社科知识,更是追求真理的勇气、理性生活的习惯和独立思考的能力。

通过阅读经典,有助于我们确立自己的人生坐标,做一个有道德、有信仰的人。

回过头来反思自己的语文教学,名著阅读自2007年开始进入北京中考至今也有近十年之久,作为一名在三尺讲台和中考战线上摸爬滚打数十载的语文教师,好像一直有一种难言的情愫困惑纠结于心头,那就是很多时候为了应试、为了分数难免会忽视名著阅读的真正意义,更不用再提及名著阅读的真正初衷和使命了。我想当初名著阅读试题之所以进入中考,目的和宗旨也无非是那些上层教育专家人士想让更多的语文教师关注这一语文教学的重要资源和环节,让学生从小养成阅读经典的习惯,让中华优秀传统文化得以传承。这样的目的和宗旨当然无可厚非,但从名著阅读实际进入中考的这十年来看,无论是从分值设置还是从考查力度都与我们满怀期许的初衷大相径庭。斗胆试问,又有几位语文教师真正能够认识名著阅读的意义和使命,引导学生们将经典阅读开展得风生水起,从而实现提升人文素养的目标和完成立德树人的总任务。作为一名一直以来坚守一线的语文教师,我深知各位同人们内心的苦衷与无奈。说到名著阅读的真正意义和使命,我们当然能够了然于心,但面对实际教育教学工作中那些烦琐事务和上级行政部门以分数来衡量的标准,我们内心难免会迷失了方向,于是乎,为了应试为了分数而盲目开展的名著阅读自然就成了空中楼阁,华而不实!

时至今日,一个关于学生"核心素养"的命题又被广为提及和相传。一时间,关于学生"核心素养"的界定和评论铺天盖地席卷而来。面对日益复杂和激烈的国际形势和竞争,我们提"核心素养"确实迫在眉睫,基于学生"核心素养"的独立思考、合作探究、创新意识等的培养势在必行。但这些方向和目标的提出又难免昙花一现,因为我们到底要具体怎么做,具体做什么却很少再有人提及。再如学生的名著阅读,如果应试的体制和评价的方式和标准不进行根本性的改变,名著阅读的意义和使命又从何谈起。痛定思痛,还是觉得周先生的一些认识确实值得我们思考。他对于经典的认知,对于经典的态度也确实值得我们借鉴和实施。既如此,倒不如可以尝试在实际的语文教学中将名著阅读的步子迈得再大一些,深远一些。少一些条条框框的制约,少一些一味凭借应试分数的评价,多一些兴趣和自主,多一些源于本心的获得和喜悦。想必那样,名著阅读的真正意义和使命才能焕发生机,春暖花开!

作为一名普通的语文教师,固然面对一波又一波的教学改革浪潮,难免会疲于奔命。好在,我们还能有如周先生这样真正平易却不乏深邃的大师,拜读大师的集结之作,汲取其源源不绝的滋养,勉励充实自己的教学生涯,虽枯乏但无怨,虽寂寥但无悔。

最后,借用周先生书中的话作为本篇读书随笔的结语,与各位同人共勉。如下:经典是人类精神财富的一个宝库,它就在我们身旁,其中的财富属于我们每一个人。阅读经典,就是享用这笔宝贵的财富。凡是领略过此种享受的人都一定会同意,倘若一个人活了一生一世,从未踏进这个宝库,那是遭受了多么巨大的损失啊。有一句人们常说的话叫作"阅读改变人生",我觉得这句话说得很好,但是应该辨清楚改变人生的什么。我认为主要改变的不是人生的表象和外观,而是改变人生的格调、气象和境界。它带给我们的主要不是一些表面的外在的成功,而是内在的优秀,在优秀的基础上所得到的成功才是真正的成功、大大的成功。

既如此,就让我们从此刻开始和学生们一起做一个爱经典、读经典、悟经典的人吧,一起点亮阅读心灯,开启智慧人生!

解强/文

激发阅读兴趣　落实经典阅读

　　阅读有益的书籍，养成阅读的习惯，对一个人的成长来说是极其重要的，有很长一段时间，学校教育特别重视理科的学习，人文学科一直处于边缘位置，随着2015年"倡导全民阅读，建设书香社会"的提出，阅读才逐渐走入人们的视线，才真正开始为更多的人所重视。

　　其实，不管有没有这种口号，语文课的工具性与人文性决定了语文课的本质，那就是在教学活动中，努力去发现汉语之美，文章之美，人性之美，以及大自然之美，学会欣赏。提倡读书一直是语文老师努力践行的一件事。只不过有了全民阅读的倡导，有了高考大纲规定的12本书，经典阅读的推进比以往相对容易些，当然也更为急迫。

　　联合国儿童基金会发表的题为"世界儿童状况"的报告指出：语言能力的形成在生命的头四年到头八年之间最为关键，至晚从十二岁到青春期之间必须养成读书的兴趣，因为这个时期是大脑发育最快的时期，所有人生最重要的能力都取决于上述阶段的学习。我们的学生正处于最后一个也是最重要的阶段，高一入校时曾经做过一项调查，有着长久的阅读兴趣，坚持每天阅读半小时的同学一个班里不超过5人。而且相当一部分学生的阅读还停留在读图期，只喜欢看漫画、杂志等。一个人阅读的内容若只限于这类书籍或流行刊物等，还算不上真正的阅读，因为"真正的阅读必须有灵魂的参与，它是一个人的灵魂在一个借文字符号构筑的精神世界里的漫游，是在这漫游途中的自我发现和自我成长。"（陈平原《六说文学教育》）

　　所以，引导学生读书首要的一点是得知道读什么样的书，现在出版业鱼龙混杂，如果不加选择地阅读，是时间的浪费，对于学业紧张的高中生来说，选择经典书来读就更为重要，有些书是可读可不读的，读了没啥坏处，但不读肯定不会造成重大损失和遗憾，很赞同周国平先生对必读书的界定，"所谓必读，是就精神生活而言,即每一个关心人类精神历程和自身生命意义的都应该读,不读便会是一种欠缺和遗憾",(周国平《论阅读》)换句话说这类书籍就是经典名著,不论是文学作品还是理论著作,都具有永恒的价值。

高考大纲规定的12部书,都是经典,也是必须要读的,但高中阶段仅仅读12部书,是远远不够的,我一直坚信一个朴素的道理,没有量变就没有质变,阅读是需要一定量的积累,因此在阅读的安排上,我们又从当代的优秀作品中精选出一些适合学生的书目, 比如,高一第一学期第一个月,我让学生阅读了龙应台《亲爱的安德烈》,这本书是龙应台与儿子安德烈的通信集,本是为了了解自己的儿子,但它的内涵已经远远超越了亲情两个字,里面还包含着看世界的方法、道义、责任感等极其丰富而深广的内容,用一句话来概括:这本书不单告诉年轻人如何跟父母相处、从而赢得浓浓亲情,更告诉年轻人如何跟整个世界相处、从而赢得充实人生。安德烈写这些信时年龄和一些对世界的认识,跟我们的高中生是相仿的,因而学生们很爱读,不像其他经典读起来有距离。也因为爱读,学生们的阅读速度有了提高,计划一月读完的书,两个多星期后我们就开始了交流,有的同学在读书笔记中这样写道:"我在读这本书的时候,一直与妈妈分享我的心得,她也表示自己的看法。我们也有过许多冲撞,但是往往都是我收回话题,以轻蔑的态度对待我们的矛盾。但是回想过去,我的思想我的看法或许会是如安德烈一样所谓'少年轻狂'呢? 或许是想摆脱现实的无力的挣扎呢? 更有可能只不过是小孩子气。"学生读后,能有这样的认识,能汲取书中的精华来滋养自己,这是第一位的。

有了阅读书目,要想让阅读落到实处,还要营造阅读的氛围。其实,很多时候,不是我们的学生不想读,而是没时间读,特别是理科生,面对繁重的作业,阅读便成了可有可无的事,或者就是快餐化阅读。但这样的读书是没有效果的,陈平原先生说得好,阅读"就像广东人煲汤,火太猛,效果并不好,要文火煲出来的汤才好喝"。所以,我们的语文课要提高课堂的效率,要每周拿出一定的课上时间来让学生读书,交流,同时,根据学生情况,制订详细可行的阅读计划,每周检查,在读《红楼梦》时,备课组统一印制了读书卡,同学们每周至少有一次课上交流,循序渐进,名著的阅读经常是慢热型的,随着交流,学生们也逐渐体会到了名著的魅力,从老师的导读,变成了我自己想读,这是阅读的最大改变,毕竟书是要自己读,自己体会,只听别人讲是隔靴搔痒,"纸上得来终觉浅,绝知此事要躬行"。

周国平先生说:"能否成为一个真正的读者,青少年时期是关键。经验证明,一个人在这个时期倘若没有养成读好书的习惯,以后再要培养就比较难了;倘若养成了,则必定终身受用。"可见,在高中阶段通过一系列阅读活动和周密的阅读安排唤醒和激发学生的阅读兴趣和欲望,任重而道远。

冯凌云/文

参考书目

周国平,《周国平论阅读》,华东师范大学出版社。

陈平原,《六说文学教育》,东方出版社。

春风化雨,润物无声

——《美的邂逅——中国文化的教育启示》读后感

2016 年 4 月 23 日,恰逢第 20 个世界读书日,北京资深教育专家包祥先生在郑州艾瑞德国际学校发布了他的新书《美的邂逅——中国文化里的教育启示》。在新书发布会上,来自全国各地的教育专家汇聚于此,共同庆祝包先生从教四十周年。在八十中学组织的 2017 年春节读书会期间,我有幸读到了这本美文,从书中的字里行间见证了自然生长教育魅力。在我阅读这本书的时候,正好是中央电视台诗词大会风靡全国的时候。两者相得益彰,让我更加深刻地体会到了对中国传统文化的美丽和睿智。美妙的句子和思想,如同温润的春风和春雨,悄无声息地滋润读者的心田。

宛如与德高望重的智慧大师在交流,这是读完这本书的第一感觉。我是中学化学教师,往往接触较多定量分析和研究的西方科学技术,对包含整体意识的教育寓意的中国文化学习相对较少。然而,包先生的书从传统中国文化中汲取了教育的原意——苟不教性乃迁,我们的教育来源于中国文化。中华民族的伟大复兴,首先要复兴文化和教育。作者读了大量的名著,特别是对《易经》《论语》《红楼梦》《西游记》等古典名著中蕴含的教育观念进行了深入的解读。通过包先生行云流水般的解读,我对宇宙、自然、人生、社会和教育有了更加深刻的认知。名著里有许多关于教育的论述,告诉我们宇宙人生的规律,人事行为的道理,对于我们日常的化学基础教育也是有益的。虽然我们每个普通教师面对的特定的学生和特定的课程,但是,只有对人类社会发展的透彻理解,才能真正懂得教育。读完包先生的书,就好比跟智慧大师进行了一次深入的思想交流。

就像与兢兢业业的教育翘楚在交流,这是读完这本书的第二感觉。包先生在教育工作领域工作成绩突出,荣获了非常多的荣誉和社会尊重,是我们基层教师学习的楷模。包先生熟读了大量经典名著,把自然发展和人生的辩证关系映射到教育工作上,进行了详细的阐述。对当下感觉到教育迷茫的老师们,开启了一扇窗户,让我们邂逅教育和人生的美。书中提到很多教育的技巧,值得我们学习和使用。比如,宋代大儒朱熹主张"十五岁前学事,十五岁后学理"。也就是说,对15岁前的儿童"说事",不要讲"理",更不要讲大道理。这个道理不正好可以用在初三学习化学的孩子身上吗?另外,孟母三迁是在做事,孟母给孟子的教育,是以身示范。古代的家教,是以家规形成家风,以好的家风影响、熏陶孩子;以爷爷、爸爸这些长辈的有为示范给孩子们做榜样。包先生指出,现在的教育说教太多,妈妈们每天在唠叨,老师们每天在开主题班会,在开大小班会,每天在教导。教育应该是春风化雨,而不是机械式地发指令。

仿佛与高瞻远瞩的亲朋好友在交流,这是读完这本书的第三感觉。包先生认为母亲就好比易经中的坤卦。记得在我小的时候出去玩儿,每次还没跨入家门,就远远地大声喊"妈妈"。若妈妈在家里,就飞扑到妈妈怀抱里。后来离开老家来北京求学,心中依然念念不忘母亲。母亲在哪里,我的家和我的心就在哪里。我们的母亲能包容我们所有的言行举止,包括我们的缺点和错误,并且逐一把错误或者不妥当的地方指出来。无论我们走过万水千山,当我在工作过程中收获喜悦或遇到困难时,都会想起母亲。母亲总是鼓励我们出去看看大世界,但是当听说我们遇到困难或挫折时,母亲又不忍,呼唤我们回来吧,回到自己身边。这就是母亲,伟大的母亲!包先生在书中特别提到了女童教育,我自己也是一个女童的母亲。对于书中所论述的有关女童教育方法和方式,我深表赞同。女童是将来的妈妈,如果女童教育好,成就好妈妈。每个人都是母亲所生所养,因此,从某种程度上说,人类文化是女性文化。每个孩子都是珍贵的生命,当然包括我自己的女儿和班上其他女孩子和男孩子。美的东西总是启迪人的内心,激荡起心里的涟漪,驱动我们向着美好前行,把更多的孩子带向幸福的彼岸。

在温润的春日阅读优雅的《美的邂逅——中国文化里的教育启示》,心情渐渐地平静下来,心中思绪良多。仿佛遇见一位良师益友,也仿佛遇见了一位高人智者,向你娓娓道来他对自然、传统美学和教育的认识。读完这本书,让我感受到教育是自然的过程,教育不应该死记硬背和机械式填充。这本书让我想起最近马云说的一句话:教育和学习是获得知识的过程,但创业或者有所成就需要的是智慧。我们应该努力教会孩子们把知识提炼成为智慧。

张涛/文

在中国传统文化中邂逅教育之美

　　最近,有幸拜读了包祥先生的新书《美的邂逅——中国文化的教育启示》。包祥先生从中国传统文化中精粹教育的艺术、提取教育的意义,在本书中重点探寻了《易经》《论语》《三国演义》《红楼梦》《西游记》等中国传统名著中所蕴含的教育智慧,阐述了很多很有价值的教育观点和理念,非常值得广大教育工作者们参考和学习。

　　首先,教育应当顺应自然。

　　在本书中,包祥先生把人生的不同阶段比为易经中的八卦,并对每个卦相进行了详细的解说,其中,少男是希望,是一家之希望,是一个民族的希望;少女是未来安全的家,未来的贤妻良母,作为中学老师,我们面对的教育对象正是少男和少女,正是未来、正是希望,那么应该如何对待社会的未来? 不禁让人深思。每个孩子都是珍贵的存在,充分尊重儿童,让儿童按照自然生长的秩序生长,这正是我们教育工作者的责任与义务。那么,怎样的教育才是顺应自然的教育呢? 在作者的启发下,我又去阅读了被誉为我国传统教育之源泉的《易经》,在周文王所演绎的周易六十四卦中,他用蒙卦来揭示了教育的方式方法,蒙卦,上艮下坎,意思是山的下面有危险,遇到危险就要停止,即为蒙卦。在《易经》中,蒙这一卦象首先明确了教育的基本思想和原则:要启蒙,首先要求学,要有强烈的学习欲望,而后才能根据需要来获得知识或者技能,教育是拐杖、是阶梯,而不是驱赶的鞭子和沉重的枷锁。在本书中,包祥先生也用生动优美的语言阐述了这一过程。确实,儿童是一张白纸,从出生,听到第一个声音、看到第一个画面、闻到第一种气味、尝到第一种味道……世界对于儿童来讲是全新的陌生的所在,而刻在人类甚至动物基因中的好奇心,使得儿童更像是一块海绵,对于这个全新的陌生的世界,他们有着强烈的好奇和求知欲,而教育,正是用来满足这种好奇和求知欲的。作为教育工作者,我们需要用我们的耐心和细心,去呵护儿童这种宝贵的求知欲,我们需要用我们的知识和技能，去满足儿童这种强烈的求知欲。简而言之，教育是一个满足的过程，而不是一个牵引的过程，是求学者先有求学的欲望，然后才有教育这一行为。

在这一点上，我在实际工作中也深有体会。在同样讲授一节原理性内容的课程中，我们知道，原理性内容比较晦涩枯燥，但却有能够解释实际生产生活中的现象、指导改进生产生活中的方法，在实际授课中，我做了这样一个对比，同样都是需要掌握原理性内容并联系实际解决问题的课堂教学任务，在一个班，我先提出了实际生产生活中的问题，让学生们自主思考讨论找到解决办法，然后在他们百思不得其解的抓耳挠腮中，提出原理性的内容，在讲解原理的时候，学生全神贯注，认真听讲积极思考，然后学生掌握得很好，很快就能将这一原理性内容应用的开始的实际问题中，并开动脑筋想到了这一原理的更多可能应用之处，在后续的作业和小测成绩中发现他们掌握得又快又牢固；而在第二个班，我先给出了原理性的内容，明显感觉到学生听讲过程漫不经心、意兴阑珊，最后再提出实际问题时，学生对于原理的应用很生疏也无从下手，明显不能够当堂掌握；在第三个班，我还是像第一个班那样先提出实际问题，吸引孩子们的注意，让他们自主讨论解决，并分小组上台展示解决方案给其他小组看，在展示过程中，我适时地肯定正确的方面，对于不正确有偏差的方面提出启发式的问题，让孩子们在互相思维的碰撞过程中找到本节课所要求的原理性内容。结果不言而喻，第三个班的孩子们对于这个原理的掌握是最快最深刻的，这也让我更深一步理解了教育是满足求学者的求知欲的，而不是灌输知识的过程。因此，作为高中阶段的自然科学，学生可能难以自动自觉地发现自己的兴趣，那么作为高中的自然科学的教师，我认为，知识性内容的教授固然重要，但是更重要的是如何使学生对自然科学的内容产生兴趣，只有产生了兴趣，才能有求知的欲望，有了求知的欲望，才能将学习变成一个自发主动的过程，对于教育者来讲他的教育过程会变得轻松，同时对于求学者来讲更是终身受益的过程。因此，在以后的教育工作中，除了提高自己的知识水平之外，我更应该学会如何提出问题，引导问题，真正做到学生迈向知识高峰的阶梯和拐棍。

在这方面，我所工作的北京市第八十中学也很好地认识到了这一点，在学校各级平台上，开设了不同层次、不同方向的多姿多彩的选修课活动，从摄影绘画到音乐舞蹈，从机器人制作到服装剪裁设计，从 3D 打印到美丽化学，从文学诗社到历史辩论，所有学生都可以在选修课中发现自己的兴趣所在，从而生发出宝贵的求知欲，有了这宝贵的求知欲，教育才有意义，而人，也能成长为自己的精彩，只有当每一个生命都有了自己的精彩,社会的未来才会美好。

这,就是教育的顺应自然之美。

其次,教育要平等相容。

孔子在《论语》中说道:"有教无类。"意思是教育应当平等,不管什么人都应当有受教育的自由;同时这句话的意思还可以理解为通过教育可以把原来"有类"的人,消除这些差别,成为美好的人。在包祥先生的这本书中,也详细阐述了教育应当是像水一样,具有包容一切的博大胸怀,包祥先生举了一个很有物理化学色彩的例子:"在高温的油锅中加入一滴水,油噼里啪啦地发出声响,表示不能够接受;而在高温的水中加入一滴油,水默默地接受了这个外来事物。"其实,在化学角度,这不就是稀释浓硫酸的"酸入水"原则吗?包祥先生用这个例子,说明了教育应当像水,能够容纳不同的求学者。确实,孔子作为我国古代伟大的教育家和思想家,在中国乃至世界教育史上,享有崇高的地位,他招收弟子不分国别、种族,打破了贵族垄断学于官府的格局,开创了平民办学之风,为当时造就了一大批有用之才,也为我们当代的教育事业提供了意义深远的教育思想。

同时,教育的平等和包容性也应体现对于学习者的充分尊重和理解,既能够包容不同水平、层次的求学者,也允许人多样性的发展。这一点,可能是我对于孔子"有教无类"的新认识。我认为,人之初,都是可以有不同差异性的,这些差异性不能够影响他们平等的接受教育的权利,而教育,也不应当是消除任何人之间的差异性的过程,而是帮助人们认识到差异性,然后自主地选择发展自我的方向这样一个过程,这也是教育的包容性所在。在目前的高中教育格局下,学生们将根据自己的兴趣爱好选择文科或者理科,在我实际工作中,也遇到一些学生问我:"老师,我觉得自己没有水平成为科学家,是不是现在花时间和精力去学习这些自然科学是没有意义的呢?"我是这样回答他们的:感兴趣就可以去学,无论有没有这方面的所谓天赋,都可以平等地去学习你想了解想掌握的知识,而学习之后的选择,也未必是唯一一条路,你学习了化学,将来可以去做一位摄影师,你学习了历史,将来也可以深造成为一名植物学家……并不是接受了某种教育知识,就一定要成为特定的某类型的人,这就是我对"有教无类"的理解。

我们知道,坚持教育的公益性和普惠性,发展大众化教育的教育观念,也是我们发展中国特色社会主义教育的显著特征。在我所教授的学生里,有来自远郊区县的学生,有来自其他国家的留学生,也有具有体育舞蹈科技等特长的特长生,在我的课堂上,我都对他们一视同仁,不论他们将来是否选择相关专业、甚至是否参加考试，只要对知识感兴趣有求知的欲望，我都会耐心地帮助他们。因为学生都是人格平等的个体，我们应当充分认识和肯定他们的个性特征存在差异，承认他们在教育过程中的主体性，做到一视同仁、不偏不倚地教育其发展。

孔子的"有教无类"是建立在"仁"这一思想基础上的，没有仁爱就没有教育，因此教师的"教育爱"应当平等的关爱到每一个学生，用爱心去接纳所有的学生，用仁厚之心去帮助需要帮助的学生，让每一个生命都在平等博爱的教育之光下健康成长。

这，就是教育的平等相容之美。

最后，教育要因材施教。

因材施教也是我国古代伟大的教育家思想家孔子所提出的，包祥先生在记录他言行的《论语》中找到了这样一个故事：之路问："闻斯行诸？"子曰："有父兄在，如之何其闻斯行之？"冉有问："闻斯行诸？"子曰："闻斯行之。"公西华曰："由也问闻斯行诸，子曰，'有父兄在'；求也问闻斯行诸，子曰，'闻斯行之'。赤也惑，敢问。"子曰："求也退，故进之；由也兼人，故退之。"翻译成现代文就是：有一天，子路对孔子说："先生所教的仁义之道，真是令人向往！我所听到的这些道理，应该马上去实行吗？"孔子说："你有父亲兄长在，你怎么能听到这些道理就去实行呢！"过了一会儿，冉有也来问同样的问题，孔子却说："应该听到后就去实行。"这时，站在一边的公西华被弄糊涂了，不由得问孔子原故。孔子说："冉有为人懦弱，所以要激励他的勇气；子路武勇过人，所以要中和他的暴性。"孔子躬身实践出来的这一教育思想沿用至今，就是因材施教。

因材施教，顾名思义，一方面要根据不同的教育内容、学科特点来设计教育过程，另一方面还要根据学生的个性心理特点以及知识能力的现状水平，从实际出发，采取不同的途径、措施和方法进行教育。其实这一教育理念不仅仅适用于青少年的知识技能的教育，也适用于任何需要教育的人和物。在本书中，包祥先生举了四大名著中的许多人物形象，分析了他们的个性特点，提出了"因"他们之"材""施"以"教"育的方案，然后又分析了原著中对他们进行教育的过程和结果。仿照着包祥先生的方法，结合自己的教学工作实际，我也来分析一下学生们的不同个性特点和知识技能水平，提出不同的教育方案：

《西游记》中的猪八戒，可以看作是有一些能力，但又缺乏自信的学生。为什么说有一些能力呢，因为在原著中猪八戒是天蓬元帅下凡，使一把九齿钉耙也有三十六般变化，而他之所以缺乏自信，很有可能是在齐天大圣孙悟空的耀眼光芒下掩盖,因此对于这种学生,我们应当适当表扬他鼓励他们,帮助他们认识到自己的优秀,并在适当的时候给他们一些他们自认为完成不了的任务,就像在孙悟空不在的时候,猪八戒也能完成担当起保护唐僧继续取经路的任务,当他们完成了这个任务,他们就会对自己的能力有了新的认识,也能够激发起他们对于学习的兴趣和热情;《红楼梦》中的贾宝玉,可以看作是对于普通文化课不感兴趣、却在其他文体艺术等方面有特殊才能的学生,原著中的贾宝玉痛恨科举为官,斥之为"禄蠹",但却在诗词艺术上显现出非凡的才能,对于这种类型的学生,不应像原著中那样硬逼其走"正统"之路,而应顺应其个性、适时引导,帮助其发现自己的兴趣和天赋所在。

当今社会,"以人为本"的教育理念,也是因材施教的合理延伸,要求我们教育工作者以学生的终身发展为本,重视每一个生命的个性,采用适用于他们自身的方法帮助他们向着更好的方向发展,发出属于他们自己的光彩。

这,就是教育的因材施教之美。

总之,从包祥先生的《美的邂逅——中国文化的教育启示》一书中,我领略到了教育之美,教育是一门科学,更是一门艺术,作为一名教育工作者,我们是各个领域文化技术的传承工作者,更是帮助每一个生命闪耀精彩的艺术者,这其中的奥妙,需要我们终身不断地去体会去发掘,这是教育之美,也是人类文明之美。

李虹/文

读懂学生，成为研究型体育教师

教师职业的本身就注定了教师是一个研究者。因为在教育教学中我们常常遇到的各种问题，就促使我们想办法去解决，这就是一种研究。现代的体育教师要成为研究型体育教师，读懂学生因材施教是我们不变的主题，而读书则丰富我们的思维，让我们成为研究型的体育教师。

读了包祥先生新书美的邂逅中国文化的教育启示，一缕清泉流入心田！好似走进了红楼梦中的大观园，又似目睹了西游记中的师徒四人取经之行细细品味，读包祥先生的这本书，不单单是在读书，更多的是在品味中国文化的魅力。

书中，先生把易经中的八卦比为一家八口人，每个挂相都有着详细的解说，让我从中汲取思源；少女是未来安全的家，未来的贤妻良母；少男是希望，是一家之希望，是一个民族的希望；作为家长和老师的我们应该如何对待祖国未来之栋梁？不禁让人深思。受书中内容的启发我们真的应该充分尊重儿童，让学生按照自然生长的秩序生长！因为每个孩子都是弥足珍贵的。

在书中谈到了孔子因材施教，联想到我们平时的教学工作中，每个孩子都来自不同的家庭，自然就有着不同的社会和家庭的教育背景，面对同样的问题也应该有不同的解决办法，从而使教育教学工作更加有实效性，因材施教，给了我很深的启示！在美的邂逅书中，似乎感受到了孩子们在院子里奔跑，嬉戏，在葡萄树下背着古诗，玩着老鹰捉小鸡的游戏虽然不是身临其境，但我深感这其中每一个孩子都是快乐的、幸福的、喜悦的！尊重教育的规律，自然生长才是最好！

那么我不由得问自己，如何才能够成为能够让学生按照自然生长的秩序生长的优秀的老师呢？读了此书让我豁然开朗。作为一位优秀的老师，读懂学生最重要。老师在成长过程中，许多事要做，其中三件事最重要。一是读书，只有读书，才会有厚重的文化底蕴；只有读书，视野才开阔。二是爱学生，深深地爱着学生，爱着每一位学生。爱是教育的底色。三是读懂学生，研究学生。只有读懂学生的老师,才能做好教育。应读懂学生,读懂学生的喜怒哀乐,读懂儿童的认识规律。

于是在此主要想谈谈读书与教学的一些看法和感悟。读书之后心灵的绿地会得到呵护,精神的家园得以建设。读书使心智飞扬,读书帮灵魂找到出口,读书让精神得到升华。那我自己为例,我是一名体育老师,有人说:"体育教师四肢发达,头脑简单,一介武夫而已。"可见传统的体育教师文化修为不高,教师文人队伍中的一个武人的形象早已深入人心,体育教师要想进一步发展,要想文武双全,要想成为科学教学之人,读书就是最好途径之一。但是平时能静下心来读书的时候为数不多,我更没有养成读书好习惯,所以"多读书、读好书"对我来说已是迫在眉睫。与我而言首先,读书是体育教学的需要。随着时代的发展,教学既是一门科学更一门艺术,学生知识面越来越宽,获得知识的途径越来越多,现代教学理念和先进教学方法日新月异,层出不穷,新课程改革对教师的要求越来越高,老师必须不断充实自己。读书是最好的途径。其次,读书是运动训练的需要。学校运动训练这一重要环节在学校里是体现体育教师价值的主要平台。体育教师必须不断"补缺""充电",更新观念,与世界先进理念接轨,强化专业能力,提高训练素养,实现从"体育师傅"到"研究型体育教师"的转换。与此同时,读书更是教育科研所必要的。大量事实证明,教育科研是促进教师专业发展的有效途径,一线体育教师有的是教学经验和教学技能,但最缺乏的就是把这些实践经验综合上升到理论高度的方法和能力。所以只有不断读书,主动学习教育教学理论,从书中获取教育科研的知识和方法,积极从事体育教育科研,缩小理论与实践的距离,才能成为理论型的优秀体育教师。当然,读书也是示范引领的需要。体育教师的文化底蕴、专业素养及个人的人生观、价值观将直接影响着学生、家长和社会大众的素质。

最后,读书是职业幸福的需要。

如果体育老师能在繁忙工作之余,凝心静气地阅读高品味的书籍,那么还能让那颗浮躁的心摆脱焦虑和不安,远离喧嚣,回归精神的家园,"不以物喜,不以己悲",淡定而从容地面对生活和工作,从而找到职业的幸福感。

作者在经典里悟教育,既揭示了古今相通的教育规律,又对现在的教育给予深情的眷注。中国文化经典告诉我们宇宙人生的规律,人事行为的道理,使我们能从最深的层面,最广的角度认识和思考宇宙人生,从而真正懂得教育。包祥先生读了大量经典名著,他把宇宙、自然、社会和人生的辩证关系链接到教育,进行了有机的阐述。它为当下教育深感迷茫的我开启了一扇窗户,让我邂逅文化、教育、人生的美。

　　总之,体育教学研究具有顽强的生命力,善于读书、研究会让教师更有品味!思维的改变会让我们走上研究之路,只要眼界开阔,养成读书研究的习惯,就会发现问题层出不穷,但是总有破解之法。

赵金阳/文

中国文化中的教育哲理

《美的邂逅——中国文化的教育启示》是一本谈教育的书,不过不同于其他相同类型的书籍,我从这本书上看到了一种不同的视角,"从中国文化中萃取教育的原意"是作者自己作的序,同时我想也是对于这本书展开角度的最好概括。所以从名著中理解教育、从文化里得到启示,也彻底改变了我对教育理论类书籍的惯有印象。

作者选择的名著涵盖广泛,从四书五经到四大名著,但我觉得读起来最有意思、最能带给我不一样的感受的部分是《易经》和《道德经》的解读,《易经》对我而言是非常陌生的一本著作,偶然翻开只觉晦涩难懂,但看了作者写的关于《易经》的教育启示,又燃起了我仔细阅读一番的兴趣。乾代表天,坤代表地,巽代表风,震代表雷,坎代表水,离代表火,艮代表山,兑代表泽,作者把《易经》中的八卦比为一家八口人,每个挂相都有着详细的解说,让我既敬佩古人之智慧,又感慨人的成长道路之神奇。少男是希望,是一家之希望,是一个民族的希望;少女是未来安全的家,未来的贤妻良母。少男、少女即人的婴幼儿和少年时期,是生长的关键时期。少男、少女生长好了,中男、长男和中女、长女就自然而然能好,我们作为教师,在少男、少女的生活中扮演着重要的角色、起着举足轻重的作用,每个少男少女都是珍贵的存在,我们在教育过程中需要充分尊重他们,让他们按照自然生长的秩序成长,不可急功近利,更不能揠苗助长。

老子的《道德经》核心思想是道法自然,作者类比到教育上总结出教育需要师法自然,我十分赞同作者的这种说法,我们的教育需要回归本然,需要遵循自然。作者提到"教育要像水一样有柔德",我们作为教师最重要的就是要做到真心地爱每一个学生,包容他们、尊重他们。像水能够造福万物、滋养万物,却不与万物争高下,我们从事教育工作何尝不应如此呢?

作为一名教师,由于肩负着众多的责任,所以很容易顾此失彼,看重一些我们本无须看重的,忽略一些我们本不该忽略的。从中国文化中探寻教育中国孩子的方式,从古人的智慧精华中探究对当今孩子的教育理念,"教育,应信仰人类的发展规律",我们的工作任重而道远,无论教育工作中有多少坎坷,我们都要保持本心、尊重每一个生命,爱护每一个孩子。

黄凯/文

还校园一份宁静

从假期要求的众多书中,选出来了这一本,打算安安静静用一下午的时间去品读,只因这个名字如此吸引我,正巧在工作了几年之后尤其是面对的活生生的每个个体之后,我对待教育又有了新的感受与看法。

要谈教育是美好的,但是周围又有一群人的各种怨声哀道说,每天这些孩子都不写作业,都不按要求学习,都是在劳我们教师的筋骨,工资呢?大家都在默默嘲讽自己说:老师们"穷"的就只剩几本书了。所以,美好在哪里?美好又在何处?谈及美好貌似也只是纸上谈兵了,连亲自接触教育的老师们都无法发现了美好,那么教育的美好似乎只存留于外行人眼光之中了。

在这种成绩与各种道德绑架压迫之下,这本书很好地释然了教师的内心。教育是在遵循每位个体的正常发展前提下的,而每个孩子的每一分每一秒的成长经历,你能说他是不美好的吗?你又怎么忍心否定他们的成长的美好呢?

《美的邂逅》这本书很巧妙地结合了中华文化与教育,在博大精深的中华文化下去研读教育的魅力是一个很巧妙的切入点。作为高中就学习理科的我,上了大学选择了数学专业,每天都是在研究各种数据各种公式以及各种算法。等到上班了之后,学校任命为班主任,我此时深刻地体会到我偏向理科的思维在我管理班级事务中带来的缺陷性。我可以有条不紊地带动班级进步,但是在班会课班主任需要讲道德讲品质的时候,我却词穷了。我可以很好地分析学生大考中的每次成绩,但是在鼓舞学生志气的时候却又显得语言如此苍白。我可以在每天有很多的感悟与感受,但是在当我想要用文字语言记录下来的时候却显得那么无力。学生们说:老师您不仅数学厉害,物理也很厉害。但是孩子们哪里知道,老师在文科上真心受益很浅。所以,种种困难之后,我毅然决然地想要开启这本将中国文化与教育联系起来的这本书。希望真的能从书中唤醒我的文科思维,带动我运用中华传统文化去教育学生,希望我能够教育出富有深刻文化底蕴的学生群体。

　　然而书中所讲的《易经》《诗经》《道德经》《中庸》等我并不是每篇都深刻入戏的读过,但是作者用其特有的语言方式简单而又明了地将其介绍得很清晰,而其中最为印象深刻的就是《西游记》这篇给予的教育启示。我个人认为作者是善于发现教育的真谛的。试想若没有一双善于发现的眼睛,你怎么会注意到每天动画片里面演的西游记都有教育呢?这其中有一点让我印象更为深刻:学校应是静美的。没有任何语言修饰,没有任何装饰修饰,学校需要的是静带来的美。《西游记》里面描述的花果山与齐天大圣犹如桃花源与陶渊明。试想我们把校园培育成小孩子们的花果山,给之以自由,给之以发挥,给之以"静",学生会不爱上学习?学生还会想要逃脱他们的世外桃源吗?我们渴望去体会一个地方的安静在之小憩,然而我们却忘记了学校里面可以感受到生命发展的孕育之美。很多时候我们的校园充斥的都是批评与成绩,我们想要更多地让学生"高效"的学会知识,但是却缺少了一句简单明了的表扬肯定,缺少了给学生思考的时间与启示,很多时候把教育做成了填鸭式教学,只因为这样的教学之后能够让学生在短时间内取得高效的"成果"。在这种现实情况下,老师们只记得要培养出高分学生,但是却忘记了还给孩子们内心静谧思考的空间。一切的一切都为了提高各种效率,却忘了停下脚步放空内心慢慢地思考一下人生。不禁要反问一下,这难道是教育?

　　合上书籍,畅想着我走在校园的"水帘洞"里,体会着静的凝聚,感受着生命的发展与成长,思考着教育的真谛,重新审视着我自己的工作,重新规划着自己的工作方式与教育计划,老师向往的一片静谧的校园一角,能否通过我的努力提供给学生这样一个静谧之处?我希望答案是可以,也会为之努力,希望能够通过我的努力,给孩子以思考的空间,给孩子以静,在静中孕育发展。

张鑫磊/文

文化浸润心灵

——读《美的邂逅——中国文化的教育启示》有感

邂逅,是美妙的遇见。古往今来,有太多太多的文字,在描写着各种各样的遇见。"蒹葭苍苍,白露为霜,所谓伊人,在水一方",这是撩动心弦的遇见;"这位妹妹,我曾经见过",这是宝玉和黛玉之间初次见面时,充满欣喜的遇见;"遇到你之前,我没有想过结婚,遇到你之后,我没有想过和别的人结婚",这是钱钟书和杨绛之间决定一生的遇见……遇见仿佛是上天神奇的安排,是一切美好的开始,很庆幸,在这个寒假,我遇见了《美的邂逅——中国文化的教育启示》,让我与最美的中国文化和最美的教育不期而遇。

本书作者从中国文化中萃取教育的原意,从《周易》《红楼梦》《三国演义》《西游记》《诗经》《道德经》《中庸》等中国传统文化名著中寻找对教育直接或间接的启迪。我觉得,这便是找到滋养中国教育的原始力量,当然,中国文化和教育本身也是分不开的,因为昔贤有言"中华民族的伟大复兴,首先要复兴文化",而教育在哪里 ,就是在中国的文化里。"随风潜入夜,润物细无声",流传千年的经典文化,她有一种魔力,让我们的心灵不由自主地得到浸润,也能自然而然地融化到我们的教育理念和实践中,让学生们受到感染。

在教育教学实践中,我也如作者一般,总是在中国文化中发现教育的种子。君子,是我国传统文化中一个完美形象,他们在社会中是最受人尊重的群体,因为他们德为人先、思想深邃、诗书满腹,是古人的修身目标,是我最崇拜的对象,自然也成了我对学生们提出的发展目标。

和学生见面第一天,我就会向他们阐述我的这一目标。古语云:"君子求学以美身。"君子学习的目的除了获取知识外,还有更重要的是扫除心灵上的尘埃,修身做人,德为人先。希望同学们能以君子的标准来定位自己、要求自己,求知的同时更应该注重自己精神家园的建设，品德修养的提升，从而将自己塑造成一名受人尊重的谦谦君子。

接下来，我又向学生介绍君子有四气，即正气、大气、志气、和气，给他们讲解了这"四气"的现实意义以及在我们这个集体中的重要作用。并指出，这是君子着力修炼的四种气质，同时也是同学们塑造自我、增强自己底蕴与内涵的必备素质，更是我们这个集体的共同追求，在同学们的大力倡议下，这"君子四气"成了我们的班训，长期悬挂在班级的宣传栏中。在成长过程中，孩子们对这四个词的认识也更加深入，真正地落实到了行动中，在面对集体中个别不良现象表现出的凛然正气，孩子们对于"知错即改"者的宽容大气，孩子们积极向上、不顾个人得失为集体争得荣誉的志气，孩子们"比、学、赶、帮、超"互帮互助、面对个人荣誉不争不抢、互相谦让的一团和气……这君子四气成了班级独有的气质，在无形中滋养了他们的心灵，促进了他们的健康成长！

此外，在日常管理中，我也寻找契机，引领学生更高的精神追求。记得新初一开学后两个月左右，孩子们渐渐熟悉，班级里便出现了传播异性交往的谣言的不良现象，在掌握了情况，对始作俑者进行教育之后，我利用午自习时间，分别给男生和女生开了主题为"流言止于智者"的主题班会。这句话出自《荀子·大略》："流丸止于瓯臾，流言止于智者。"说明没有根据的话，传到有头脑的人那里就不会再流传了，听到这个主题，很多孩子就都低下了头，为自己曾经的不明智行为感到懊悔和羞愧，毕竟谁都希望成为一名智者，而不想被别人看作是愚蠢的人，我便也不用再多说些什么了。从那时开始，谣言便在班级中没有了立足之地，这种风气一直持续到现在。

无疑，在班级管理过程中，文化建设必不可少、至关重要，因为文化建设的过程是对孩子们的精神和心理建设的过程，只有通过文化建设使他们对集体有强烈的归属感与认同感，每个人的心中都有了一条对自己有着无形约束的底线，才能让他们自觉、自律，进而不断地自我完善。这时候，中国的经典文化便会显现出独特的魅力——经典，之所以不断被传承，一方面源于其用语的简练、精准，一方面因为其能够洞察人性，超越时空，直指人心，激发共鸣。可以说，用经典文化建设学生的精神家园是提高育人效率的不二之选。

以上不过是我教育教学实践的一些浅显的尝试，而这个寒假与中国文化与教育美的邂逅，让我进一步得到了传统文化的浸润，也让我有了更多的教育灵感，我会坚守教育一线这一方阵地，传承文化的同时，也让具有无穷魅力的中国文化在孩子们的心中自然生长,我想,这也是田校长所倡导的生态教育的一个重要方面吧。

刘洋/文

一起长大

2016年，是我正式踏入教师行业的第一年，金秋九月，学生们如期而至，我们的故事也就开始了。

我一直很喜欢关于教育的一句阐述：教育保证自由，意味着教育是探索，是启蒙，而不是宣传和灌输；是平等对话和自由交流，而不是指示和命令；是丰富认识，而不是统一思想；是尊重和信任，而不是消极防范。自古至今，教育的理念不断被更新和否定，没有所谓的最好，只有所谓的更合适。这一点，在我一年的工作中，也深有体会。

《西游记》里，唐僧带着徒弟们西天取经，一路斩妖除魔，最终，取回真经，修成正果。师生的日常生活也是这样，老师带着班级的学生们在通往期中、期末，以及最后的中、高考的路上，披荆斩棘，只为获得理想的分数。而分数，也仅仅是教育成果的一小部分。帮助学生成为有趣且好看的人，是我的教育理想。而在这探索的过程中，我也收获且成长很多，所以，教育，更是教师和学生的共同成长。

我的班级共有18名学生，其中，12名男生，6名女生。他们来自十余个国家，每名学生都有较强的个性，背景差异较大。不同生活习惯、学习习惯、家庭背景的他们每天都带给我不同的惊和喜。90%的学生来自国际学校，思维活跃，个性鲜明，但学习、行为习惯较差，自我管理能力薄弱。经过一学期的相处，我深信他们是善良的，可爱的，且需要爱的。有人像孙悟空，活泼聪慧，不拘小节，却信心爆棚；有人像猪八戒，热情似火，懂得变通，却懒惰贪吃；有人，像沙僧，温顺可亲，任劳任怨，却反应缓慢；当然，也有人像白龙马，平时默默无闻，关键时刻能够挺身而出。他们就是这样的一群孩子，而在这一路的成长中，形形色色的妖魔鬼怪在哪里呢？就是他们本身以及他们身边的任何人，包括父母和老师。我们每个人的成长，毫无疑问，会受到周围自然环境及人文环境的影响。学生亦是如此。家庭和学校环境，对学生成长，是至关重要的。所以，作为一名老师，我希望我的一言一行,都可以为学生带来积极的影响。当然,我也更希望他们有正确判别事情的能力。

作为年轻的老师,没有经验的班主任,过去的一学期,我在摸着石头过河。一方面,我看到了理想画面与现实状况的差距,另一方面,我也学会了反思和思考。学生,是动态的,你永远不知道他们会做出什么让你大跌眼镜的事情,也不会预测到他们带给你怎样的幸福感。也正是因为这些生活中的惊与喜,让整个班级更加温馨和有爱,所以说,和孩子们的相处,也是教育、文化、思想的相互邂逅。上学期的班会课中,和学生们分享了很多我看过的视频和故事。因为班级组成比较复杂,学生背景相差较大,在新的环境下,学生们很容易出现矛盾和摩擦,经常会有学生相互吵架,有几次甚至动起手来。根据班上同学的各种问题,我们会定期在班会课上进行总结和反思。其中,两次班会课的内容印象较为深刻。一次是黑人和白人相处的问题,这个短片主要是告诉学生,不管大家来自哪个国家,拥有什么颜色的皮肤,都应该基于平等的条件下,相互尊重,尊重别人,更是尊重自己,尊重是我们班的基本原则。另外一个是同理心的视频,希望通过短片,他们可以懂得转换角度看问题,尤其是出现矛盾和困难的时候,站在别人的角度上思考一下,不要急于行动或者下结论。短短的视频,只是暂时的洗礼,长路漫漫,我会在未来的两年时间里,通过更多的方式,告诉学生们如何尊重和懂得表达,这也是我学习的过程。个人认为,交流是维持一切关系的基本。我很喜欢和学生们聊天,希望可以走进他们的世界。所以,我经常会利用课下时间,找机会和学生聊天,了解他们的想法。聊天的过程中,也是我了解学生的过程,通过几次的交谈,我才发现他们的内心是那么的丰富多彩,他们的世界是那么的简单快乐。虽然平时顽皮,但他们都是善良可爱的孩子,每名学生都值得被关爱和帮助,我也希望自己可以成为他们成长道路上的一盏灯,至少,可以照亮他们的一段路。当他们在黑暗中摸索时,也可以有束光,给他们些前进或退后的力量。

形形色色的世界,形形色色的人,很多原本不被接受的事情也都变得平淡无奇。好像教育也是一样,邂逅了不同学生,虽偶尔感慨怎么会有"如此"的学生,但也还是接纳和包容。教师,这个职业,也的确是良心活儿。最近一档娱乐节目,《奇葩大会》重新开播了,连看了三季,这是第四季。这个节目之所以这么火,一个很大的原因可能是给观众带来了思想的碰撞。同一个问题上,辩手们有全新的视角和阐述,让我们不得不感慨:原来这样也是可以的。回归工作,孩子们就像节目中的选手,给老师们带来了不同的价值观、文化和思想。老师就像是主持人,在选手们不断争辩的过程中，积极参与和交流。然而，这是一场没有结局的辩论，毕竟，人生的路上，何谈终点，又何谈输赢。

　　于教育，谈体验，就好。我，和学生们，一起长大。

蒋婷/文

教育是美,是艺术

——读《美的邂逅——中国文化的教育启示》

试想一下,如果我们的学生诗词歌赋会背,却背得味同嚼蜡,缺少美的感怀;如果我们的学生大道理会写,却在生活中缺乏担当的勇气与责任感;如果我们的学生能够聊起天来滔滔不绝,却唯独在写作时缺少丰厚的思想;如果我们的学生能够答题,却少了被感动的能力,那么作为教师,我们的课堂教学目标中是否缺少了看似简单却又极其重要的一环?

"教育是美,是艺术"!教育不仅要给学生知识,更要给他们为人的品格和情操;不仅让他们思考试题,更要让他们去思考人生,思考生命,学会做人,感受生命的美。而这,正是我们在制定教学目标、实施教学过程时所不可忽视的。

著名学者叶嘉莹说过:"经常有人问我,读古典诗词有什么用?我告诉大家,学习古典诗词最大的好处,就是让我们的心灵不死!"心灵不死!这话说得多好!中国的文化博大精深,影响世情民风,渗透世俗百态,形成文化认同,吸引海内外目光。那么身为语文教师,有幸作为如此意蕴丰厚之文化的传播者、传递者,我们的语文课堂为什么不能吸引学生,又怎么会不吸引学生呢?学习语文离不开阅读和鉴赏,而阅读和鉴赏的目的,是要"陶冶性情,涵养心灵",即通过探索作品中蕴含的民族心理和时代精神,来了解人类丰富的社会生活和情感世界,同时为形成一定的传统文化底蕴奠定基础。因而,"陶冶性情,涵养心灵"应落实在我们的教学过程中。

阅读之本在于"立人",在于对文化精神的体悟,并进而影响个体的生命认知。在语文课堂教学中,我觉得教师完全可以借助文本,引发学生学习兴趣,从而对学生进行美的熏陶,进行思想和精神上的引导,让学生能够从文本中感受一点诗词歌赋的美意朦胧,品味一点中国文化的古风雅韵,体会一点文人骚客的温婉与澎湃,拥有一点胸怀天下的担当与豪迈,学习一些仁人志士的不朽精神,崇敬一下傲骨铮铮的品格与风骨……让学生在文化的浸濡中,成为一个有血有肉的人,一个感情丰富的人,一个灵魂在场的人!

学生的学习兴趣有了,教学目标的实现就不难了。如:讲楚辞,可以讲到古南方的"巫觋文化",既引发了学生获得新知的兴趣,又很好地帮助学生理解楚辞的浪漫缘由和以香草为饰的文化根基。讲述《廉颇蔺相如列传》,结合相关文章让学生理解司马迁的选择,进而理解什么是真正的史官,什么是文人的肝胆,什么是使命感,什么让人能够"在提升精神的同时,成就了一根骨头",横亘古今,令人仰视。同时让学生结合阅读进行写作素材积累同时练习写作,如"我想对……说"。

再如,讲李杜诗的时候我补充给学生这样一段文字:"杜甫和李白同为唐代诗坛上的两个巨人。安史之乱使唐由盛转衰,这条分界线也将两位诗坛巨人分隔在山顶的两侧。李白是往上走的一侧,头是仰着的,看到的是无尽的蓝天,悠悠的白云,翱翔的雄鹰,故而他的心胸是开阔的,歌声是豪放的。杜甫站在往下走的一侧,头是低着的,看到的是小径的崎岖,深沟的阴暗,因而忧心忡忡,歌声凄苦。"仅仅是这样一段简单的文化阐释,学生便以此为基来品读感受诗歌。于是,他们在欣赏昂头放歌的李白的同时,也理解了低头吟着凄苦之音的杜甫;他们在欣赏李白的豪放不羁的同时,也理解了心怀苍生的老杜,而文化也由抽象的文辞变为美的文化旅途,学生在学习诗歌的过程中也思考着生命,也理解了什么是"担当"。

在学习《论语》的时候,由于把学习的重点调整到对孔子形象的整合和理解上,于是通过对《论语》的赏读,从一篇篇的文段中学生感受到孔子的喜怒哀乐,感受到孔子的七情六欲,孔子不再是一个干瘪的名字,学生看到了一个身为学者的孔子、身为老师的孔子、身为父亲的孔子、身为朋友的孔子、身为臣子的孔子、身为精神导师的孔子……看到了一个有血有肉、可感可亲的立体的孔子。把教学目标定在引导学生"走近"和"走进"古文的定位上,古文也就不再是"洪水猛兽",读其文如见其人、感其神。打破古今中外的壁垒,可以引导学生横纵比较,拓展视野,开阔思维。如,把《项链》《珠宝》《飘》放在一起解读,理解相同文化背景下人们的文化心态和个性选择的异同,审视在不同文化背景下(法国的奢靡之风和美国的冒险家精神)人们在面对困境时的不同抉择,从而更好地理解文化与个人的关系,思考个人应如何寻求文化认同并获得心灵慰藉。把《胡同文化》和京味小说、北京民俗民风、学生自身生活体验等结合起来,启迪学生对自己所处的地域文化的深入感知并获得文化认同感。

一系列的文化补充与阐释,不仅引发了学习兴趣,更让学生在文化的感知和了解中拓宽了阅读面,感受着语文学科的魅力。书不再是"神秘的陌生人"而是逐步成为学生"亲密的朋友""心灵的伙伴"。在文化的熏染中,学生由此理解了文化传承的意义和内涵,品味着蕴含其中的精神与风骨,思考着群体文化和个人选择的关系。

用文化来吸引学生,在课堂上老师不仅是一个文化的传播者,更要做学生思想的引路人。

语文学科其实也是语言的艺术。我们通过阅读他人的"语言"来获取知识和思想,我们通过自己的语言来传递信息和交流思想。课堂教学目标实现的好坏,很大程度上取决于教师表达能力的高下。著名教育家苏霍姆林斯基认为,教师的语言"在很大程度上决定着学生在课堂上的脑力劳动效果",是"一种什么也代替不了的影响学生心灵的工具"。因而教师要培养自己的综合表达能力,锤炼自己的语言,用语言来把握课堂气氛、整合教学资源,用语言来调动学生参与的热情,用语言让学生获得知识的精粹、享受精神的濡染、领悟生命的感动、洞悉探索的乐趣。

教师要先感动自己,才能感动自己的学生。如,每次讲到杜甫《登岳阳楼》的最后两联"亲朋无一字,老病有孤舟。戎马关山北,凭轩涕泗流"时,杜甫那时刻心怀国家、关爱苍生黎庶的情怀,总让人内心拥有一份沉甸甸的感动并让人激情满怀,于是我用饱含深情的语言讲道:

古人讲"穷则独善其身,达则兼济天下",然而杜甫却是不论穷达,都要兼济天下,时刻都心怀天下。此时的杜甫,老迈落魄,贫病交困,孤苦无依,滞留南方,故土难回。一叶寒舟,承载着这样一个伟大的诗人和博大的灵魂;心怀天下,却将要这般无声无息、困窘无依的客死异地。他将全部的爱都给了他的祖国。杜甫,没有一滴泪水是为自己的困窘而流,没有一点愁怨是因自己的境遇而生,没有一丝悲悯来哀叹自己的不幸……可是,当他登上岳阳楼,想到关山外在打仗,人民在受苦,国家在遭难时,这位老人哭了,他"凭轩涕泗流"!试想,这是怎样的责任感和对人类的终极关怀,才让一位老人即使自己贫病交加、落魄无依,却将满把辛酸的泪水无私地洒向世人?

当学生的眼神,由不理解的不屑与茫然,一变而为泪光盈盈的感动时,我想,学生们不仅仅是理解了杜甫,更知晓了什么是生命中的感动与责任,什么又是我们要承担的生命的分量。与此相应,我进一步引发学生思考:"想一想,生命的责任是什么? 还有哪些人心怀天下,勇于担当?"一系列追问一步步引导学生由此生发开去多思考、深领悟,在参读相关文本之后,学生对于这些问题不仅有了深刻认知,更在讨论中思考着自己的使命,感受着责任带来的力量。

课堂上,我们可以用凝重的话语来引导思考,用温婉的话语来触发情感,用幽默的话语来活跃思维,用惟妙惟肖的语言模拟人物让形象生动,用饱含深情的语言朗诵课文引发共鸣……一个音调、一个语气、一个神态、配合一个动作,在文本变得生动可感的同时,学生的思维也应和着老师的语言而舒展活跃开来,学生成为课堂的参与者、探究者,思想的火花由此而跃动。

语言可以传授知识,也可以引领精神的走向,调动心灵的感知力量,丰富人的灵魂,而我以为,教师的语言充满感染力,她的课堂才是活跃的、灵动的、睿智的且充满质感的。

如果通过我们的课堂教学,学生能够被那些意蕴丰厚的文字感动着,能够被那些生动鲜活的形象激励着,并因着那些深刻思想而思索着,因深厚的内涵而探究着,从而激发出内心的热情,迸射出思想的火花,拥有心动的时刻,拥有论辩的激情,那么,还有什么目标是不能实现的呢?

王月红/文

接受不完美，学会悦人悦己

——读《美的邂逅——中国文化的教育启示》

很喜欢假期读书时光，这个寒假，我阅读了《美的邂逅——中国文化的教育启示》这本书。跟着作者包祥老师，从中华文化中学习教育，使我又一次思考，又一次梳理自己的关于教育教学方面的想法，感觉很是舒服，也很有收获。

做一个有童心的人，和唤醒童心的人

作者提到:《易经》蒙卦中的"匪我求童蒙，童求我蒙"，讲述了，儿童天生就爱学，遇到问题问老师，问妈妈，不是老师"培养"学生的积极性，更不是逼迫学生学习。让我更加清楚地认识到了，教与学的关系。的确，学生需要学，所以老师教;而不是一种强买强卖。似乎现在的孩子在这种重压之下，已经忘记了自己为什么要学习，只是在学习。而我想，作为老师，希望自己能做个有趣的人，用自己的力量去唤醒孩子们的童心，唤醒周围人的童心。有童心的人，才是最有趣的人;会玩的人，才更加会思考。希望孩子们能够带着童心，学习思考。

向水学习

作者说:世界上最柔的东西莫过于水，然而它却能穿透最为坚硬的东西，没什么能超过它，这便是水的柔德。希望自己能够像水一样，能够包容一切，善待他人。特别自己很累的时候，多一点耐心，再多一点耐心，去包容每个每个人，每件事。

教育是美，是艺术。

作者说，希望校园是美的。美是一种力量，美需要静心，校园的建筑应该是美的，学生也应该认识各种美。学校应该是育美的地方，美育儿童，儿童才会美，美在自由,美在自然。作者也提到,艺术类课程,音乐和美术在美的表达上,是直接的,是不应该被忽视了,特别提及了音乐教育对人格的影响。这个观点我很是认同。每个学科都肩负的该学科特有的对于思维和人格的影响,每个学科都是等同重要的,学生应该多去体验,进而对世界进行多元的认识。教育肩负着教会人们正确的认识美的责任,更肩负着培养健全人格的使命。

"完美"其实就是"不完美"

我时常思考,怎样才算是正确的认识美? 什么是正确的美? 这个问题可能没有标准答案。但是我觉得其中重要的一点就是,每个人在成长过程中都应该认识到"不完美也是美的一种"。我们要认识到生活中没有完美,学会接受生活中的不完美,学会接受自己的不完美。

我很喜欢开学前,学校组织的同课异构活动中,刘博蕊老师的课。课上刘老师让同学们充分地表达大观园的美好,同学们畅所欲言,提及了很多美好。而刘老师紧接其后的问题便是,大观园有没有什么不好的地方呢? 同学们又纷纷地举出例子。老师追问,这说明什么呢? 在同学表达之后,师生共同总结到,一个核心思想,世界上没有完美。这节课听到这里,我特别的感动,我觉得孩子们在青春时代就能接受到这样的观点,他们真的好幸运啊。他们能够认识到世界本来就是不完美的,世界上也没有完美,他们或许就不会在人生最美好的年华去追求世界上从来就没有的完美吧,这样他们可能就更加能够悦纳自己,悦纳他人,包容自己,包容他人,包容世间的一切。刘博蕊老师说,这个课后续还会有系列课程,而我希望,如果有机会,她能继续告诉孩子们,让孩子们坚定不移地悦纳不完美的自己。我想这就是拥有悦纳自己的能力,应该是健全人格的必备条件之一吧。我记得田校长至少两次提及,断臂维纳斯,关于这节课,学生对于残缺美的认识。我个人的小想法是,这也是一个认识不完美的教育契机。

每当看到其他学科中,能够告诉孩子们生活上没有完美,我就特别感动。性格使然,可能从小就追求完美的我,在专业选择时,顺其自然地就选择了数学——这门拥有唯一正确解的学科。似乎数学一直在追求的是那个正确的完美的解,尽管可以一题多解,但是最终,正确才是唯一论。不知道是以为本就喜欢追求完美,才喜欢数学;还是因为学了数学,才会更加喜欢追求完美。不过近来想想,还是性格使然吧。追求来,追求去,发现世界上本就没有完美,这个追求自始至终,就没有太大意义,很多时候因为不完美而感到不快乐,其本质便是自寻烦恼。不知道自己的青春期都干了些什么，一直追求完美。直到追求到自己崩溃了，才发现世界上本就不存在完美。所以，回想起刘老师在课上告诉孩子们，世界上没有完美的时候，我都深深地感到，孩子们好幸运。

当然我觉得我也是幸运的，虽然花了一些精力，但我终究是认识到了不完美才是真正的完美。其实，我们所面对的孩子，很多都在追求完美，追求得已经让自己精疲力尽，处在崩溃的边缘，而他们又很会伪装，我希望自己能够更多地发现他们，然后告诉他们世界上没有完美，给他们一个深深的拥抱，告诉他，你的存在就是完美。

一人一天地，一木一自然，让生命因教育而精彩。我真诚希望每个人都知道，不仅仅要尊重别人，悦纳别人，包容世界，最值得拥有幸福的和被悦纳的就是自己。

我希望的教育，在让生命更具精彩之后，能够让生命自身能够懂得悦人悦己。

王苗/文

清泉入心田

——读《美的邂逅——中国文化的教育启示》有感

读好书,就像品一杯陈年佳酿,让人沁人心脾,引人回味,而包祥先生的《美的邂逅——中国文化的教育启示》无疑就是这样一本好书。读完此书后,我觉得不论是对个人的人生价值观,还是整个民族的发展观上,都有了不同层面、多角度的认知和升华。我想这本书想要告诉我们的道理不仅是进步需要努力,同时更需要反思。

《美的邂逅——中国文化的教育启示》系包祥先生几十年来阅读经典名著的感悟和心得,作者从《易经》《论语》《红楼梦》《三国演义》等名著中汲取智慧,并结合自己几十年的教育实践和思考,提炼出诸多教育原理。用饱含哲理的笔触,挖掘了隐藏于名著故事中的一个个教育智慧。

读完这本书,犹如清泉流入心田之舒畅!又如走进了《红楼梦》中的大观园中,又像是亲眼看到了《西游记》中的师徒四人。翻开书,脑海中开始勾勒先生书写的画卷,自己在画面外充满好奇,细细品味中国文化的魅力,种种教育的美好涌现眼前,简直是一场精神的盛宴!

我们当今社会面临的挑战是:我们怎样在与强势文化的交流中,保持一种清醒的文化主体意识,既汲取对方的营养,又不丧失我们自己的民族文化,维持我们在这个世界上的独立性? 首先讲什么叫文化? 从一般的意义上来讲,文化就是人类创造性的实践和理论的结晶,它包含着一个民族的价值观念、思维方法、生活样式和信仰习俗等,跟一个国家的历史和传统密切相关。从某种意义上来说,文化就是历史的载体。我们说中国有五千年的历史,不是指某一个具体的朝代,而是指整个中国文化的积淀和传承有五千年。所以,如果一个民族、一个国家,它的文化主体性失落了的话,那也就意味着这个国家的历史中断了,它的民族精神和传统丧失了。因此维护本民族的文化主体性是非常重要的,但是这一点现在正受到巨大的挑战。正如本书所讲,我们可以在一些小事情中发现问题就应当去从根源解决,而不是治标不治本一样地做表面工作。我想,中国教育培养创造力的人的问题也应该适用于这个道理,民族文化的问题从某种程度来讲也就是个人教育发展的问题,只有克服这种民族狭隘才能使个人能力得到更全面的提升。因此,个人能力提升和民族文化教育应当是相辅相成,相得益彰。

在书中,包祥先生把易经中的八卦比为一家八口人,每个挂相都有着详细的解说,让我从中汲取思想的源泉;少男是希望,是一家之希望,是一个民族的希望;少女是未来安全的家,未来的贤妻良母;作为家长,作为老师,我们应该如何对待祖国未来之栋梁? 不禁让人深思每个孩子都是珍贵的存在,充分尊重儿童,让儿童按照自然生长的秩序生长,我们理应如此教育之!

在书中,看到孔老夫子的学生问孝问政于孔子,不同的人,孔老夫子都会有不同的答案,这就是因材施教,联想到我们平时的工作中,每个孩子都来自不同的家庭。面对同样的问题也应该有不同的解决办法,避免整齐划一生活工作都应如此,因材施教,给了我很深的启示!

在书中,我似乎又一次看到了童年是属于大自然,书中犹如大自然生态园的景象让我沉迷陶醉。在那里,孩子们在院子自由奔跑、嬉戏,在葡萄树下背着古诗,玩着老鹰捉小鸡的游戏,那美好的场景,那每一个人快乐、幸福、喜悦的神态,都成为我脑海中教育美好愿景的具体呈现。书中这些理想教育景象和诗句的美好,让我一遍又一遍、不厌其烦地读着,让我静下心来认真品味书中的美好,让我看到了中国教育的新方向,就像一盏灯塔,指引着我前进的方向。

薛丹/文

包容的力量

——读《美的邂逅——中国文化的教育启示》有感

　　海纳百川有容乃大。谈人生、谈社会、谈事业、谈处事,不虚不浮,都是实在,不假不大,都是真心。下面,就说说给我感悟最深的一点——包容的力量。

　　传说有一个非洲部落把宽恕作为一种仪式,当某人犯了过错,就会被带到林子中央,接受众人的赞美,全部落的男女老幼都停下手里的工作,将罪人团团围住,轮流列举他所做过的好事,他的善行和美德被尽情赞颂,每个细节都不错过,于是最终发展成为一个欢乐的庆典,大家欢迎他回到集体当中。这是一个非常美妙的事,把惩罚化为温暖,把伤害变成祥和,犯错的人没有被遗弃,没有受打击,整个村子重新成为团结的整体,实践证明,宽恕无法改变过去,却能够改变未来。

　　这个小故事让我们想到自己作为教师,要有一种等待孩子成长的心态,拥有一颗包容的心。那么,面对学生的调皮、任性、懈怠,我们该怎么办? 泰戈尔曾说过:"不是槌的打击,乃是水的载歌载舞,使鹅卵石臻于完美。"是啊,因势利导,循循善诱便可以取得理想的育人效果。

　　我曾经做过国际部的班主任。作为国际部的班主任包容之心更是不可或缺,我们面对的学生生活背景差异性非常大。有一部分孩子上初中刚来到中国求学,从语言到行为要求,他们有太多的不适应。还有很多孩子,小学时的行为习惯规则要求淡化,他们有太多言行需要调整,太多规则需要学习。面对他们层出不穷的各样问题,多说"Yes"少说"No"、换位思考、因势利导、循循善诱,效果会更好。

　　在我们班上,有几个学生做操质量非常差,究其原因发现:态度的原因远胜过身体的原因。找其谈话,他们满嘴的理由。于是我耐下心让他们思考了一下做操的意义。然后,我及时召开了专题的主题班会,让全班学生共同来探讨班级做操质量如何提高的问题。很快大家把讨论的矛头指向了那几位做操质量极差的同学,甚至有些指责的意味。此时,我话锋一转,打断了学生的讨论,用几句话表达了我对这几位同学一定能做好操的信心和期待,然后马上在班上为这几位同学举行了一场"宽恕仪式",让全体学生来说他们为班级做的各样贡献,以及他们平时在各方面的优秀表现。班会结束了,我发现这几个同学不仅原有的优秀表现越来越突出,而且做操质量有了明显的提高。我想这就是宽恕的力量吧!

在现实工作中,老师的眼睛应该具有一种特殊功能,就是善于发现美好的事物。在犯错的孩子身上看到其他方面美好的品德。然后,用赞赏、用激励、用智慧、用爱去感化他身上的错误,并用光环的力量去规范孩子的行为习惯,使孩子在不断地犯错中完善自己的人格。

宽以待人,宽待的并不只是别人。对他人缺点的宽容和帮助也是对我们自身人格的一次提升。人人多一份包容,人类就会多一份理解,多一份真善,多一份美好。

包容是一门精深的艺术、深邃的教育境界。"海纳百川,有容乃大",让我们的教育在爱和包容中结出丰硕的果实吧。

周雪莲/文

成为卓有成效的管理者,管理的艺术在于实践

　　在寒假里,我认真拜读了彼得·德鲁克写的《卓有成效的管理者》,感触颇深。

　　此书著于 1966 年,是一本经典之作,经典之所以经典,在于其历久弥新,在于经历了四十多年后,书中鲜活的思维、敏锐的观点,到现在依然切合实际,依然卓有成效。书中重点阐述了成为一个卓有成效管理者的五项要素,包括:有效的善于利用有限的时间,重视工作的贡献,善于利用各人的长处,集中精力于重要领域,善于做有效的决策。

一、善用有限的时间

　　我非常赞同这种首先从时间管理入手的阐述方式。正如作者强调的那样,时间"租不倒,借不到,买不到,不能用其他手段获取,没有弹性,无法调节,不能存储,完全没有替代品"。这简直是个最高优先级别的资源。但现状是,人们不善于管理自己的时间。特别是自己作为一个学校的管理者,是否能够做到卓有成效,怎样做到卓有成效,在这本书里给出了答案。

　　德鲁克先生说过"既然不能认识你自己,起码能认识你的时间"! 持之以恒地做到记录时间(耗用的实际情况、定期进行整理研究),管理时间(用排除法什么事不必做、什么事可由他人做、控制或者消除自己浪费别人的时间)—分析时间(造成浪费时间的因素? 是制度或远见的缺失、人员过多造成的不和谐、组织不健全还是信息环节漏洞。因地制宜改善根本)—集中安排零散时间(留给自己一个缓冲时间以应对其他重要事务)。用时间这最稀有资源,证明自己的能力。我作为一个学校的主管校长,事务繁多,如果不能够掌控自己的时间,学校工作就会受到影响。

　　我的工作很多情况下时间是不能够自己掌控的,时间上也没有那么多的自由时间。很多事情也不是自己能够做出决策的,需要与多个部门干部进行沟通,如

德鲁克所言,管理者的时间不属于自己。因此,要知道自己的时间用在什么地方,并应该妥善运用那剩下来可自由支配的少量时间。我现在一直坚持把重要的工作过程记录下来,这样就可以分析自己在哪些工作中时间分配的合理性和不合理性,有利于提高工作效率。

二、发挥每个人的长处

管理,是通过人来完成。人无完人,每个人都会存在缺点和不足,用人就要用人之所长。发挥团体优势,以人为本,创造人为效应,增强共识,促进沟通。以集团核心价值观和终极目标为宗旨,关心职工,与职工同呼吸、共命运,凝聚人心。充分调动职工的积极性和创造性,发挥职工的能动作用,使职工迸发出激情和力量。从"要我干"到"我要干",发挥职工的所长,为学校服务。

我在工作中,经常与干部们沟通,了解每个人的特点和长处,在布置工作的时候,就能够根据每个人的长处安排工作,工作不仅完成的出色,也能节省很多时间。

三、正确的决策,可以做到事半功倍

只有当上了管理者才需要决策。由于他所处的地位或他所拥有的知识,人们自然会期望管理者能做出对整个机构、对机构的绩效及成果带来深远影响的决策。

卓有成效的管理者会将决策当成一个有条理的处理过程,一个有清晰的原则、有明确的顺序的处理过程。

我知道,最耗费时间的环节并不是决策本身,而是如何把决策付诸实施。如果决策不能变为行动,那它就称不上是个决策,它最多也只是个良好的愿望而已。那么贯彻落实这一决策的行动就必须尽可能地接近实际、便于操作。

决策的五个要素:1. 经常性问题要通过建立规则或原则的决策来解决。2. 找出解决问题的"边界条件"。3. 仔细思考解决问题的正确方案是什么。4. 决策方案要变成可贯彻执行的行动。5. 要重视反馈。

管理者的自我提高往往要比卓有成效的训练显得更为重要。他首先得要有知识和技能。在他当管理者的过程中,他还必须养成许多新的习惯,偶尔还不得不改掉一些老的习惯。

通过本书的阅读,深深感到德鲁克不愧是管理大师,书中所说的问题今天依

然存在，通过读这本书，肯定了我的一些做法，同时也提高了我对管理的认识，提高我的管理能力。

赵慧／文

读《卓有成效的管理者》

拿到这本书,看着书名,我完全不以为然,感觉就是:开什么玩笑,这本书是你们领导该看的,你们才是管理者,管理跟我有什么关系,我就是干活的,你们说怎么干我就怎么干,干好不出错不就完了。

但是翻开这本书,我却被作者的思想深深吸引,眼睛瞪大了,态度严肃了。一口气读下来——原来我还真的也是我们组织里的一位管理者。

这本书倾注了德鲁克极大的心血。

"一群平凡的人,能做出不平凡的事业吗? 这是完全可以做到的。只要我们组织中的每一个人都能做到卓有成效。"我觉得这说的就是我们这个集体——八十中学,我们从不同的地方来到这里,我们有着各自不同的经历,我们身上有闪光点也有不足,我们都有着这样那样的缺点。但是我们的决策管理者选择了我们,于是一群平凡的人和自认为不平凡的人走到了一起。我们想共同做出点不平凡的事。那么我们应该怎么办? 怎样克服我们身上的缺点,和我们的高层管理者一起把这件事做好?

"卓有成效是管理者必须做到的事,但是在所有的知识组织中。每一位知识工作者其实都是管理者——即使他没有所谓的职权。只要他能为组织做出突出的贡献。

"管理者的成效往往是决定组织工作成效的最关键因素;并不是只有高级管理人员才是管理者,所有负责行动和决策而又有助于提高机构工作效能的人,都应该像管理者一样工作和思考。

"如何卓有成效? 记录并分析时间的使用情况,把眼光集中在贡献上,充分发挥人的长处,要事优先,有效决策。"

看到这里我明白了即使没有所谓的职权,依然是一位管理者,只要他能为组织做出突出的贡献。——我就是这样一位管理者。那么我现在要重新认识一下自己,给自己一个正确的定位。

一位卓有成效的管理者,一般具有以下6个特征:

(1)重视目标和绩效,只做正确的事情。

(2)一次只做一件事情,并只做最重要的事情。

(3)作为一名知识工作者,他知道自己所能做出的贡献。

(4)在选用高层管理者时,他注重的是出色的绩效和正直的品格。

(5)他知道增进沟通的重要性;他有选择性地搜集所需要的信息。

(6)他只做有效的决策。

看看要成为卓有成效的管理者我应该从哪方面努力?首先作为一名知识工作者,我应该确立目标。我应该知道自己能为我的组织做出什么贡献。

我是一名物理实验员,那么我就应该立足于自己的工作岗位,在工作中勤于思考,多动脑筋,发挥主观能动性,积极主动地完成好自己的工作。在自己学校现有基础上,保持优势,查找不足,并不断探索和研究创新管理方法,做出自己学校的特色,为实验教学做出努力和贡献。

现在是一个新知识新技术日新月异的年代,我深深地认识到实验室做为学校教学的保障机构必须不断学习创新以适应教育改革的大趋势,而且注意工作上的细节,细节决定成败,驱除内心的浮躁,在工作中精心、细心、耐心。把实验室看成一个家,勤俭持家,把身边的同事看成一个大家庭,诚心待人。时刻想着为我们不平凡的事业做出自己能做出的贡献。

胡学军/文

卓有成效管理的方法和途径

——《卓有成效的管理者》读后感

在我们传统的观念里,所谓管理应该是领导者的事情。大多数的人或者岗位都只是按部就班、遵照常规执行。这也造成了职业世界的工作效率低、职业人自身幸福感缺失等很多问题。那么,来自"现代管理学之父"彼得·德鲁克的这本被很多学者、企业家推荐的《卓有成效的管理者》(机械工业出版社 2016 年 10 月第 1 版)一书,也许会给我们很多的启发:不是只有管理别人的人才称得上是管理者;在当今知识社会中,知识工作者即为管理者;管理者的工作必须卓有成效。

在学习和领悟卓有成效的管理之前,我们应该了解一下本书的作者彼得·德鲁克的生平,这会告诉我们卓有成效管理的意义和价值。彼得·德鲁克(Peter F. Drucker) 1909 年 11 月出生于维也纳,1937 年移居美国。他曾在一些银行、保险公司和跨国公司任经济学家与管理顾问,在贝宁顿学院任哲学教授和政治学教授,并在纽约大学研究生院担任了二十多年的管理学教授,终身以教书、著书和咨询为业。2005 年 11 月 11 日,德鲁克在加州的家中逝世,享年 95 岁。在德鲁克的一生中,共著书 39 本,在《哈佛商业评论》发表文章 30 余篇,在政治、法律、社会、管理、历史等多个学科领域都留下了精辟的见解和耐人寻味的启示。其思想不仅影响了学术界,也影响了企业界。可以说,没有一个著名学者和成功的商界领袖不从他那里汲取养分,《纽约时报》赞誉他为"当代最具启发性的思想家"。1954年德鲁克提出"目标管理"这个具有划时代意义的概念,它是德鲁克所发明的最重要、最有影响的概念,对于我们的自身成长和学校教育工作本身也有重要的意义和价值。

职业倦怠是教师职业生涯中一个不可忽略的问题。据《2015 年度中国教育改进报告》称:2015 年教师职业倦怠不断蔓延,这一现象在当下的城镇普通学校教师身上表现得尤为明显,甚至包括一些被社会上认为很好的学校的教师[①]。而造成教师职业倦怠的一个很重要的因素就是日复一日的繁重教育教学压力。随着社会的发展,教育改革的推进,家长和社会对孩子的期望值不断升高,并自然而然地将这种期望寄托在学校和教师身上。为适应社会对于教师职业的期望和要求,教师必须要参与各种培训和竞赛,撰写报告和论文等。如何处理这样纷繁复杂的工作要求,同时平衡好自己的职业和生活,享受职业的成就感,我们可以从《卓有成效的管理者》这样一本重要的管理学著作中获得启发,寻找自我教育生涯中卓有成效管理的方法和途径。

一、管理者的角色界定

作者明确提出:在一个现代的组织里,如果一位知识员工能够凭借其职位和知识,对该组织负有贡献的责任,因而能实质地影响该组织的经营能力及达成的成果,那么他就是一位管理者。

这种管理者的定义纠正了管理者只是组织领导者的传统认识,让每一位职业人都立足自己的岗位,运用专业的技能,学习管理的方法,为组织做出贡献。在我们日常的教育教学活动中也是如此,教师要授人以渔,激发学生的主动性,锻炼学生自主发展的能力。正像书中所引用的指挥员的故事:“当我的部属在丛林中遭遇敌人却不知道该怎么行动时,我也因为距离太远无法告诉他们。我的任务,只是训练他们知道在这种情形之下,应该如何行动。至于实际上该怎么做,应由他们根据情况加以判断。责任总是归于我的,但行动的决策则由战场上的各人自己决定。”所以最好的教育应该是在引导学生学习、掌握知识的基础上,加以灵活运用,提升自己解决问题的能力,促进学生思维的发展。

二、作为管理者应该具有怎样的素养?

“要想学生提升,教师必须先提升自己”。在关注学生综合素养的今天,教育管理者也要提升自己的综合素养,以指导和引领学生。正如书中所总结的:一个卓有成效的管理者,一般具有如下特征:

(一)重视目标和绩效;只做正确的事情;

(二)一次只做一件事情,并只做最重要的事情;

(三)具有创造新思想、远景和理念,注重达成组织目标,激励他人;

(四)注重出色的绩效和正直的品格,知人善用。致力于充分集中人员的知识和技能,利用这些优势达成组织的目标;

（五）知道增进沟通的重要性，有选择性地搜集所需要的信息；

（六）只做有效的决策；

这样六个有效管理者的特征关注到目标、决策、时间、合作等诸多要素，对于提升学习和工作效率都十分有益。

三、卓有成效管理的方法

第一，做好时间管理。

充分利用自己的时间，把时间用在重要而有意义的事情上。在教育教学的过程中，教师一定要率先垂范，发挥自己的引领作用。同时，作为学生的人生导师，教师也要从口耳相传的传统教学方式中解放出来，激发学生的创造型和主动性。当我们在教室中鼓励学生"一寸光阴一寸金，寸金难买寸光阴""时时有事做，事事有时做""少壮不努力，老大徒伤悲"的时候，我们是否也认同和践行这样的观念？

《卓有成效的管理者》中对于时间管理有清晰的介绍。想要成为卓有成效的管理者，其先决条件是作为管理者必须先管理好自己。首先要学会记录时间。面对自己的时间清单，确定哪些时间是充实有益的，哪些时间是无所事事、消耗浪费的。其次要学会管理时间。知道什么事对于自己来说不必做，什么事可以委托给别人或者和别人一起来做。最后要学会安排时间。务必将时间贡献在对自己重要的事情上，分配去做能够对自己或外界有贡献的事情上。

第二，成为对组织有贡献的人。

贡献与个体的成就感和价值紧密相关。成为一个有贡献的人，就能发挥自己的优势和潜力，不为日常琐事和自身条件限制。能够站在整体的角度，考虑集体的绩效，和外部世界保持有效互动，成为实现自身价值、对他人有所帮助的人。

第三，要发挥人的长处。

人才是现代社会最重要的资源，人尽其才、物尽其用是有效管理的特征。在发挥长处的时候不仅是关注自己的优势，更要用人所长。正如美国优秀教师多伦斯·斯莱顿所言：每个学生都具有自己的特点、个性，教育的真正意义就是要发展人的个性。因此，教师需要尊重学生、发展其个性，最大限度地调动他们的积极性，激发其巨大的潜能，让每个学生都闪烁着个性的光芒。

开卷有益，在有效管理的过程中每个人都有自己的方法，比如要事优先、有效决策等,需要我们在实际过程中领悟和实践。我们要树立做卓有成效管理者的意识,充分调动自身的资源,实现自己的目标和人生价值,成为有益于学生成长的优秀教师。

张金华/文

参考文献：
2016 年 2 月 26 日《中国教育报》